LE FRANC COMORIEN

ISBN : 2-7475-4843-0

ABAL ANRABE ABDOU CHACOUROU

LE FRANC COMORIEN

L'Harmattan
5-7, rue de l'École-Polytechnique
75005 Paris
FRANCE

L'Harmattan Hongrie
Hargita u. 3
1026 Budapest
HONGRIE

L'Harmattan Italia
Via Bava, 37
10214 Torino
ITALIE

A ma famille,
En compensation du temps que je lui ai volé.

A AHAMADA MOHAMED GAUTHIER, professeur de philosophie au Lycée de Moroni et à Foumbouni, éditorialiste de Sud Radio et du journal écrit NGOME PLUS, fauché brutalement par la mort, à 51 ans, le dimanche 10 décembre 2001.

Chronologie des monnaies utilisées par les Comoriens

VIIIe siècle : dinars omeyades.

XIIe siècle (Moyen Age) : dinars d'or fatimides.

XV-XIXe siècles : piastre - 8 réaux - Charles IV d'Espagne - Naissance du *riali* comorien.

XVII-XIXe siècles : thaler- Marie Thérèse d'Autriche.

XIXe siècle : piastres républicaines - Amérique latine - Mexique, Pérou, Bolivie ...

* roupie indienne ...
* 5 F- Napoléon Ier, 5 F Charles X, 5 F Louis-Philippe d'Orléans, 5 F, IIe et IIIe République France.

XIX-XXe siècles : 5 F Napoléon III, 5 F Union latine, 5 F IVe République française.

1925-1950 : 1 F Banque de Madagascar.

1950-1975-1980 : 1 F Banque de Madagascar et des Comores franc CFA (Colonie française d'Afrique 1945).

1980 : Banque Centrale des Comores (5000 FC Saïd Mohamed Cheikh).

* Institution du franc comorien (FC) comme unité de compte monétaire de la République Fédérale Islamique des Comores, devenue Union des Comores depuis le 23 décembre 2001.

Foumbouni, le dimanche 5 août 2001

L'honneur ne doit pas varier avec le cours du duca.
Nicolo, père de Marco Polo

INTRODUCTION GENERALE

Le franc comorien est une monnaie satellite du franc français et de l'euro franc depuis le premier janvier 1999. Il appartient à la Zone franc. Il est utilisé uniquement dans les trois îles des Comores : Grande-Comore, Anjouan et Mohéli. La quatrième île, Mayotte, une Collectivité territoriale de la République française, emploie le franc français émis par l'Institut d'émission d'outre-mer, et depuis le premier janvier 2002, l'euro contrôlé par la Banque centrale européenne (BCE).

Les Comoriens dans leur histoire, ne se sont jamais servis comme intermédiaires, des coraux et coquillages que rejetaient régulièrement les marées sur les plages. Cela est d'autant plus surprenant que les îles Maldives, de Zanzibar et autres, d'Afrique orientale (berceau des civilisations antiques et médiévales, bantoue et marchande des Comores), utilisaient les cauris (petits coquillages) comme monnaie primitive.

Les Comoriens, entrés en relations d'affaire ou d'exploration maritime avec les Sémites depuis l'Antiquité (au temps de Soulaïmana Bin Daouda, Salomon, David 970-931 av. JC) ont probablement utilisé une monnaie arabe en premier : sans doute omeyade notamment des dinars d'or, et dirhams d'argent, qui auraient été rapportés par les rescapés sunnites du califat de Damas, déchu en 750, sur les comptoirs arabes du canal de Mozambique.

En l'an 945, ils se sont servis des dinars d'or fatimides du Caire alors en usage pendant le grand commerce entre l'Océan indien et la Méditerranée, animé par les fidèles du calife Ali Bin Ali Toilib (les Fatimides).

Les émirs commerçants de Kilwa, en campagne de commerce et d'islamisation dans l'Archipel, pendant tout le Moyen Age (IXe-XIVe siècles), renforceront le pouvoir monétaire de la devise fatimide.

A partir des XV-XVIe siècles, pénètrent aux Comores les monnaies européennes des puissances maritimes d'Occident : réal, piastre, thaler de Marie-Thérèse, florins, roupies ...., franc français. Mais en 1890, le sultan thibé Said Ali Ben Said Omar fit frapper une monnaie nationale comorienne, à la Monnaie de Paris. Elle circula uniquement à la Grande-Comore, puis disparut en 1904, avec les souverainetés locales, lors du rattachement juridique des trois îles (Grande-Comore, Anjouan et Mohéli) à la puissance coloniale française.

Les Comoriens utilisent le franc de France de 1908 à 1925, puis celui de la Banque de Madagascar (créée en 1925) jusqu'à 1946-50.

A partir de 1950, circulent aux Comores (devenues autonomes depuis 1946), les FCFA (francs des Colonies françaises d'Afrique) émis par la Banque de Madagascar et des Comores.

A l'avènement de l'indépendance malgache en 1960, les quatre îles continuent d'utiliser des FCFA cette fois-ci, émis par l'agence de Moroni, de l'ancienne Banque de Madagascar et des Comores.

Cette monnaie est enfin remplacée par le franc comorien (FC) en usage aujourd'hui.

Cette substitution s'est opérée théoriquement à l'acquisition de l'indépendance, le dimanche 6 juillet 1975, mais en réalité, en 1980, date à laquelle sont mis en circulation pour la première fois, des billets de 5.000 FC frappés à l'effigie du président Said Mohamed Cheikh et portant l'inscription «Banque Centrale des Comores».

Le franc comorien est différent des FCFA d'Afrique :
- sa convertibilité est illimitée par rapport au franc français et à l'euro franc ;

- sa parité avec ces derniers depuis la dévaluation survenue le 12 janvier 1994 est de 1 FC pour 13 centimes et un tiers (0.0133333 F) et 0,0020326 euro[1].

Par ailleurs, nous rappelons que le FC n'est pas émis en échange des francs français, ni à la hauteur de l'or que détiendrait la Banque Centrale des Comores. Sa valeur repose sur la confiance et la croyance des porteurs de cette monnaie ainsi que sa participation à la solidarité monétaire formée autour de la France.

Le FC n'est pas l'unité de compte monétaire des Comoriens. L'intermédiaire monétaire et unitaire des Comoriens est le *riali*. Il est employé par tous les Comoriens, quelle que soit la couleur de leur carte d'identité (jaune pour les Maorais et verte pour les habitants des trois autres îles)[2]. Anjouanais, Mohéliens, Maorais ou Grand-Comoriens disent tous *riali bili, riali koumé, riali ichirini*, etc.

Le FC est l'unité de compte de la République Fédérale Islamique des Comores, puis de l'Union des Comores depuis le référendum constitutionnel du dimanche 23 décembre 2001.

C'est une monnaie particulière au sein de la Zone franc.

A cet égard, on observe d'abord les premières monnaies utilisées par les Comoriens avant de développer le long règne du FCFA (chap. II) interrompu par l'irruption du FC (chap. III).

1- un euro = 6,55957 FRF = 655,957 FCFA = 491,96775 FC

2- Couleur du passeport comorien jusqu'en l'an 2000

CHAPITRE I

LES PREMIERES MONNAIES AUX COMORES

On examinera l'économie précoloniale avant d'évoquer les monnaies utilisées aux Comores avant l'avènement du FCFA.

Section 1
L'économie des Comores avant l'instauration de l'administration française

L'économie antique et médiévale des Comores fut particulièrement marquée par l'ordre politique et social tribal (la chefferie) et les apports de la mer (les civilisations bantoue et arabo-islamique).

De l'Antiquité au Moyen Age se développent une économie domestique de subsistance et une économie extérieure marchande.
A partir du XVIe siècle éclatera une économie de la haine. La mer déverse sur les côtes comoriennes, Chiraziens, Arabes, Malgaches, Européens, visiteurs pacifiques ou conquérants, marchands saisonniers ou résidents usurpateurs.

Ils apportèrent l'or, les «trésors» d'Occident et d'Orient en échange de vivres et de paix mais échangèrent quelquefois leur sang, et des espèces sonnantes et trébuchantes.

§ 1 De l'Antiquité au Moyen Age

On indiquera les acteurs des systèmes économiques et sociaux, antiques et médiévaux.

A) Naissance des Comores

Les îles Comores ont vraisemblablement surgi du fond de l'Océan indien à l'ère tertiaire[1], à l'occasion d'éruptions volcaniques qui sillonnèrent la mer des Indes[2].

L'aînée serait Mayotte. Suivraient quelques îles d'Anjouan, la moitié ouest de Mohéli et la région de Badjini (le sud de la Grande-Comore). La formation de l'Archipel s'achèverait à l'ère quaternaire[3].

Mohéli s'avéra la plus petite. Anjouan présenta un relief accidenté et la Grande-Comore se trouva la plus élevée car son éclosion fut énergique.

Situées entre 11° 20' et 13° 04' de latitude sud et entre 43° 11' et 45° 19', ces îles sont isolées et volcaniques. Elles ne sont pas le prolongement du continent africain (bien que la Grande-Comore ait émergé à 300 km de Porto Amélia au Mozambique) ni celui de Madagascar (et que Mayotte se situât à 200 km de Madagascar).

Des fonds de plus de 1000 mètres les séparent des terres.

L'absence de liaison géomorphologique n'empêchera pas l'Archipel de se rapprocher de la Côte orientale d'Afrique et des îles voisines par sa dynamique relationnelle.

B) Les premiers Comoriens

Les premiers habitants des Comores seraient, selon une légende grand-comorienne, originaires d'Afrique orientale (Mozambique, Zanzibar, Pemba, ...). Ils seraient animistes, auraient été poussés probablement par un «coup de vent» qui les abandonna sur les rives de la Grande-Comore, peu éloignées du continent noir.

---

1 - R. Pavlosky et J. De Saint-Ours. Haut Commissariat de Madagascar - 1952. *Etudes géologiques de l'Archipel des Comores*

2 - Atlas colonial français. *Histoire de Madagascar*. p. 173

3 - René de Maximy. *Archipel des Comores. Etudes de géographie économique*. Thèse de lettres. Faculté d'Aix-en-Provence. 1966. p.9

Mais Gevrey[1] citant un manuscrit arabe traduit en swahili par Said Omar et en français par Bonali Combo, interprète de tribunal, indique que «des quatre îles, Ngazidja fut habitée la première, après la venue du prophète Salomon Ben Daoudou. A cette époque, apparurent deux Arabes venant de la mer Rouge avec leurs femmes, leurs enfants et leurs domestiques ou esclaves. Ils s'établirent en Grande-Comore. Après arrivèrent beaucoup d'hommes d'Afrique, de la côte de Zanzibar pour habiter dans les îles».

Cette version du manuscrit de Chingoni est confirmée par les hypothèses d'Alfred Martineau d'une part et d'Auguste Toussaint d'autre part.

Le premier soutient que : «dès le millénaire avant Jésus-Christ, l'Archipel aurait servi au mouillage des navires qui longeaient la côte africaine depuis la mer Rouge jusqu'au cap de Bonne Espérance..., les Comores devaient constituer des escales périodiques pour les flottes sémites de l'Antiquité »[2].

Le deuxième affirme que : «des expéditions phéniciennes parties d'Elath (sur le Golfe d'Akaba) ont pu pousser jusqu'aux rivages du Mozambique sous le règne de Salomon (973-933 avant Jésus-Christ). Vers le même temps des Arabes ou des Juifs Iduméens, partis eux aussi de la mer Rouge ont pu atteindre la Grande-Comore »[3].

Les avis semblent donc unanimes sur un premier peuplement croisé afrosémite de la Grande-Comore en 973-933 avant J.C.

Pour les autres îles, Anjouan[4] et Mohéli[5] furent peuplées de la même manière et à la même époque (une époque indéterminée mais postérieure au règne du roi Salomon) «d'abord par des Noirs d'Afrique ensuite par des Arabes».

---

1 - Alexis Gevrey. *Essai sur les Comores* 1870. Pondichery A. Saligny Imprimerie du Gouvernement. p.74

2 - Alfred Martineau et Gabriel Hanoteau *Histoire des Colonies françaises et de l'expansion de la France dans le monde* Tome VI. Les Comores par Alfred Martineau. Paris. Librairie Plon. 1933. p. 281

3 - Auguste Toussaint. *Histoire générale de l'Afrique noire. L'Océan indien et les îles* Troisième partie. Chapitre 1er pp 467-476. Deschamps Hubert, *Madagascar, Comores, terres australes*, Paris, Berger-Levrault, 1951

4 - Gevrey op.cit Anjouan. p. 184 et Mohéli p.148

5 - Gevrey op.cit. p.205

Quant à Mayotte, elle «fut peuplée par des Noirs venus de la côte d'Afrique probablement du Mozambique. Il y aurait un croisement avec des Sémites,... des Maures, des Arabes croisés de la Côte d'Afrique».

Toutes ces populations contribueront à la mise en place d'une organisation sociale commune.

C) L'organisation sociale

Elle est caractérisée par la poursuite du brassage ethnique, la formation d'une langue commune, et l'institution des chefferies qui cohabiteront avec l'islam.

1) La poursuite du brassage ethnique

Jusqu'au XVe siècle les Comores se sont enrichies de plusieurs éléments ethniques vraisemblablement de «Malayo-polynésiens[1]» populations d'origine indonésienne (notamment à Sima, Anjouan) au VIe siècle et entre le IXe et le XVe siècles de musulmans d'Arabie, d'Irak et de Perse, principalement ceux des établissements de la Côte orientale d'Afrique. Ces derniers «africanisés» depuis plusieurs siècles sont métissés d'Indonésiens, de Noirs africains ...

La traite introduisit les nègres de la Côte orientale d'Afrique (Nzamboro, Cafres, Zendges, Makouas, Mozambiques,...) et les Malgaches.

A la fin du XVe siècle, la population se composera d'Arabes, d'Antalotes (mélange afro-sémito-asiatique[2]), de Nègres d'Afrique et de Malgaches.

Les éléments arabe et bantou sont les plus influents :

- le premier, minoritaire et très entreprenant, toujours maître et rarement esclave, contrôle l'économie d'exportation et d'importation, «branche» l'Archipel avec le reste du monde. Il constitue le vecteur de mondialisation de l'économie comorienne,

---

1 - Repiquet Jules *Le sultanat d'Anjouan*. Paris. 1901 p.50

2 - Prononcé en malgache *Antalaotra* - gens de la mer selon la définition donnée par le professeur Deschamps. Les Comoriens les appeleront plus tard tout simplement des *Mtsétséfou ngosi* - des mulâtres - Pr Deschamps H. op. cit. p.468

- le second, habitant l'intérieur des terres, plus versé à l'économie domestique, contribue à l'institution des chefferies.

Ils généreront les principales composantes de la langue comorienne, à savoir l'arabe et le bantou.

2) La formation de la langue

Les Sémites et les Nègres émigrés aux Comores ont introduit l'arabe et le bantou. Le premier est employé par les commerçants, les maîtres d'école et les lettrés. Le second est parlé par les esclaves et les habitants de l'intérieur des terres.

Puis, la pénétration massive des populations de la Côte orientale d'Afrique dans l'Archipel, l'islamisation et l'intégration des Comores dans la civilisation swahili pendant tout le Moyen Age, contribuent à l'institution de l'arabe et du swahili (arabe + bantou).

L'arabe, langue de l'expansion islamique sera celle de la religion et de la culture (école coranique, transcription du comorien en écriture arabe ...). Le swahili, symbole de l'expansion et du rayonnement culturels et économiques de l'empire swahili de Kilwa[1] sera parlé par le reste de la population (la langue populaire).

Peu à peu, le swahili des Comores se mue en comorien.

A partir des XV-XVIe siècles, le contact européen provoquera l'intrusion de mots portugais, espagnols, anglais et français dans le parler comorien.

Actuellement le parler comorien non académique comprend le swahili, l'arabe et le français[2].

---

1 - Kilwa, ville de la Côte orientale d'Afrique est fondée en l'an 975 par le chirazien sunnite Ali Ben Hassan. Ce dernier chassé d'Iran par les chiites Buwayhides vers l'an 922. Pour plus de détails voir Ali Haribouet Hervé Chagnoux in *Les Comores*, Que sais-je, Presse universitaires de France. 2e édition mise à jour, mai 1990, p. 17. Kilwa constitue le siège d'un empire qui comprend entre autres : Mogadishu, Brava, Patta, Lamou, Malindi, Mombassa, Pemba, Mafia, Zanzibar et les Comores, notamment Anjouan et la Grande-Comore.

2 - Le parler comorien académique consiste en l'abstention d'utilisation de mots étrangers, sous-entendu des mots européens et particulièrement français. Le maniement de l'arabe et du swahili dans les allocutions publiques est considéré comme un exercice de virtuose, une marque d'érudition et d'encyclopédisme.

Si le parler est d'origine swahili, la chefferie l'est également.

3) Chefferie et islamisation

Au commencement de l'organisation sociale et politique était la chefferie. Celle-ci intégrera l'islam sunnite à partir du IXe siècle.

a) La chefferie ou la vie avant l'islam

Le grand Larousse Universel[1] définit ainsi la chefferie : «organisation politique de la société traditionnelle, non industrielle, dont l'exemple le plus complet se trouve en Afrique noire...».

«Observée d'abord en Afrique noire, la chefferie paraît avoir eu pour origine la famille étendue vivant autour d'un patriarche.
Par la suite, elle s'augmente d'étrangers qui s'y agrégeaient».

«Le chef africain comme le seigneur du Moyen Age, exploite et fait exploiter pour lui un certain nombre de domaines ruraux ; il reçoit en outre de nombreux cadeaux et perçoit des redevances sous forme de dîmes».

L'écrivain anjouanais Said Ahmed[2], cadi de Mutsamudu décrit la chefferie comorienne en ces termes : «Anjouan était comme les autres îles des Comores, la population était fétichiste et sans aucune foi religieuse. Elle était gouvernée par des chefs désignés sous le nom de béja. Hommes et femmes se vêtaient de morceaux de peaux ou de certaines feuilles d'écorce qu'ils attachaient avec une corde, juste pour masquer les parties sexuelles: ils vivaient de pêche et de chasse et les moeurs étaient sauvages et belliqueuses. Cette population divisée en plusieurs groupes passait le temps à se faire la guerre. Une grande partie vivait dans les grottes et les cavernes, d'autres dans des cases en paille. Leurs meubles et ustensiles étaient composés de *chivombé*, lit, *mitsondji*, calebasse, *n'tsazi*, plat en bois, *pira*, gobelet, *kujuo*, noix de coco dont on a vidé la chair et servant de pot à eau».

C'est donc une organisation politique et administrative qui assure des services régaliens.

---

1 - Tome 3 p. 2097

2 - Auteur d'un manuscrit sur l'histoire d'Anjouan cité par Claude Robineau p. 34 dans son ouvrage *Société et Economie d'Anjouan*. Océan indien ORSTOM 1966

a-1 L'organisation politique et administrative

Au début de la chefferie, le chef en était le moilimou, le sorcier, celui qui disposait de la connaissance des hommes, des plantes, de l'univers. Les impératifs de guerre ont imposé les chefs militaires les plus valeureux. Ceux-ci devaient se distinguer sur les fronts de batailles et sur la gestion des affaires tribales. Jalousie, conspirations et perfidie étaient légion. Il n'y avait ni reproduction, ni domination familiale ou clanique. Le sommet de l'organisation tribale était accessible à tout le monde au terme de moult disputes, luttes, ruses, courage et audace. Une fois sacré, le chef n'était pas assuré pour autant de la loyauté de tous ses sujets. Il devait demeurer attentif et prévenant.

Quant au sorcier, il devient le guide éclairé du chef. Ce dernier peut révoquer le premier à tout moment et désigner un autre à sa convenance.

Enfin le chef peut disposer à sa guise des hommes ainsi que de leurs biens, de sa tribu.

a-2 Armée et justice

Le chef de la tribu commande l'armée et rend la justice, assisté par le sorcier[1]. Ceux qui ont décrit la vie tribale des Comoriens n'ont jamais évoqué l'existence de collège élu ou désigné (genre de conseil des anciens ou de sages) chargé d'assister le chef de la tribu.
Ce dernier était donc *seul maître à bord*.

a-3 Education et instruction

Il n'y avait pas d'école aux Comores avant l'islamisation des îles (vers le IXe siècle)[2]. Les parents éduquaient et instruisaient leurs enfants. Le sorcier ne dispensait pas de cours collectifs.

---

1 - Said Ahmed. Hanoteau, Robineau... op. cit. Gevrey

2 - L'école coranique apparaît pour la première fois au XIIe siècle. D'abord sous forme de *madrassas*, école de théologie et centre d'enseignement religieux avant de se muer en école d'apprentissage de l'écriture et de la lecture du Coran aux enfants. C'est le sultan Mou el-din de la dynastie des Seldjoukides (1055-1258) qui gère l'empire arabo-musulman au nom des Abbassides, qui construisit à Damas, des *madrassas* au XIIe siècle.

a-4 Croyance et religion

La population tribale comorienne était fétichiste et naturellement superstitieuse. Le sorcier est sollicité sans relâche dans la vie collective et individuelle des habitants (guerre, rythme des saisons, naissance, accession à la majorité, décès, etc.).

C'est à cette époque que les sorciers feront apparaître dans la conscience des Comoriens, les fantômes, les revenants, les *Sera*, les diables, les sacrifices d'animaux, les invocations et implorations publiques et collectives.

Apparaissent également, amulettes (*hirizi*) et gris-gris (*ilimou*) qui procurent amour, honneur et richesse, et préservent du malheur, de la maladie, voire même de la mort violente.

Le sorcier jette des sorts, exorcise les habitants hantés, les mauvais esprits ou démons, et prépare des filtres....

Ces pratiques superstitieuses serviront l'islam.

Si les quatre îles des Comores vivaient toutes sous le régime de chefferies bantoues et indépendantes avant l'islamisation et le Moyen Age, on ne rapportera en revanche que celui usité en Grande-Comore et le régime de chefferie d'Anjouan.

Aucun auteur, ni navigateur, ni fonctionnaire ne nous renseigne sur le fonctionnement des chefferies de Mayotte et de Mohéli.

a-5 Les chefferies de la Grande-Comore

Grandidier A. indique que la Grande-Comore est «divisée en vingt seigneuries dont les chefs sont toujours en guerre les uns avec les autres[1]».

Le chef de tribu en Grande-Comore s'appelait le *mafé* mot d'origine bantoue qui signifie chef. Mais au fil des siècles, celui-ci sera supplanté par le terme de *beja*.

---

1 - A. Grandidier p. 104 *Collection des ouvrages anciens concernant Madagascar*. Tome 1. Publié sous la direction de A. Grandidier

a-6 Les chefferies d'Anjouan

Ce sont celles les plus rapportées par les auteurs (Gevrey, Robineau, Hanoteau, Said Ahmed,...). Nous retiendrons ici uniquement les récits de Hannoteau et de Gevrey.

Le premier[1] raconte ainsi : «les traditions nous apprennent qu'il y a quatre ou cinq cents ans, Anjouan était gouvernée par un certain nombre de chefs indépendants les uns des autres et qu'on nommait phanys. Les plus importants étaient ceux de Domoni et de Sima. Mais il y en avait à Adda, à Pomoni, à Moya, à Mutsamudu[2] et probablement à Patsy. On veut que ces phanys (*ouchanis*) soient originaires de Ceylan (actuel Sri-Lanka); de fait, il y eut de tout temps, des relations commerciales entre l'Inde et les Comores, et l'origine hindoue des phanys n'a rien d'invraisemblable... Le dernier phani de Domoni était Ali, possédait la moitié de l'île et vivait vers 1500".

Hannoteau précise à son tour que «l'île d'Anjouan était divisée en sept ou huit chefferies»[3].

L'évolution de la chefferie génère les fonctions de chefs de quartier et de village.

Les Arabes qui vont envahir l'Archipel des Comores, trouveront une nation déjà organisée en chefferie, qui comporte des lois et usages, des traditions et des croyances....

b) L'islamisation

L'islam s'est répandu aux Comores pendant tout le Moyen Age (IX-XVe siècles). La conversion des Comoriens à l'islam s'est effectuée sans effusion de sang. Elle est le fait de commerçants arabes et sunnites qui arpentent le canal de Mozambique et non de Moudjahidines (combattants de la guerre sainte) conquistadores.

On retiendra trois causes de l'islamisation:

---

1 - Gevrey op cit p. 184

2 - La ville édifiée par Moussa le noir *(mudu)*

3 - Hannoteau et Martineau, op. cit. p. 291

b-1 L'histoire politique du Moyen Orient et de l'Arabie

En 750 les Abbassides[1] (750-1258) détrônent la dynastie des Omeyades (661-750)[2] et s'installent à Bagdad (nouveau centre de la puissance arabo-musulmane). En Iran se succédèrent plusieurs dynasties persanes, les Tahirides, les Safarides et les Samarides. La majorité des sunnites émigrent en Espagne (Cordoue), «abandonnée» à «un survivant» omeyade : Abdu-rahmane, qui fondera l'émirat de Cordoue (756-1031).

Les autres empruntent le canal de Mozambique. Ces derniers ont-ils touché les Comores après avoir résidé dans les établissements de l'Afrique orientale ? Cependant, ce qui est certain, c'est qu'en Iran et plus précisément en 922, les Buwhahides chiites, originaires du sud de la mer Caspienne, qui contrôleront d'ailleurs plus tard (945-1055) l'armée et les ressources du califat de Bagdad, investissent la ville de Chiraz (située au sud-ouest de la Perse, dans la région de Fars), massacrent et chassent les sunnites du pays. Un des bannis, le prince sunnite Ali Ben Hassan fondera la ville de Kilwa en 975, cœur de l'empire swahili de la Côte orientale d'Afrique, suzeraine de l'Archipel des Comores.

b-2 Le mouvement d'expansion arabe et le rayonnement de l'empire swahili

Au XIIe siècle, la domination de Kilwa s'étendit aux Comores, écrit Auguste Toussaint[3]; «en raison de leurs petites superficies (2137 km²

1 - Abbassides : dynastie de califes arabes descendant d'Al Abbas, oncle du prophète Mouhammad, trente-sept califes règnent à Bagdad, de 750 à 1258

2 - L'empire omeyade fut fondé par Mowawih, fils d'Abou Soufiane, le chef des Koraischites de la Mecque, hostiles au Prophète. Mowawih se posa en vengeur du calife Othman, assassiné en 656 et combattit Ali à la bataille de Siffin. Mowawih, gouverneur de Syrie depuis 641, se fit proclamer calife en 661 après l'assassinat d'Ali (gendre du Prophète) et conserva Damas comme capitale de l'empire. Les partisans d'Ali fondent le chiisme et veulent assurer la transmission du califat dans la seule descendance d'Ali et de Fatima (qui donnera les Fatimides), fille du Prophète. Les chiites, très bien implantés en Iran, dirigèrent plusieurs émirats et réussirent même à contrôler le califat abbasside. Ils chassèrent de Perse au X[e]siècle les sunnites qui vont islamiser la Côte orientale d'Afrique et les Comores. Mowawih mourut en 680. Survinrent désordre (680-685) (745-749) et ordres (685-705 Abdoul Malik) (705-715 Walid son fils). Abou Muslim, chef d'une armée orientale de l'Iran (Khorassan) porte Abu Abbas au pouvoir après la bataille victorieuse du Grand Zab, nom d'un affluent du Tigre, en 750

3 - A. Toussaint op. cit. p. 468

au total), les quatre îles de l'Archipel furent facilement islamisées et intégrées dans la civilisation swahili».

Et Maniciacci d'ajouter qu'après le conflit religieux survenu entre sunnites et chiites, le «mouvement d'expansion arabe s'oriente principalement du côté du Mozambique...». Il est facilité par la connaissance acquise par les boutriers arabes de la mer de Zendjes et par l'attrait qu'exerçait une ville connue, Sofala, située non loin des bouches du Zambèse et dont la prospérité est grande... Les émirs de Kilowa qui avaient entre temps colonisé l'île de la Grande-Comore, s'étaient employés à propager la religion du Prophète. Le prosélytisme fervent des disciples de Mouhommad s'attache surtout à convaincre les Noirs amenés d'Afrique comme esclaves et plus tard les populations des autres îles de l'Archipel, y compris les Sakalaves venus de Madagascar en pillards ou en transfuges.

Ainsi les îles Comores vassales de l'empire de Kilwa succomberont à l'expansion religieuse sunnite de la puissance suzeraine.

La Grande-Comore serait la première île islamisée des Comores. Le navigateur arabe Mas'udi qui fit plusieurs traversées à bord de boutres arabes et qui se ravitaillait dans les îles Comores au Xe siècle, indiquait que l'île de Kambalou (identifiée plus tard comme étant la Grande-Comore) «était en l'an 304 de l'hégire (soit l'année 926 = 304 + 622) peuplée d'Arabes», sans préciser leur appartenance religieuse.

Il semblerait en outre que sa proximité de la côte du Mozambique en ait fait la meilleure escale.

Mais Maniciacci indique que M. Grandidier pencherait pour Anjouan première île islamisée, car «l'île était la plus fréquentée de l'Archipel. De nombreuses relations en font un repère de négriers». Par ailleurs «un prince fatimide d'Egypte mécontent de son suzerain s'y réfugia avec sa famille»[1].

Ce sont donc Anjouan ou la Grande-Comore, les premières îles converties à l'islam.

1- Maniciacci Jean *L'Archipel des Comores* Tananarive, imprimerie officielle, 1939, p. 243

b-3 L'absence de résistance anti-islamique

Avant l'islamisation, la population des Comores était composée :
- d'Arabes (Chiraziens, Irakiens, Yeménites, ...)
- de Noirs (Makous, Cafres, Bushmen,...)
- d'Antalotes et de Malgaches.

Ils sont originaires de la Côte orientale d'Afrique et des îles voisines, officiellement de culture swahili. La civilisation swahili de Kilwa étant une civilisation maritime, touche principalement les villes côtières et les ports commerciaux. Elle change très peu les campagnes. L'islam, religion de culture, de civilisation, et de mode de vie... pénètre d'abord les éléments «civilisés» et «éclairés» des villes. Les prédicateurs qui propagent la foi islamique dans les campagnes n'utilisent pas la force. Il en résulta souvent un compromis entre la nouvelle religion (l'islam) et les croyances et coutumes indigènes. La rupture avec le polythéisme ne fut donc pas brutale. Il s'en suivra une confusion entre religion et superstition. Elle s'atténuera au fil des siècles sans disparaître complètement. Le *moilimou* (le sorcier) se permettra toujours de tirer ses prescriptions du livre sacré, le Coran.

Voilà comment les Comoriens se sont convertis à l'islam. Ils sont sunnites de rite chaféite depuis le IXe siècle; sunnites parce qu'ils sont convertis à l'islam par les éléments de la branche orthodoxe de l'islam (branche sunnite par opposition à la branche chiite); de rite chaféite[1], parce que dans les nombreuses querelles d'écoles juridiques relatives à l'interprétation du Coran et de la sunna, les seigneurs de Kilwa avaient opté pour la doctrine de l'imam Chafii[2].

---

1 - La doctrine chaféite est une des quatre écoles juridiques orthodoxes de l'islam.Elle est fondée au VIIIe siècle par l'imam Chafii

2 - Les juristes musulmans ont dégagé du Coran et de la sunna un ensemble d'obligations «universellement» valables - le figh marqué par quatre écoles:
- hannafite, répandue en Turquie, Inde, Chine
- malékite, en Afrique noire et blanche
- chaféite, en Basse-Egypte, en Arabie du sud, en Afrique orientale et du sud, en Jordanie
- hambalite, Arabie Saoudite

L'imam Chafii est un palestinien de Gaza (767-820), Abdallah Mohammed Ibn Idriss al Chafii, il suivit d'abord les leçons de l'imam Malik Ibn Anas, fondateur de l'école malékite, à Médine. Il se fixa ensuite en Egypte et fonda l'école qui porte son nom. Il mourut et fut enterré au Caire

A l'instauration d'une organisation sociale d'abord tribale puis tribalo-islamique correspond un ordre économique.

D) L'organisation économique

L'organisation tribale et la civilisation maritime des Comores engendrent une économie duale : primitive et domestique, extérieure et marchande.

1) L'économie tribale

La population tire ses principaux moyens de subsistance de l'agriculture et de la pêche. Elle travaille le bois pour fabriquer boutres, pirogues, maisons,... Elle échange ses produits agricoles contre des denrées de première nécessité telles que : sel, tissu, fer (pour les couteaux, les outils, les sagaies...)...

L'élevage et l'exploitation de bétail constituent la principale richesse.

Mais cette organisation «naturelle» est malheureusement compromise par un régime politique et social qui érige le chef de tribu en propriétaire des hommes et des biens.

L'irruption de l'islam dès le IXe siècle dans l'Archipel ne modifiera pas les rapports économiques dans les chefferies comoriennes. L'obligation de se nourrir de produits kasher musulmans (*hallal*)[1] ne change en rien la consommation domestique. En revanche, l'islamisation[2] a appauvri l'économie tribale en rendant la population dépendante des produits extérieurs, notamment du tissu; les femmes devant se couvrir entièrement à l'exception des pieds et du visage, et les hommes, du nombril aux genoux pour pouvoir prier.

Cette civilisation rurale et tribale cohabite avec une autre, maritime et citadine.

---

1 - Aliments permis et préparés selon les règles diététiques de la Loi islamique

2 - Mais a amélioré l'hygiène de vie.- ablutions avant chaque prière, se doucher après les rapports sexuels, porter des habits sans tâche ; bref être propre pour être un bon musulman; être maître de soi-même et éviter les excès, boissons alcoolisées ou autres produits pouvant entraîner l'ivresse

2) Une économie marchande prospère

L'économie moyenâgeuse comorienne est marquée par la domination commerciale de la cité marchande de Kilwa.
Celle-ci contrôlait les comptoirs les plus importants de la Côte orientale d'Afrique : Patta, Zanzibar, une partie de Madagascar, Sofala,... et les «stations de rafraîchissements» des Comores. Il s'y développa un commerce essentiellement de troc. L'élément moteur de la dynamique commerciale est le boutre[1] ou le dhow[2] ou le sambouk[3]. «Il permit aux marins du monde swahili de s'aventurer bien loin dans la région australe de l'Océan indien, il les mit même assez rapidement en contact avec Madagascar et les îles voisines» écrivait Auguste Toussaint[4].

Les boutres arabes en se rendant à Bombay, Zanzibar, Madagascar déposent aux Comores des produits de l'Inde, de l'Arabie et de la Côte orientale d'Afrique.

Mohéli exportait des cocos, des peaux de bœufs, des nattes, des rabanes ... et recevait des toiles, essences, aromates, épices...

La Grande-Comore fabriquait des pagnes en coton, des rabanes, des nattes en rafia très colorées... qu'elle échangeait contre des marchandises ouvrées, étoffes, miroirs ...

Anjouan constituait le comptoir le plus important des Comores car plusieurs navires y faisaient relâche.
Mayotte était également desservie par ce commerce de cabotage, commerce qui n'était pas trop assujetti à taxes.
Mais le commerce qui attira le plus d'or et d'argent est celui de la traite des esclaves. Les chefs de tribu, même convertis à l'islam[5], avaient peu de scrupules et de moralité.

Enfin, on peut constater que l'économie marchande du monde swahili n'a pas enrichi les Comoriens. Ces derniers recevaient des produits de première nécessité (sel, épices, tissus, ...) en échange de leurs produits agricoles ou ouvrés (nattes, rabanes, pagnes en coton ...). En outre, cette économie vidait les îles de leurs éléments robustes, vendus comme esclaves.

---

1 - Que les Comoriens désignent par *Djahazi*
2 - Déformation des Anglais du mot swahili, daw
3 - Sambouk désigne également différents genres de boutre
4 - A. Toussaint p. 468, op. cit.
5 - Religion qui n'interdit pas la traite des esclaves

E) Les premiers intermédiaires

L'organisation en chefferie érigeait le troc en système d'échange et de circulation des produits. L'échange concernait surtout les denrées alimentaires, les tissus, les bestiaux, le sel, le fer, les esclaves ...

La marchandise qui s'imposa comme mesure commune aux grandes transactions, autrement dit comme monnaie, parce qu'ayant une valeur comparative (par exemple pour l'achat d'esclaves, de champs, de maison, de chèvres, de moutons, de bœufs ...) fut le bétail[1].

Mais alors, on peut se demander pourquoi les Comoriens ne se sont jamais servis comme intermédiaires, des coraux et coquillages dorés que rejetaient régulièrement les marées sur les plages ?

Cette absence d'utilisation des coquillages comme monnaie aux Comores est d'autant plus surprenante que les îles Maldives, Zanzibar et autres d'Afrique orientale utilisaient les cauris (petits coquillages) comme monnaie primitive.

Peut-être l'organisation administrative n'était-elle pas assez développée pour admettre le caractère fiduciaire qu'auraient revêtu des coraux transformés en monnaie ? Et pourtant, il y avait bel et bien un système d'échange dont les produits étaient les denrées alimentaires, les tissus, les bestiaux, le sel, le fer, les esclaves .... Peut-être les Comoriens abhorraient-ils l'idée de spéculation ?

Cependant, on peut dire qu'il y avait nécessité d'une monnaie divisionnaire pour les achats de la vie ordinaire.

Toujours est-il que les Comoriens n'ont jamais eu de monnaie primitive d'origine animale ou minérale.

Les Comoriens, entrés en relations d'affaire, ou d'exploration maritime avec les Sémites depuis l'Antiquité (au temps de Soulaimana Bin Daouda - Salomon - David 970-931 avant JC) utiliseront probablement, en premier, une monnaie arabe.

---

1 - L'usage est encore vivace aujourd'hui. Certains paysans échangent quelquefois des lopins de terre contre des bœufs. D'autres, candidats à l'émigration en France, se sont procurés leurs billets d'avion en échange de bœufs et de taureaux ...

Les rescapés sunnites du califat de Damas, déchus et chassés d'Iran en 750, ont-ils rapporté sur les comptoirs arabes du canal de Mozambique l'usage des dinars d'or et dirhams d'argent omeyades[1] ?
En revanche, ils se sont servis des dinars d'or fatimides du Caire[2] au Xe siècle. En effet, vers l'an 945, les fidèles du calife Ali et de son épouse Fatima (fille du Prophète Mouhammad), profitant des troubles en Irak (siège de l'empire abasside) détournèrent par la mer Rouge et le Bas - Nil le grand commerce entre l'Océan indien et la Méditerranée.

Les émirs commerçants de Kilwa répandront au XIIe siècle, les dinars d'or fatimides dans les comptoirs arabes de l'Océan indien.

Mais l'usage de la monnaie en ce temps là était réservé à quelques gros trafiquants et riches notables, notamment des chefs de tribu, des marchands d'esclaves et des commerçants arabes.

Les seigneurs de Kilwa ont peut-être réussi à modifier aux Comores une certaine manière de croire (l'islamisation) mais non de faire (les modes de production) et de s'organiser (persistance de la chefferie bantoue).

De l'Antiquité au XVe siècle, les îles Comores sont passées d'une civilisation bantoue à une civilisation afro-islamique. Mais les modes de production et de consommation n'ont pas beaucoup varié. L'économie demeure essentiellement de subsistance, qui se repaît plus de produits spirituels (croyances et religion) que de biens matériels.

La prospérité maritime et marchande ne pénétraient pas les campagnes. Les produits des échanges commerciaux étaient sans doute réexpédiés ou investis hors des Comores; car l'économie maritime était contrôlée par des non-résidents, notamment des «Arabes» de l'empire de Kilwa. En outre, la relative prospérité de cette période n'a laissé aucune trace de grands travaux collectifs ou individuels.

Enfin, à la prospérité du Moyen Age, succéderont quatre siècles (XVI; XVII; XVIII et XIXe) d'antagonisme et de haine.

§ 2 L'économie de la haine (XVI-XIXe siècles)

La grande richesse des Comores provient de la mer. Les navires et les boutres déversent pendant quatre siècles (XVI; XVII; XVII et XIXe)

---

1 - Premières monnaies arabes, frappées par le calife Abd El Malik (685-705 califat)
2 - Dynastie fatimide (909-1171)

sur les côtes comoriennes : hommes et trésors, commerçants et conquérants, aventuriers et corsaires, pirates et planteurs. Le mélange est explosif et les contacts quelquefois sanglants.

Emergeront de ces *débarquements* l'empreinte chirazienne, la suprématie maritime et commerciale européenne et malheureusement les haines politiques et les exactions crapuleuses.

A) La part chirazienne

En 1506, une flotte de plusieurs boutres, sous la conduite de Mohammed Ben Issa, débarqua aux Comores une importante vague de Chiraziens[1] en provenance vraisemblablement des anciens comptoirs de l'empire de Kilwa (Patta, Zanzibar[2],...).

Leur influence sera considérable.

1) L'institution du sultanat

Les Chiraziens dominèrent les chefs de tribus et/ou s'allièrent à eux par des mariages[3]. Ils introduisirent l'organisation clanique (cinq principaux en Grande-Comore[4] et deux à Anjouan[5]) qui se disputeront et se répartiront le pouvoir politique des îles. Devenus maîtres de l'Archipel, ils remplacent l'ancienne chefferie bantoue par une organisation en sultanat. Celui-ci est dirigé par un chef de clan, entouré d'un conseil (Kabar, Conseil de ministres,...).

---

1 - Probablement africanisée depuis plusieurs siècles; elle devait sans doute comprendre des éléments Yéménites et Mascates, purs et/ou africanisés

2 - L'hypothèse d'une provenance directe de Chiraz ne nous semble pas plausible; car en Iran, les souverains Tumourides (de Tamerlan-Timour Leng, qui a conquis le pays contre les Turcs en 1402) du XVe siècle ont «pacifié» la Perse et développé une civilisation rayonnante et prestigieuse. Les luttes contre les Turcs ottomans reprendront certes, aux XVIe et XVIIe siècles, mais après 1506. Il n'y a donc pas de motif politico-religieux ou social pouvant justifier une importante émigration d'Iraniens en provenance de Chiraz pour les îles Comores, spécifiquement

3 - Martin Jean p. 21 et p. 22 *Comores, quatre îles entre pirates et planteurs* L'Harmattan 1983 - Paris

4 - *Higna Ita Pirussa* (Mbachilé) ; *Higna Foumboia* (Vanamboini) ; *Higna Moitsa Pirussa* (Mitsamiouli); *Higna Âaliowa Sela* (M'tsamudu) ; *Higna Ouanazi Kounjé* (M'djazema-Pidjani)

5 - Voir Haribou p. 19 pour plus de détails. El Masela (Domoni) et el Madoua Hadramaout. Ils s'allièrent en 1780 et formèrent un seul sultanat

CARTE : Océan Indien

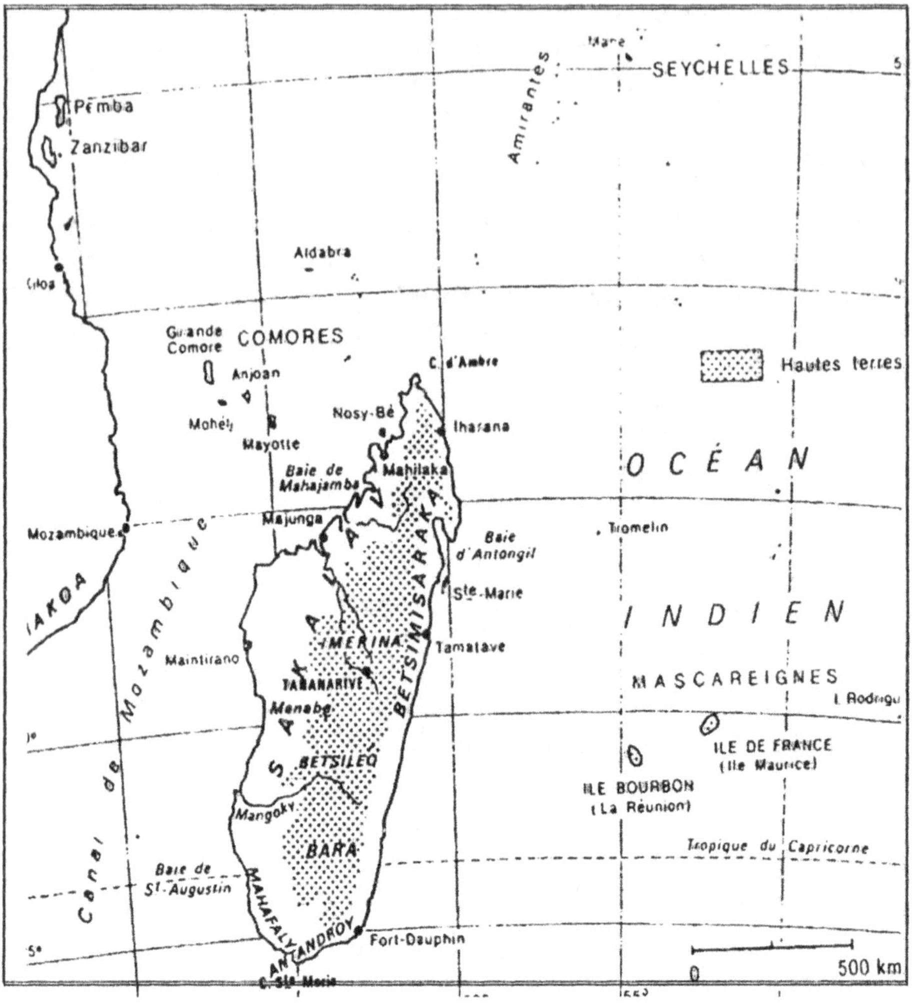

- Deschamps op cit p. 469 - Madagascar et les Archipels.

L'organisation politique devient aristocratique et la royauté héréditaire.

La société sultanique, elle, se stratifie en trois classes :
- la noblesse (classe des faoumés). Elle détient le pouvoir politique et économique (vizir, chefs religieux, commandant de l'armée, chef de village, patrons de boutres...).

- la classe d'hommes libres (moungwana). Elle comprend les esclaves affranchis, les agriculteurs, bouviers, pêcheurs, ...

- la classe d'esclaves (mtroina).

Mais les structures sociales, ramenées par les Chiraziens de Zanzibar, comportaient des faiblesses importantes, notamment organisationnelles (pouvoir politique théorique, autorité fictive des sultans...) et économiques.

2) L'économie sultanique

Le sultan comorien théoriquement maître absolu des hommes et des terres, se préoccupe davantage de ses femmes et de ses pages que des affaires économiques de son royaume.

L'économie rurale reste archaïque pendant l'ère sultanique.

L'agriculture, ressource fondamentale des Comoriens, ne connaîtra pas de profondes transformations. On continuera de vivre de cueillette, de culture de tubercules, de bananes, de noix de coco, d'ananas..., de chasse et de pêche.

L'économie de plantation que les sultans favoriseront sera un échec retentissant.

En effet l'exploitation de produits de rentes: noix de coco, canne à sucre, ananas, voire même la vanille, dans des immenses plantations sera «monopolisée» par des étrangers. La petite industrie locale de transformation de produits agricoles (raffinerie de sucre, conserverie d'ananas), est également contrôlée par des firmes étrangères.

L'exportation des produits comoriens vers les marchés de l'Europe occidentale et de l'Amérique du Nord ne profitera qu'aux négociants indiens (dès le XIXe siècle) et colons européens.

Les populations des terres et des régions spoliées constitueront d'abord une main d'œuvre servile avant d'être salariées sur leurs anciennes terres.

La dépendance matérielle de l'Archipel s'accroîtra. On importera pour la première fois des produits alimentaires, notamment du riz, de la viande,... de Madagascar.

Les Comores ne profiteront pas assez de l'expansion maritime et commerciale des Européens, notamment anglais et français des XVIII et XIXe siècles, très friands de produits tropicaux, coprah, canne à sucre ...

Enfin les guerres inter-claniques plongèrent l'île dans le chaos et compromirent tout effort de développement.

Abdallah III qui avait réussi à moderniser ses plantations d'Anjouan se ruina en portant secours au sultan thibé[1] Said Ali, de la Grande-Comore, en 1883, contre Moussa Foumou (sultan d'Itsandra).

Le sultan d'Anjouan ne reçut de Said Ali que «quelques centaines d'esclaves comoriens pour prix de ses services»[2].

Les sultans comoriens sollicitent, admettent ou subissent la pénétration des Européens dans l'Archipel, mais rendent les îles en même temps imperméables aux innovations techniques, agricoles et industrielles. Le respect des dogmes impératifs islamiques[3], n'empêche pas le développement économique. Peut-être avaient-ils peur des bouleversements des structures sociales, (donc de perdre leurs privilèges), qui auraient pu accompagner un développement économique ?

1 - Dans la pratique, le sultan thibé était loin d'être le «roi des rois» comme l'était Darius, pourtant perse comme les Chiraziens, qui se distinguait (dans l'Antiquité) par l'organisation remarquable de son empire

2 - Urbain Faurec. L'Archipel aux sultans batailleurs. *Promo Al Camar* n°8. Décembre 1969 p. 48

3 - La classe des faoumés prétend descendre du Prophète Mouhammad. En fait, elle abusait les citoyens. Il n'y a pas de culte de descendants du Prophète, dans la branche religieuse sunnite et de rite chaféite. Au temps de Hassan Ben Haïssa (au XVIe siècle) qui a répandu cette croyance, seuls les chiites admettaient l'imamat dans la seule descendance d'Ali et de Fatima - fille du Prophète

Par ailleurs, en confiant le commerce extérieur et une partie de l'économie de rente à des étrangers, ne voulaient-ils pas exclure toute concurrence économico-comorienne non royale ?

B) La contribution des *visiteurs* européens

Les marins européens ne s'aventuraient guère très loin des côtes, car ils croyaient que la terre était plate. Le commerce économique se faisait à l'intérieur de la Méditerranée (République de Gènes, de Venise, ...).

L'aventure maritime débutera au XVe siècle lorsque la rotondité de la terre commencera à être admise et que les Portugais entameront leurs voyages de découvertes le long de la Côte occidentale de l'Afrique. Barthélemy Diaz atteignit en 1486, le premier, l'extrémité méridionale de l'Afrique, (Cap des Tempêtes, - Cap de Bonne Espérance, Afrique du Sud).

Les premiers visiteurs européens des Comores furent les Portugais. Suivront les Français, Anglais, Hollandais, ...

Certains laissent très peu de traces de leurs passages. D'autres imprimeront leurs marques dans l'économie comorienne.

1) Le trésor des corsaires commerçants

Il s'agit d'apports maritimes portugais, français, anglais, en somme, européens.

a) Présence furtive des Portugais

Le Mozambique constituait la base principale des Portugais sur la côte africaine. Ces derniers prenaient la «route intérieure», le canal de Mozambique, pour aller vers l'Inde. Ils faisaient escale aux Comores.

Vers 1503, des Portugais, probablement membres de l'escadre de Vasco de Gama, qui rentraient des Indes[1], furent jetés par une tempête sur la côte est de Bandamadji, canton de Domba.

Mais le manuscrit de Chingoni édicte, qu'entre 1500 et 1505, des Portugais «volontaires» abordèrent à la Grande-Comore.
Ils ont établi leur autorité sur cette île.

---

1 - Urbain Faurec. L'Archipel aux sultans batailleurs, 1941 réédité par *Promo Al Camar*. CERSOI. Aix-en-Provence

En tout cas, en 1506, résidents forcés et volontaires portugais quittèrent l'île. Restèrent ceux qui y sont enterrés[1]. Les Portugais, grands commerçants de cette époque, n'ont pas eu beaucoup d'échanges commerciaux avec les Comoriens.

b) L'éclipse française

Les premiers visiteurs français qui abordèrent aux Comores, furent les frères Jean et Raoul Parmentier[2], commandants de deux navires de l'armateur dieppois Ango. En route vers les Indes, ils mouillèrent devant la Grande-Comore le 8 Août 1529[3]. Ils ne laissèrent aucune trace de leurs relations avec les Comoriens; alors que les Anglais, les Hollandais - et autres Européens qui leur succéderont aux XVIe, XVIIe et XVIIIe siècles développeront avec l'Archipel de fructueuses relations commerciales. Ils se ravitailleront abondamment en bœufs, chèvres, fruits,...

Les navires de la Compagnie française des Indes orientales (créée en 1642 par Richelieu) fréquentent très peu les côtes comoriennes.

La nouvelle Compagnie des Indes orientales, fondée par Colbert en 1664, crée des postes le long de la côte est de Madagascar, et aucun aux Comores.

En fait, la France maritime et commerciale ne s'intéresse guère aux Comores.

Elle réapparaîtra au XIXe siècle pour y rester.

La pénétration française fut d'abord militaire et maritime (alliée et/ou adversaire des sultans batailleurs), puis administrative (après la signature des traités de 1886) et enfin commerciale (l'utilisation de la monnaie française au détriment des monnaies anglaises largement en cours au XIXe siècle et l'achat de produits de France à l'endroit des multiples

1 - Témoins, leurs tombes au nord-ouest et au sud-est de la Grande Comore

2 - Urbain Faurec. *Les sultans...* op. cit. p. 86

3 - M. Jean Martin, éminent spécialiste de l'histoire des XVI-XVIIe siècles... estime que «un navire français, *Le Marie de Bon secours* qui se trouvait à Kilwa en novembre 1527 a probablement eu connaissance des Comores et peut-être y relâcha-t-il ? » p. 22 Jean Martin. *Comores, quatre îles entre pirates et planteurs.* L'Harmattan. Paris. 1983

articles de Bombay, de Mascate, de Zanzibar... seront imposés aux Comores à coups de décrets et d'arrêtés)[1].

En revanche, les Anglais ont opéré autrement.

c) Le sang et l'argent anglais

Le premier intermédiaire anglo-comorien fut le sang avant l'échange d'espèces sonnantes et trébuchantes.

En 1591, un vaisseau anglais, l'*Edouard-Bonaventure* barré par le capitaine John Lancaster, en campagne de piraterie contre les Portugais de la côte du Mozambique fut pris dans une violente tempête. Il s'en dégagea sans son maître-mât et avec de multiples avaries. Il fit relâche à la Grande-Comore pour y effectuer des réparations.

Pendant leur séjour à terre, les hommes de Lancaster manquèrent gravement aux règles de la bienséance envers les épouses comoriennes et commirent quelques excès envers leurs hôtes trop confiants.

Outragés, les Grand-Comoriens se vengèrent et massacrèrent 35 marins. Le 7 septembre Lancaster prit le large sans obtenir *réparation*[2].

Paradoxalement, ce premier contact sanglant inaugura une longue ère de fréquentations régulières et intenses. Les Britanniques réapparaissent aux Comores, soit en qualité de personnel de navires hollandais (comme John Davis le 9 mars 1598 à Mayotte, le 19 avril à Anjouan ...), soit en qualité de personnel de vaisseaux de sa majesté, notamment ceux de la Compagnie anglaise des Indes.

Les échanges avec les insulaires locaux porteront sur les verroteries, les couteaux, le fer, le papier, contre bœufs, cabris, chèvres,...

Les relations commerciales et maritimes comoro-britanniques dureront quatre siècles...

En fait, les Anglais avaient récupéré presque tous les comptoirs commerciaux de l'ancien empire de Kilwa. Ils animaient le vieux réseau

---

1 - Cette coercition administrative et commerciale générera aux Comores, le concept de l'économie administrée

2 - Urbain Faurec *Les sultans...* p.86. op. cit.

commercial comorien du Moyen Age : Comores, une partie de Madagascar, Zanzibar, Pemba, Mascate, Bombay (Indes).

Les Comoriens consommèrent donc british dès la fin du Moyen Age jusqu'au milieu du XIXe siècle - terme auquel s'imposera la substitution française.

d) Les autres partenaires européens

D'autres voiliers et navires européens de la route des Indes relâchèrent aux Comores pour se *rafraîchir* : danois, et peut-être allemands mais surtout hollandais. Ces derniers dominèrent une partie de l'Océan indien, notamment l'Indonésie et le Cap. M. Martin les reconnut comme les «redoutables» rivaux des Anglais. «En 1595, une soixantaine de vaisseaux furent envoyés dans la mer des Indes et les relâches aux Comores se multiplièrent».

Paradoxalement, les équipages hollandais échangeaient contre des produits comoriens, des piastres et non des florins. Les clients insulaires auraient-ils exigé la devise espagnole ?

Enfin l'Espagne hégémonique d'Europe et des Amériques du XVIe siècle n'eût aucune emprise sur les Comores. Mais ses monnaies, le réal puis la piastre, symboles de puissance commerciale, s'imposeront aux Comores.
Le trafic avec les Européens était intéressant. Chacun y trouvait son compte. Faurec[1] fit allusion à un échange inégal en soupirant ainsi : «heureuse époque, et heureux pays lorsque le hollandais Van de Broecke échangea en juin 1614[1] une main de papier à écrire valant trois sous et demi, contre un bœuf», (valeur réelle d'un bœuf : quatre vingt dix florins ou moins d'une piastre ou 3 à 4 francs français).

Cependant force est de rappeler que cette inégalité découle de la loi de la rareté. Aux paisibles européens marchands se mêleront d'autres européens plus politiques, plus instigateurs et plus gourmands.

2) Les visiteurs en eaux troubles

On évoquera trois personnalités, intelligentes et intrigantes, d'abord visiteurs, puis planteurs et conquérants.

1- Faurec p.90 op. cit.

a) Le duc commerçant

Il s'agit de M. Joseph-François Lambert, un breton, navigateur politique, diplomate planteur et pêcheur en eaux troubles.

Il débarqua à Mohéli en décembre 1864, île dangereuse secouée constamment par des révoltes populaires, des massacres de souverains (Abdallah d'Anjouan ; Boina Combo de Mayotte en 1836), des expulsions d'étrangers (Mme Drouet, perceptrice de la reine, en 1851; Said Mohamed, cousin du sultan de Zanzibar et mari de la reine, en 1859).

Les tourments politiques et sociaux mohéliens ne semblent pas beaucoup émouvoir ce défenseur de grandes causes politiques et commerciales perdues. En effet, duc d'Emyrne en 1862 et fondateur de la Compagnie de Madagascar, foncière, industrielle et commerciale, depuis le 9 novembre 1861[1], M. Lambert est chassé de la Grande île le 11 mai 1863 suite à l'assassinat de son protecteur Radama II. Son projet de «créer des routes, canaux, chantiers de construction, établissements d'utilité publique, faire frapper des monnaies à l'effigie du roi[2]...» se trouve anéanti.

Il fuit à l'île Maurice, puis à La Réunion et Mayotte et finit son errance à Mohéli.

Djoumbé Fatima le reçoit amicalement parce que Radanna II était ami et cousin de son père, Adourahmane alias Ramanateka.

En fait Lambert était aiguillé dans les *eaux houleuses* de Mohéli par le commandant de Mayotte. Enfin, toujours est-il que le nouvel ami choisit, au plus fort de la tempête sociale, la date du 13 février 1865, pour faire signer à la reine, un traité commercial étrange que l'on pourrait baptiser la charte Lambert II. (La première étant celle qu'il a signée au nom et à la place de Radama II en qualité d'envoyé de Sa Majesté avec le baron de Richemont, le sénateur Paul Panon-Desbassayns, agissant comme gouverneur à la Compagnie, le 2 mai 1863 pour la création de la Compagnie de Madagascar que nous avons indiquée plus haut).

---

1 - En fait, le 25 juin 1855, Lambert a fait signer en secret la *charte Lambert* au jeune prince Rakoto, futur Radama II pendant le règne de Ranavalona 1ère (mère de Rakoto). Le document devint officiel dès l'accession du prince héritier au pouvoir (le 9 novembre 1861)

2 - J. ET S. Chauvicourt p. 151 *Les premières monnaies de Madagascar*, Bulletin de Madagascar. 8è année n° 261 février 1968, p. 151

La *charte Lambert II* concède à l'ancien industriel la mise en valeur du sol mohélien. L'article 1er stipule ainsi : «Lambert reçoit pour une durée de 60 ans, la concession de toutes les terres qu'il voudra prendre pour mettre en valeur l'île de Mohéli[1]».

La reine fournira les «travailleurs» et recevra 5% des bénéfices.

Les Mohéliens crient à l'arnaque et la reine dénonce le traité. Mais Lambert s'oppose à toute modification, encore plus à une annulation.

La reine sollicite l'aide des puissances européennes dans l'Océan indien. Le sultan de Zanzibar rejette ses doléances. La reine Victoria et Napoléon III refusent de la rencontrer.

Impuissante devant Lambert, elle abdique en faveur de son fils Said Mohamed. Mais Lambert, devenu tuteur du jeune prince depuis le 13 avril 1868, consolide sa mainmise sur l'île.

Les soulèvements mohéliens sont noyés dans le sang par la marine française.

Le 14 juin 1871, sous la pression de la France, un *nouveau* traité est signé entre le sultan Said Mohamed et Lambert.

La charte Lambert III est jugée moins léonine par la France que par les Mohéliens.

Mais le sultan Said Mohamed meurt peu après et Djombé Fatima reprend le pouvoir.

M. Joseph-François Lambert meurt en 1873, de mort naturelle et non emporté par l'anarchie qui continue à régner sur l'île.

b) Le diplomate trafiquant

Au XIXe siècle dans l'île de «Johanna[2], les Anglais se trouvent absolument comme chez eux».

---

1 - Urbain Faurec. *L'archipel...* p. 127 op. cit.

2 - Lettre du 5-8-1846 du commandant supérieur de Mayotte, Passot à son ministre Archives Nationales Section outre-mer (ANSOM) Aix-en-Provence

En 1850, un employé chanceux du nom de William Sunley, remplace le *propriétaire d'une maison britannique, parti en congé*, et succède également comme consul d'Angleterre, suite à la mort subite du titulaire M. Mapier, à Zanzibar. L'ancien commis se trouve donc gérant d'une importante maison de commerce et représentant d'une grande puissance maritime. Non content de ces deux fonctions soudaines, il s'associe avec Abdallah III, sultan d'Anjouan pour la mise en valeur agricole de l'île et devient planteur. Il développe la plantation de Pomoni et celle de Bambao, du sultan. Ce colon semble sans reproche.

Il entretient de *bonnes relations* avec le sultan et ses sujets. Sa présence ne suscite aucun mécontentement social. Cependant *l'agitation* ne provient ni de la population, ni du souverain anjouanais, mais d'un sujet de Sa Majesté, en la personne de l'explorateur anglais David Livingstone. Celui-ci de passage aux Comores «pour recruter les porteurs nécessaires pour gagner les grands Lacs[1]» apprend que les travailleurs de la plantation de Pomoni sont des esclaves.

Choqué par le comportement de son compatriote[2], il expédie un rapport indigné à Londres. Peu après, le Foreign Office contraint Sunley à procéder à un choix entre ses activités agricoles et ses fonctions consulaires. Il opte pour les premières mais demeure agent officiant de la Grande-Bretagne et conseiller du sultan.

Il meurt en 1877 comme planteur. Son neveu Robert, résidant à Mohéli, le remplace à la tête de ses propriétés[3].

c) Sultan blanc *in partibus infidelium*

En 1883, les Naturels de la Grande-Comore voient débarquer sur l'île, un «grand» français, envoyé en mission par le ministre de l'Instruction publique de la République française, en l'occurence, M. Jules Ferry, pour faire une étude sur la faune.

Ce voyageur a déjà entrepris plusieurs missions de recherches botaniques à Madagascar.

---

1 - Flobert Thierry *Les Comores, évolution juridique et socio-politique*. Thèse de droit, Aix-en-Provence, 1975, p. 75

2 - L'Angleterre a aboli l'esclavage dans ses colonies depuis 1843

3 - Robert met d'ailleurs les propriétés de Pomoni en gérance auprès du baron d'Este

Mais Annet Lignac prétend que «ce visiteur insinuant, se transforma en immigrant avant même d'avoir pris contact avec les êtres et les choses de l'île[1]».

Ce géant, «vague naturaliste» (selon l'expression de Lignac)[2], se nomme Léon Humblot, fils d'un maraîcher, né à Nancy en 1852, et jardinier du Muséum d'histoire naturelle.

Le sultan thibé Said Ali le reçoit et le traite comme «un frère» parce «qu'il est français»[3].

Le 5 novembre 1885, le «frère blanc» sur le conseil de Jules Ferry[4], signe un traité étonnant avec Said Ali, à bord de l'aviso *le Boursaint*, en rade à Moroni.

Le caractère commercial de ce contrat est surprenant[5]. «Son Altesse donne à L. Humblot le droit d'exploiter dans toute l'étendue de l'île, toutes les richesses naturelles quelconques et toutes les terres qu'il voudra mettre sous culture; ces terres sont données en toute propriété, sans impôts ni location, avec faculté à L. Humblot de pouvoir, s'il juge à propos, former une ou plusieurs sociétés pour les différentes branches de l'exploitation de l'île» (art.2).
«Son Altesse s'engage à ne donner à personne, sans l'assentiment dudit L. Humblot, des terres ou le droit d'exploitation.» (art.3).
«Son Altesse s'engage à fournir des travailleurs qui seront engagés pour cinq ans à raison de 100 francs par tête et par an» (art.4).
«Son Altesse garantit et répond de l'exploitation ou cultures qui pourraient être détruites par le fait de ses sujets.» (art. 6).
«L. Humblot s'engage à donner à son Altesse 10% sur les bénéfices réalisés dans les différentes branches de l'exploitation de l'île» (art.8).

---

1 - Annet Lignac. *Les scandales de la Grande-Comore*. Auto-édition (en vente chez l'auteur en 1908) 17, rue Grauge-Batelière. Document du Centre d'Etudes et de Recherches sur les Sociétés d'Océan indien (CERSOI), Aix-en-Provence

2 - Annet Lignac op. cit. p. 5

3 - Lettre écrite à Iconi le 26 Mouharrame 1305 de l'Hégire et envoyée à Humblot - in Lignac p.88 op. cit. En fait la lettre datait d'octobre 1887. L'année de l'Hégerie devrait donc être 1887 - 622 = 1265. Said Ali s'est donc trompé de date. L'année de l'Hégerie est 1265 et non 1305

4 - Jules Ferry aurait dit «Allez, jeune homme, faites connaître la France dans ces pays sauvages, la France a toujours une récompense pour ceux qui, comme vous, savent faire abnégation de leur jeunesse pour le bien général de leur pays». Extrait de lettre de M.Humblot au ministre, citée par Lignac p. 67. op. cit.

5 - Voir Annet Lignac pour le texte intégral pp. 70-72, op. cit.

«L. Humblot s'engage à verser à son Altesse, trois mois après la signature du présent traité, la somme de 5.000 piastres (1 piastre = 5 F soit 5.000 x 5 = 25.000 FF) qui sera remboursable sur le salaire des travailleurs» (art.9).
«En cas de désaccord entre les deux parties ou les héritiers de l'une ou de l'autre, les différends seront tranchés par les tribunaux français» (art. 11).
Le sultan Said Ali a offert à Humblot une immense concession en échange de son intervention auprès de la France pour négocier le protectorat.

Mais M. Humblot mélange la politique avec le commercial, abandonne sa mission scientifique et devient même «égoïste» selon l'expression du premier résident à la Grande-Comore, M. Weber.

Le sultan de Badjini, Hachimou dénonce en premier le traité signé et les Badjiniens écrasent les troupes de Said Ali. Ce dernier est fait prisonnier.

Humblot s'acquitte de la rançon exigée pour la libération du sultan thibé mais refuse d'annuler le traité. Les hommes de Hachimou reprennent les hostilités mais la France intervient et rétablit Said Ali. Un traité de protectorat est signé par Said Ali le 6 janvier 1886[1]. Humblot n'en est pas signataire. Mais le sultan s'engage à «faciliter l'établissement dans l'île» de nouveaux colons.

Le Nancéen n'est plus inquiété.
L'île se soulève et Hachimou, chef des *rebelles* contre *la vente du pays à l'insu de ses habitants* est arrêté et déporté à Diego-Suarez.

La *charte Humblot* reste intacte. L'ancien jardinier poursuit ses implantations et crée la Société de la Grande-Comore.
L'île demeure en ébullition. La France intervient à nouveau, étouffe la révolte, déporte dix notables à Obock (sur la Côte de Somalie), supprime le sultanat à la Grande-Comore, et impose un traité de protectorat le 6 janvier 1892[2]. Mais la charte de M. Humblot n'a pas été remaniée. Ce dernier est même devenu résident (officieusement depuis mars

---

1 - Roard de Card. *Les traités de protectorat conclus par la France en Afrique*, Pedone. 1897. p. 165
2 - Voir texte in Roard de Card op. cit. p.171

1891, en l'absence du sultan ramené à Mayotte, et officiellement après la signature du traité du 6 janvier 1892). Il dirige toute l'administration de l'île et contrôle également la seule société privée de la Grande-Comore.

Les Grand-Comoriens continuent de s'opposer à la rapacité de Humblot. Le 13 juin 1893 M. Humblot et son beau-frère, M. Legros sont blessés dans un attentat. Le *sultan blanc* accuse son frère *noir* d'en être l'instigateur. Ce dernier est déchu par le gouverneur Lascade et déporté à Diego-Suarez puis à la Réunion. Avant de partir, il délègue tous ses pouvoirs à Humblot, qui devient représentant du Gouvernement français (résident), chef de l'administration (à la place de Said Ali) et directeur de la seule société coloniale. Il règne en maître absolu pendant 4 ans (1892-1896).

Son titre de résident lui est retiré en 1896. Un accord est conclu en 1897 entre le ministre des Colonies et M. Humblot[1]. Said Ali obtient sa réhabilitation en 1909 et une indemnité à charge de M. Humblot en 1912.

L'accord de 1897 est favorable à la société de M. Humblot à plusieurs égards :

- l'argent prêté par Humblot au sultan et une «somme qui correspond aux dégâts occasionnés aux plantations lors des révoltes» sont budgétisés dans la rubrique, dettes publiques du budget local de la Grande-Comore. Le remboursement se fera par annuité jusqu'à extinction de la dette.
- «Le département des Colonies renonce aux 10% promis à Said Ali en 1885».
- l'administration française reconnaît la validité du traité de 1885, tout en y apportant quelques restrictions mineures; les villages et les cultures restent propriétés des indigènes mais ces derniers doivent verser une redevance en argent au *sultan blanc* ; un droit de passage doit être dégagé, la société peut être exemptée de tout impôt pendant 50 ans.

La liberté commerciale et l'interdiction de monopole de la société Humblot sont proclamées.

---

1 - Voir texte dans la dépêche du 9-04-1897 fixant les rapports de la Société de la Grande-Comore et de l'administration. Lebon André, ministre des Colonies, ANSOM, Aix-en-Provence

Après ces *restrictions* le domaine de Humblot comprend 47,8% de l'île[1].

Son pouvoir commercial et politique recouvre toute la Grande-Comore. Les incessantes tentatives de restrictions des droits et privilèges exorbitants de M. Humblot, des autorités locales et métropolitaines échouent devant le Conseil d'Etat[2] qui réaffirme sans cesse la validité de la convention de 1897. M. Humblot meurt le 20 mars 1914 dans sa propriété de Nioubadjou près de Salimani (dans le Hambou, en Grande-Comore).

Son frère *noir*, le thibé déchu, décède à son tour le 10 février 1916 à Tamatave (Madagascar).
L'ancien jardinier finit sa vie comme *sultan blanc*, planteur et commerçant.
Et les iniquités de la convention de 1897 continuent de mécontenter les Grand-Comoriens.
En fait, ces visiteurs en eaux troubles étaient manipulés par les politiques des grandes puissances maritimes.
Ils accomplissaient plus d'actions de conquêtes que d'actes de commerce.
Ils marquèrent la fin du commerce corsaire et le début de l'ère des plantations et sociétés coloniales.

C) Haines politiques et exactions crapuleuses

Le sultanat érige la haine en système de gouvernement. En principe, dès son arrivée au pouvoir, le sultan doit assassiner tous ses parents mâles dont il craint les ambitions.

Aux Comores, le sultanat se constitue d'abord par mariage et alliance entre les chefs autochtones et les migrants chiraziens de 1506. Très vite le sultanat se substitue à la chefferie bantoue. Apparaissent des clans rivaux, des dynasties concurrentes et des intérêts antagonistes entre les diverses familles royales des îles. Des riverains malgaches essayeront de tirer avantage de ces luttes fratricides.

---

1 - René de Maximy, annexe 1 p. 332 *L'Archipel des Comores - Etude de géographie économique*. Thèse de Lettres. Université de Provence. Aix-en- Provence

2 - Arrêt du 21-7-1911. Humblot contre / Ministère des Colonies. *Penant* 1912. pp. 87-95 ; arrêt du 8-11-1912. Humblot et Cie / Gouverneur de Mayotte. *Penant* 1913. p. 223

1) Haine politique et ruine économique

La destruction des hommes (militaires ou civils, esclaves ou souverains prisonniers) et les réprimandes économiques (prisonniers vendus comme esclaves, razzias et enlèvement des femmes, mise à feu des villages et des cultures, ..) touchèrent les quatre îles...

a) Mohéliens - régicides et anarchistes

L'île de Mohéli est toujours convoitée par la Grande-Comore et Anjouan. Mais, elle est plus souvent vassale du sultan de Mutsamudu. Elle n'a pas de structure clanique. Elle est constamment agitée par des querelles de vassalité contre Anjouan ou Zanzibar, des enlèvements et émeutes contre la levée d'impôt, l'intervention étrangère, le comportement déplacé d'un souverain.
Ce dernier est parfois perfide et cruel, quelquefois débonnaire et naïf mais aussi despote et crapule.

Le plus perfide des souverains mohéliens serait Ramanateka.
En effet, à la mort de Radama 1er, Ramanateka, gouverneur de Majunga, ami et parent du roi défunt, fuit de Madagascar avec une centaine de Hovas et se réfugie à Anjouan. Abdallah 1er l'accueille et le nomme adjoint du gouverneur anjouanais de Mohéli. Quelques mois après, il conspire contre son hôte, avec Said Ali, frère du sultan. Le complot échoue et Ramanateka s'enfuit. En 1830, Abdallah attaqua Mohéli pour se venger, mais fut repoussé grâce au concours de Ramanateka et à celui des Hovas. Ces derniers, forts de leurs victoires, proclamèrent Ramanateka roi de Mohéli. Pour rallier les Sakavalas et les musulmans, ... majoritaires dans l'île, Ramanateka changea son nom contre celui d'Abderahmane.

Le 20 juin 1836, une guerre éclata contre Anjouan. Mais la moitié des troupes d'Abdallah 1er périt dans une tempête. Ramanateka massacra les rescapés du naufrage y compris Boina Combo et autres partisans d'Abdallah. Ce dernier meurt de faim dans un cachot en 1836. La vassalité mohélienne à l'égard de Mutsamudu est ainsi tuée. Ramanateka décède à son tour en 1842, de mort naturelle.

Sa fille, Djoumbé Fatima lui succède. Elle est moins cruelle, moins perfide et peut-être même plus naïve (puisque Lambert a réussi à lui faire signer le contrat léonin de 1865).

L'île n'est pas pour autant pacifiée. Une fois estompées les querelles de vassalité, se succèdent soulèvements et émeutes anti-coloniaux. La haine est dirigée contre les puissances extérieures et leurs représentants (Mme Drouet, Lambert, le sultan de Zanzibar, ...) puis retournée contre les souverains mohéliens. Djoumbé Fatima meurt en 1878. Lui succède Abderemane. Celui-ci est assassiné par les Mohéliens en juin 1885 pour avoir fait incendier Fomboni. Le Prince Ben Cheikh qui le remplace est renversé un an après (en 1886).
Révoltes et anarchie ne semblent pas finir à Mohéli.
Marjani, sultan «protégé» par le traité franco-mohélien de 1886, abdiqua le 25 Août 1888 suite à un soulèvement de la population mohélienne.

Mahmoud, frère de Salima Machinda (âgée de 14 ans) fille de Djoumbé Fatima est désigné régent par le Gouvernement français. Il se conduit en despote. En 1896, éclate une insurrection contre le sultan (liée à sa conduite) et le résident de France (qui a levé trop rapidement l'impôt). La France intervient pour rétablir l'ordre. Le sultan Mahmoud qui s'était enfui de Zanzibar puis était revenu à Mohéli, fut exilé à Sainte-Marie et à la Réunion où il mourut le 18 octobre 1897.

Le gouverneur de Mayotte administre alors l'île directement par l'intermédiaire d'un chancelier de résidence représentant le résident d'Anjouan.

Mais en août 1902, les Mohéliens, refusant le travail forcé imposé par les colons se révoltèrent. L'insurrection fut matée par des tirailleurs sénégalais (en fait l'Armée coloniale) qui occupent l'île jusqu'en janvier 1903.

Les guerres sanglantes inter-îles, les révoltes et les répressions militaires et civiles ont annihilé tout effort d'organisation économique et sociale. Le potentiel agricole mohélien ne commencera à être exploité que vers le milieu du XXe siècle (1946).

b) Anjouan: expéditions ruineuses

Vers 1780 le vizir Abdallah, de la dynastie d'El Masela (la Quabila de Domoni), vizir à Mutsamudu, devient roi après le décès du sultan Sidi Ahmed (sur le trône depuis 1748 - de la Quabila El Madwa - de Hadramaout - Mutsamudu) qui régnait à Domoni. Il fond les deux sultanats en un seul et transfère la capitale à Mutsamudu.

En 1786, excédé par les incursions et razzias malgaches, il se rend à Bombay pour solliciter l'aide des Anglais. Il en rapporte des armes, des munitions et de l'argent pour faire construire la citadelle de Mutsamudu.
Mais il s'empêtra dans des querelles sanglantes de suzeraineté à l'égard de Mayotte et de Mohéli. Il organisa plusieurs expéditions guerrières coûteuses contre ces îles vassales qui ne lui rapportaient d'ailleurs que rebellions et révoltes. Il est battu non pas par les Mohéliens mais par la tempête[1] le 20 juin 1836. Il[2] meurt d'inanition dans une prison de Fomboni (Mohéli).

Le prince Alaoui (1836-1842 sultanat - fils d'Abdallah 1er), qui lui succède, reçoit moins de soutien militaire et financier des puissances européennes dans l'Océan indien. Il renonce à l'autorité d'Anjouan sur Mayotte et Mohéli.

Le prince Salim (oncle d'Allaoui) devient roi en 1842 (1842-1855 sultanat). Il privilégie les actions diplomatiques et économiques.

Il signe un accord pour la construction d'un hôpital militaire, avec les Français, puis deux traités avec les Anglais. Le premier traité est anti esclavagiste et le second, commercial et de protectorat.

Son fils Abdallah III âgé de 36 ans (1855-1891 - sultanat), héritier d'une vingtaine d'années de paix, habile diplomate, brillant entrepreneur, développe l'économie de plantation. Il fait lui-même venir à Anjouan des machines achetées grâce à un emprunt contracté auprès de l'Oriental Bank de Maurice.

---

1 - Comble de malchance; en principe la mauvaise saison, celle des cyclones et des tempêtes, débute en novembre et se termine en avril. Les Comoriens repèrent facilement cette période du redoutable *Kachi-Kazi*, vent du nord. Puis suit à partir de mai jusqu'en octobre, la bonne saison, celle de la délicieuse mousson du sud, le *Koussi*. Cependant subsiste entre les deux périodes, une saison intermédiaire appelée *Niombeni* où il pleut souvent, mais où la mer est généralement calme. Et c'est à cette période qu'Abdallah 1er a choisi par malchance de mener sa dernière expédition à Mohéli. La tempête du 20 juin 1836 qui a englouti ses troupes à Mohéli, semble relever d'un impondérable météorologique

2 - Abdallah 1er (1780-1836)

Mais il se ruine en 1880 en organisant une expédition militaire de soutien à son cousin, le sultan Said Ali, en guerre contre Moussa Foumou, en Grande-Comore. Il en revient appauvri, son domaine de Bambao partiellement détruit. Puis il reçoit de la banque mauricienne, une mise en demeure de payer un million de francs français de dettes[1].

Il meurt le 2 février 1891 à 82 ans des suites d'une longue maladie, dans sa plantation de Bambao et laisse une énorme dette à ses successeurs.

Son fils Salim âgé de 25 ans, successeur désigné, est contesté par un de ses oncles, Said Otman qui se fait déclarer sultan.

Querelles de succession, contestation de traités de protectorat provoquent l'anarchie dans l'île.

La France intervient et impose le protectorat.

L'île ne s'est plus relevée de l'agonie économique provoquée par Abdallah III.

c) Mayotte - Andrianan-Souly - Usurpateur et vendeur

La dynastie Boina Combo gouvernait Mayotte depuis longtemps, même si l'autorité d'Anjouan s'y exerçait de temps à autre.
En 1832, Andrianan-Souly alias *Isy-Leva ampanjakele* (grand chef) Sakalava de la région de Boueni (côte ouest), à Madagascar, vaincu à Madagascar par l'armée de Ranavalona 1er, se réfugie à Mayotte, auprès de son allié Boina Combo. Ce dernier lui donne sa fille en mariage et à celle-ci la moitié de son île pour dot[2] (le sud).

Les fugitifs sakalaves rendent prospère la terre qui leur a été donnée, riz, patates, maïs... deviennent abondants et les indigènes en sont jaloux. Ils laissent leurs animaux paître et saccager leurs cultures.

Les Sakalaves se plaignent. Et la guerre éclate entre les deux parents.

---

1 - Flobert op.cit. p.77
2 - Fernand Hué et Georges Haurigot «Nos petites colonies». *Histoire de Mayotte.* pp.144-145. Paris. 1884

«Andrianan Souly, maître de la campagne et par conséquent des vivres, bloqua son rival à Dzaoudzi[1]».

L'ancien sultan abandonne l'île aux vainqueurs et s'enfuit à Mohéli. Mais le nouveau maître de Mayotte est d'abord battu par les troupes mohéliennes et Boina Combo puis rétabli par Abdallah 1er d'Anjouan en qualité de gouverneur de l'île.
Toujours ingrat, il ne tarde pas à renier la suzeraineté anjouanaise et à se déclarer sultan de Mayotte.

Usurpateur et cupide, il s'empresse de vendre l'île de peur qu'elle soit conquise par un autre sultan batailleur.

C'est une autre façon de la détruire.

d) Grande-Comore. Désaccords familiaux sanglants

La Grande-Comore est constituée de onze principautés ou sultanats indépendants dirigés par des chefs de clans ou de sous-clans. On distingue les sultanats du :

- sud-est : Badjini et Domba, chef-lieu, Foumbouni,
- sud : Hambou et Bambao, chef-lieu, Moroni,
- centre : Itsandra et Hamanvou, chef-lieu, N'tsoudjini,
- nord : M'boudé, Mitsamiouli et Mbagoua, chef-lieu Mitsamiouli-ville et de l'est : Hamahamet et Oichili : chef-lieu, Koimbani, Oichili

Les sultans et les vizirs, bien que quelquefois parents, se font continuellement la guerre. Les sultanats de Bambao et de N'tsoudjini se sont révélés les plus puissants, au XIXe siècle. Leurs souverains se disputent le titre de thibé, sultan des sultans, d'ailleurs sans grand pouvoir politique.

Le sultan d'Itsandra, Higna Foumbaia profite de l'absence de Mougni Mkou, parti en pèlerinage à la Mecque, pour s'adjuger le titre de thibé. Ce dernier, allié de la France qui bombarde la ville d'Iconi, reprend sa suzeraineté.

---

1 - Rapport sur l'île de Mayotte par Jehenne, capitaine de corvette, commandant *La Gabare La Prévoyance*. 1841 - paru dans *Les Annales maritimes et coloniales*. année 1844. p. 42. ANSOM Aix-en-Provence

Mais en 1871, Moussa Foumou Ben Fefoumou, nouveau maître de Ntsoudjini, se soulève contre le vieux thibé. La guerre dure trois ans. Le vieux sultan est vaincu. Capturé, il meurt en prison en 1875, victime de mauvais traitements.

Said Ali, petit-fils et successeur de Mougni Mkou détrône à son tour Moussa Foumou avec l'aide de Hachimou, sultan de Badjini et parent d'Abdallah III, parent d'Anjouan[1] et d'Abderahmane de Mohéli, mais laisse la vie sauve au souverain d'Itsandra.

En 1883, armé et conseillé par les Anglais, Moussa Foumou reprend la guerre mais la perd. Cette fois, Said Ali le laisse mourir en prison. Et depuis plus personne ne convoite le poste de thibé. Cependant, la révolte qui va déstabiliser Said Ali provient de son allié et parent de Badjini : Hachimou.

En effet, celui-ci se révolte contre son parent pour avoir vendu le pays à Humblot (contrat du 11 novembre 1885). Son armée marche sur Bambao et écrase les troupes de Said Ali. Le thibé, désargenté, est fait prisonnier. Son frère et usurpateur blanc, Humblot, acquitte la rançon de sa liberté. La France le rétablit peu après sur le trône.

Mais la paix et la tranquillité ne sont pas pour autant assurées. Dès janvier 1886, l'île rentre en convulsion. Cette fois, la France vole au secours du thibé. Elle écrase la révolte. Hachimou animateur principal de la révolte est déporté à Diego-Suarez.

Il s'y évade puis rejoint le Badjini en janvier 1889. De là, Hachimou réactive la révolte. Mais les troupes françaises envahissent le Sud et mettent son armée en fuite. Le parent rebelle trouve la mort au cours des combats, le 20 juin 1889, à Nioumamilima, en compagnie de Foumé Madjani, sultan d'Itsandra.

Ni Hachimou, ni Said Ali n'étaient parricides.

Toutefois auraient-ils pu régler leur désaccord en famille et épargner le sang versé ?
Ainsi, les haines politiques ruinent l'économie de l'Archipel.

---

1 - A la suite d'un revers militaire, Mougni M'kou se réfugia à Anjouan. Une de ses filles épousa Said Omar, le fils d'Abdallah 1er. De ce mariage naquit Said Ali

Les appétits des sultans se confondent avec ceux d'autres résidents, rôdeurs ou pirates de l'Océan indien.

2) Forfaits pirates

Au XVIIIe siècle, entre une alternance de succès et/ou de revers, surgissent des intrus européens ou malgaches dans les antagonismes sultaniques.

a) Ecumeurs européens

A la fin du XVIIe siècle, des pirates et forbans européens, chassés de la mer des Antilles par leur marine de guerre, se reportèrent sur celle des Indes[1]. Les îles Comores constituèrent alors d'excellentes bases d'embuscade et de ravitaillement.

Ces brigands pillaient les navires de commerce européens, ainsi que les insulaires comoriens.

Les exactions les plus marquantes sont celles perpétrées par Nataniel North, un Anglais originaire des Bermudes «pétri des principes chrétiens parmi lesquels l'attaque des navires, biens et personnes musulmans constituait son action dominante[2] ».

Faurec écrit : «en 1701, un français rescapé d'un naufrage, que le sultan de Mayotte avait recueilli et assisté, s'était joint à une bande de pirates menée par un Anglais Nathaniel North, pour attaquer son bienfaiteur, le faire prisonnier et lui extorquer 1.000 piastres (5.000 FF)» «North se retira de l'île en emportant un grand nombre d'habitants des deux sexes qu'il s'en alla vendre à Madagascar[3]».

Mais revenu peu après à Mayotte, les habitants s'emparèrent rapidement de deux hommes de North (le chirurgien de bord et un pirate nommé Price) descendus à terre. Les Maorais exigeaient une forte rançon contre la libération des prisonniers. North s'en acquitta mais pour se venger, lâcha sur l'île sa horde sauvage qui ravagea l'île et incendia la capitale (Chingoni).

---

1 - Faurec Urbain, op. cit. p. 92.
2 - J. Martin p. 24 *Quatre îles entre pirates et planteurs* op. cit.
3 - Faurec Urbain, op. cit. p. 96

En 1705, le même North s'empara de Moroni et exigea une forte rançon. Il ne reçut que «quelques chaînes d'argent et quelques pièces de toiles».

A Anjouan, il se «consolera, en soumettant aux pires exactions les femmes et les jeunes filles qui tombèrent entre ses mains».

Où étaient donc Mission et Carracioli ? Deux redoutables pirates (le premier, provençal converti très jeune à la piraterie, le deuxième, prêtre dominicain défroqué)[1] qui écumaient la mer des Indes et qui étaient établis à Anjouan avec leur équipage? Ils s'étaient alliés au sultan d'Anjouan pour soumettre Mohéli et défendre l'île. Ils prirent femme dans le pays et poursuivirent leur vie périlleuse accompagnés de leurs féroces et courageuses épouses comoriennes dans les rivages du Mozambique.

Certes, Mission quitta l'île avant l'an 1700 avec 30 anjouanais (hommes, femmes et enfants) pour fonder *Libertali* (une république gouvernée par des pirates) à Diego-Suarez (côte nord-ouest de la Grande île).

Mais alors pourquoi l'italien Caracioli et ses amis pirates, *anjouanisés* depuis 1693 et restés dans l'île, n'ont-ils pas défendu leurs épouses et filles ?

Pourquoi, plus tard, l'ancien prêtre alors âgé d'une soixantaine d'années, protégera-t-il en 1720, au péril de sa vie, le capitaine anglais, Mac Krau et son équipage contre deux redoutables pirates britanniques, Condent et England à Anjouan ?

Le vieux farouche fait-il plus peur que le bandit quadragénaire ?

En tout cas, en 1722, la France et l'Angleterre, principales puissances commerciales victimes de la piraterie européenne de la mer des Indes s'unissent pour chasser les pirates des rivages du canal de Mozambique. Ainsi, les Comores se trouvent débarrassées des boucaniers sans scrupules qui infestaient ses côtes et abusaient de l'accueil et de la générosité de sa population.

Mais la période de calme ne durera qu'une soixantaine d'années (1722-1785). Les mauvaises graines européennes déposées sur la côte nord-est malgache (Diego-Suarez) généreront une race de pirates métis féroces

---

1 - Jean Martin *Quatre îles entre pirates et planteurs* op. cit. p. 24

et terribles appelés *zana-malata* (enfants bâtards) issus de l'union des pirates avec des femmes malgaches (le rameau du peuple Betsimisara est le plus important). Ils déferleront sur les Comores pour emporter ou détruire ce que leurs parents n'auront pas eu le temps de prendre pendant plus d'un demi-siècle (1665-1722) d'exactions crapuleuses.

b) Raids et razzias malgaches

Depuis 1785, des naturels de pirates agissant probablement plus par attrait du gain que par atavisme, organisèrent régulièrement (tous les cinq ans) des flottilles de grandes pirogues en planches juxtaposées appelées *lakandrafitra*, pour faire des incursions dans les Comores. Ces embarcations, garnies d'environ 300 guerriers chacune, se rassemblaient généralement dans la baie de Vohemar ou d'Antongil et s'adjoignaient souvent des éléments sakalaves[1]. «Certaines expéditions pouvaient atteindre un effectif de 300 à 500 pirogues[2].» Soit des hordes de 15.000 combattants composées majoritairement de mulâtres Betsimisarakas, puis de Sakalaves, Antakares, et de Betanimènes.

L'opposition sultanique était trop faible.
Le royaume unifié d'Anjouan ne disposait que de 3.000 fantassins environ.
Les 11 sultanats de la Grande-Comore ne pouvaient aligner au mieux que 500 guerriers.
Les furies malgaches s'abattaient sur toutes les îles.

Les Malgaches envahirent Anjouan vers la fin du XVIIIe siècle. Domoni et Mutsamudu résistèrent. Mais les villages alentours furent razziés, incendiés, les récoltes brûlées et les habitants massacrés ou emmenés en esclavage.

Plus tard, en 1790, Domoni fut prise et détruite.
Mutsamudu (nouvelle capitale d'Anjouan depuis l'avènement du sultan Abdallah 1er au pouvoir 1780-1782), repoussa les incursions malgaches grâce à la vaillance de ses défenseurs et probablement aussi à sa citadelle construite en 1786, ainsi qu'aux armes obtenues par le sultan, des Anglais, lors d'un voyage à Bombay, la même année.

---

1 - Les Sakalaves sont un peuple originaire de la petite rivière Sakavala située au nord de la Grande île

2 - Auguste Toussaint p. 487. «Les Mascareignes, les Seychelles et les Comores au XVIIIe siècle» in *Histoire Générale d'Afrique noire*. Tome I, des origines, publié sous la direction de Hubert Deschamps. 1970. PUF

La Grande-Comore n'était pas mieux protégée que les autres îles des invasions et des prédations des «Sakalaves»[1].

Des combats qui ont eu lieu, l'histoire retiendra entre autres les évènements d'Iconi :
- anéantissement de la ville d'Iconi en 1805 ;
- l'immense valeur guerrière de Karibangwe, mort au combat après avoir tué 38 assaillants ;
- le suicide collectif des femmes d'Iconi sautant du haut du *Djabal* (ici une falaise appelée *Djabal* et non une montagne) dans la mer pour ne pas être emmenées comme esclaves.

A Mayotte, plusieurs villes furent ruinées et Chingoni, la capitale, anéantie. Le sultan Salim II fortifia Dzaoudzi pour défendre *le petit rocher isolé entre Mayotte et l'îlot de Pamandzi*. Mais Salim II mourut en 1807 sans pouvoir rien faire pour protéger les autres villes.

Enfin, les Mohéliens ne furent pas épargnés. Mais l'écho de leurs batailles et leurs souffrances n'ont pas été abondamment rapportés par les auteurs.

Les incursions malgaches cesseront en 1817[2], non pas à cause d'une raréfaction du butin comorien, mais à la suite de la signature d'un traité anglo-malgache. Le roi de Madagascar, le Hova Radama 1er, s'engagea à ne pas se livrer à la traite d'esclaves et à ne pas effectuer de razzias aux Comores.

---

1 - C'est ainsi que les Grand-Comoriens nommaient les envahisseurs ; alors que nous avons indiqué plus haut la participation de plusieurs ethnies malgaches

2 - Claude Robineau p.35 op. cit.

Conclusion de la section 1

De l'Antiquité au Moyen Age, l'Archipel des Comores s'est formé par mélange de races, et surtout au contact des Arabes. Il est passé d'une civilisation bantoue (Antiquité - IXe-Xe siècles) à une civilisation afro-islamique (chefferie islamique - sultanat; Xe-XIXe siècles). Son économie domestique est restée archaïque alors que son commerce extérieur continuait d'être florissant. L'économie des îles est ensuite secouée pendant quatre siècles (XVIe-XIXe siècles) par la haine et les exactions crapuleuses de pirates européens et malgaches.

La pénétration de la civilisation marchande européenne dans les îles Comores s'est opérée dans l'amitié (ravitaillement et rafraîchissement des navires et équipages européens et des Compagnies des Indes anglaises et françaises) mais aussi dans le sang (massacre de marins européens, bombardement des côtes comoriennes).

Toutefois, elle aura eu le mérite de généraliser la monétarisation de l'économie comorienne.

Section 2
Les premières monnaies aux Comores

La monnaie est une marchandise qui sert d'intermédiaire dans les échanges. Cette marchandise, aux Comores, a d'abord pour nature, entre autres, le bétail.

La monnaie métallique fut introduite pour la première fois au VIIIe siècle, probablement par les commerçants sunnites des comptoirs arabes du canal de Mozambique : dinars d'or, dirhams d'argent omeyades.

L'Archipel n'a jamais disposé de monnaies primitives, alors que les cauris pullulaient autour des îles Maldives, à Bornéo, aux Philippines, à Zanzibar et dans toute l'Afrique de l'Est. Ces petits coquillages étaient surtout employés comme monnaie divisionnaire.

Sa valeur demeurait infime. On comptait des centaines de cauris pour l'achat d'un poulet, des dizaines de milles, pour acheter un bœuf, et des centaines de milles pour acheter un esclave.

La Mauritanie, autre pays de l'empire de Kilwa, utilisait le sel (taillé en barre de 1 m de long ; 0,30 m de large ; 0,40 m d'épaisseur et pesant à peu près 30 kilos) comme intermédiaire d'échange, les Ethiopiens, l'amulet, sous-multiple du *talari* (un lingot de sel de 0,50 m de long et pesant 700 g).

On employa les manilles, sorte d'anneaux de bronze dans la région de Guinée et dans le bassin du Congo, le *mitako* (fils du cuivre), le *midjoko* (bracelet en cuivre), ...

Ces monnaies locales disparurent lorsque les Naturels d'Afrique rentrèrent en relation d'affaire avec les Européens.

L'usage des monnaies métalliques européennes, d'abord d'argent, puis de bronze, d'or, de cuivre ... s'est répandu dans les îles Comores à partir du XVIe siècle.

Les Européens qui se rendaient aux Indes, relâchaient souvent aux Comores, soit pour réparer leurs navires, soit pour reconstituer leurs provisions en vivres. Les Naturels comoriens acceptaient des perles, des miroirs, des étoffes... en échange de bœufs, de volailles, de fruits, ...

Lorsque les navigateurs européens n'avaient pas assez d'effets de commerce, ils proposaient parfois des monnaies.
C'est ainsi que les insulaires prirent connaissance de la monnaie métallique européenne.

Les *indigènes*, rebutés par la série des produits manufacturés qu'apportait la flotte européenne, en exigeaient de plus en plus, en paiement de leurs vivres et denrées. Les premières monnaies européennes introduites au Comores furent celles de la plus grande puissance européenne de l'époque, l'Espagne.

Les navires du vieux continent s'approvisionnaient «en piastres de 8 réales» *de plata* (de l'atelier monétaire de Mexico) en passant par Cadix qui en était le distributeur pour l'Espagne[1], avant de prendre la route des Indes.

§ 1 Réal ou réale (des réaux - des réales)

Le réal (de royal), appelé également thaler d'Espagne, est une monnaie d'argent d'Espagne (monnaie royale). Elle valait au XVIIe siècle, un quart de franc français (0,25 FF), un quart de peseta et équivalait à 4 shillings.

Paradoxalement, c'est la pièce d'argent de 8 réales (la piastre espagnole, gravée d'une croix et d'un écusson, alors une grosse monnaie) qui fut introduite en premier dans l'Archipel. Suivront plus tard, pour remédier au manque de petite monnaie, des pièces de 4 réaux (1/2 piastre) ; 2 réaux (1/4 p) ; 1 réal (1/8 p) et 1/2 réal (1/16 p).

Les Comores n'ont jamais pratiqué l'usage de monnaie coupée, comme ce fut le cas à Madagascar, au XVIIe siècle[2].
La «fabrication des pièces de 8 réaux » à la croix fut stoppée en 1732. La frappe au marteau fut remplacée par le balancier dont sont issues les belles piastres colonnes, puis à partir de 1772, les piastres au type «buste de Charles III, Charles IV et Ferdinand VII»[3].

1 - J. et S. Chauvicourt. «Les premières monnaies de Madagascar». *Bulletin de Madagascar*, 8e année n° 261, pp. 146-172, février 1968
2 - Chauvicourt op. cit p. 160
3 - Chauvicourt op. cit p. 149

Toutefois l'usage des réaux aux Comores fut immortalisé par, entre autres, deux œuvres originales écrites au XVIIe siècle, de sources différentes : les cahiers de voyage de l'Anglais Peter Mundy et le manuscrit de Chingoni (Mayotte).

A) Les achats de Peter Mundy

Le 16 août 1628, «Peter Mundy, agent commercial anglais, qui au XVIIe siècle parcourut le monde pendant soixante ans»[1] choisit *Mohilla* (Mohéli) pour faire ses achats de vivres, sur la route de Surate (Inde orientale).
«Nous sommes restés deux ou trois jours à *Mihilla* et avons acheté des vivres, non avec des perles[2] mais avec de bons réaux de huit (en fait des piastres de 8 réaux) à raison de 2 ou 3, quelquefois 4 pour un bœuf».

«Cette île est une terre d'environ ... lieues de tour, belle, agréable ... remplie d'arbres verts couverts de fruits de toutes sortes comme noix de coco, bananes plantains, citrons, oranges... Les chèvres, les plus belles et vigoureuses du monde, je pense.»

«En conclusion, c'est à mon avis une île très jolie, agréable et riche aussi bien en ce qui est utile qu'en ce qui est plaisant, pleine de forêts ombrageuses, d'arbres étranges, de sources et de ruisseaux[3] ».

Après Mohéli, Peter Mundy visita Anjouan, deux fois, en 1636 et 1655.

«Le 27 Août 1636, à minuit, nous avons jeté l'ancre à *Johanna* dans la baie du côté nord (la baie d'Anjouan), à environ un mille de la ville de la reine (ici Mutsamudu)[4]».
«Nous avons trouvé de bons rafraîchissements tels que, bonne eau, bœufs, chèvres, poules, bananes-plantains, noix de coco, oranges citrons et du

1 - Louis Molet et Anne Sauvaget «Les voyages de Peter Mundy au XVIIe siècle ». 2e partie - Les Comores - in *Bulletin de Madagascar* n° 298, mars 1971 pp. 227-251

2 - Il s'agit de la nacre de perle pêchée dans le golfe persique. Une monnaie fragile. A Eden, par exemple 100 kg de poids lourd valaient 33 1/2 thalers de Marie-Thérèse, soit 127,3 FF. En 1895, sa valeur chuta vertigineusement, 28 thalers de Marie-Thérèse, soit 84 FF, suffisaient pour disposer de 100 kg de poids de perle

3 - Molet et Sauvaget op. cit.

4 - L'Anglais a dû se tromper, comme l'ont d'ailleurs signalé Molet et Sauvaget. En 1636, lors du passage de Peter Mundy, c'était Hamina II de Domoni qui était reine d'Anjouan. Mutsamudu devient ville du roi en 1780

très bon *toddy* (boisson obtenue en fermentation de la sève des spathes du cocotier, *trémbo* en langage local), les réaux de huit étaient notre meilleure monnaie d'échange, à savoir deux réaux de huit pour un bœuf, un réal pour une bonne chèvre ou deux petites, cinq ou six poules pour un réal, chèvres et poules chères, tout le reste raisonnable.»

En 1655 (le 12 août), Peter Mundy trouva *Johanna* «très haute et accidentée avec quelques montagnes excessivement hautes, ... les arbres toujours verts; (l'île) abondamment pourvue de ruisseaux, de ruisselets... d'eau fraîche de tous les côtés. Un lieu de bon rafraîchissement pour les bateaux qui y touchent dans ce but, fournissant de bons bœufs de deux, trois ou quatre réaux de huit l'un, des chèvres de demi, trois-quart ou un réal chacune, la viande était inférieure en rien à nos moutons, coqs et poules, dix ou douze pour un réal de huit...».

L'anglais quitta les Comores le 22 Août 1655, chargé de vivres et de souvenirs colorés, en échange de monnayage espagnol à Anjouan et à Mohéli. Il n'a pas touché la Grande-Comore «à cause de la traîtrise de ses habitants» (allusion au massacres de marins anglais qui ont manqué de respect envers les épouses comoriennes en 1591[1]).

Il n'a pas fait non plus escale à *Mayotas*.

C'est d'ailleurs dans cette dernière que l'on va découvrir la deuxième source documentaire du XVIIe siècle relatant l'usage de la monnaie aux Comores.

B) Le manuscrit de Chingoni (Mayotte) et le *fedha* du *Fundi*

Un vieux manuscrit du XVIIe siècle[2] rédigé en comorien, transcrit en lettres arabes, gisant dans la ville de Chingoni (Mayotte) fut révélé au public par Claude Allibert[3] et son équipe.

---

1 - Pour plus de détails, voir plus haut. § 2. B-1-c. Le sang et l'argent anglais

2 - Le manuscrit portait la date de l'année 844 de l'Egire, soit 844 + 622 = 1466 du calendrier grégorien. Cependant de nombreux spécialistes estiment que le manuscrit de Chingoni est du XVIIe siècle et non du XVe (1466). Alexis Gevrey, qui avoue s'être abondamment inspiré d'un manuscrit comorien du XVIIe siècle pour rédiger son ouvrage *Essai sur les Comores* en 1870, évoque l'existence d'un deuxième manuscrit qui est peut-être le manuscrit de Chingoni

3 - Le *manuscrit de Chingoni* Claude Allibert. Mohamed Ahmed Chamanga - Georges Boulimier. ANSOM Aix - Brochure. 1976

L'auteur consigne à la page trois une «récompense[1]» des élèves à leur maître. (Il s'agit ici d'une école coranique).

«Nous cotisons pour payer le maître, car apprendre, c'est utile. Alors ses élèves ont réuni vingt réaux *(riali ishirini)* (soit deux piastres et demi). Cela autrefois, c'était vraiment une somme *(izo halé fedha halissi)*. Ils sont partis pour payer le maître. Le maître, c'était l'arabe».

C'est ainsi que le vieux manuscrit a rendu compte de la monétarisation d'une prestation de service au XVIIe siècle.

Cependant, il nous semble que les élèves ont chèrement payé leur enseignement, car 20 réaux au XVIIe siècle, c'est le prix d'un bœuf ou d'un champ de plusieurs hectares. Une fortune, en somme.

Le monnayage espagnol annonça le déferlement sur l'Archipel d'autres monnaies métalliques de puissances européennes aux XVIIIe et XIXe siècles.

§ 2 Les monnaies coloniales: coexistences sonnantes et trébuchantes

Le ministre français du Trésor public[2] de l'an XII de la République (soit 1792 + 12 = 1804) définit les monnaies coloniales comme «les espèces de monnaies qui circulent dans les colonies françaises, qui sont d'or et d'argent de France, les portugais, les pièces d'Espagne et notamment la piastre forte (c'est à dire la piastre d'or) ...»

La coexistence de toutes ces monnaies fut chaotique à cause de la variation de leurs cours souvent fixés par les Etats et non pas par la marche des affaires.

Un arrêté du gouvernement en date de 17 prairial an XI[3] fixa les tarifs de change des espèces d'or et d'argent de France, antérieures aux refontes

1 - Le maître coranique ne reçoit pas de paie pour son enseignement de lecture, d'écriture et de théologie. Toutefois accepte-t-il un dédommagement symbolique chaque jeudi, dernier jour de la semaine islamique. Vendredi est jour de repos pour les élèves. Nous rappelons que l'école coranique est instituée aux Comores depuis le Moyen-Age comme nous l'avons indiqué plus haut

2 - La monnaie coloniale. Rapport du ministre du Trésor public. «Observations sur l'application du tarif en usage dans la fuite des monnaies aux espèces circulatoires dans les colonies.» Archives Nationales (AN). *Généralités*. Carton 496. Document 2444. Aix-en-Provence, France

3 - Généralités op. cit. Archives Outre-Mer (AOM) Aix-en-Provence

de 1726 et 1786, en espèces et unités étrangères. «Il est rendu commun à toutes les colonies françaises en y recevant pleine exécution» en l'an XII.

Cet arrêté provoqua une grande confusion dans les trésoreries coloniales, car si l'empire peut prétendre fixer arbitrairement sa monnaie, il ne peut en revanche, rien décider des fluctuations des monnaies étrangères; d'autant que ledit arrêté frappe les monopoles d'or en instituant un droit de 3/10 pour cent sur les pièces d'or et un demi sur celles d'argent.

Les valeurs arbitraires furent dépassées par celles du marché. Par ailleurs les étrangers refusèrent de payer un droit français sur les pièces qu'ils donnaient en paiement.

La piastre d'or, principale monnaie des colonies, valait en poids 5,36 F, calculée sur la matière pure d'or et d'argent qu'elle contenait, alors que le cours forcé, celui administré par l'arrêté du 17 prairial, la portait à 5,28 F, soit une différence de 8 centimes. Les receveurs et agents comptables publics ne savaient pas comment arrêter leurs brouillards de caisse. Les monnaies étrangères et françaises n'avaient pas les mêmes valeurs, dans un même cercle de colonie française.

A) Embarras monétaires dans les colonies

L'embarras monétaire français toucha toutes les colonies: les Antilles, l'Afrique, les Indes françaises et les Comores.

1) Aux Antilles: assimilation monétaire aux forceps

Les deux colonies françaises de la Martinique et de la Guadeloupe disposent de conditions d'admission des monnaies divergentes, au début du XIXe siècle. La Martinique est régie par un tarif dressé par les Anglais (poids et monnaies anglais). Par ailleurs, la circulation monétaire est principalement alimentée par le commerce étranger.

Le cours local des monnaies en circulation dans la seconde colonie est régi par l'arrêté du capitaine général de l'île en date du 19 germinal an XII relatif aux monnaies d'or et d'argent.

Mais un arrêté du 30 fructidor An XIII[1] du préfet colonial Laussart, qui a rendu exécutoire à la Martinique, à dater du 1er Vendémiaire An XIV, l'arrêté guadeloupéen du 19 germinal an XII, supprime la diversité des valeurs monétaires dans les deux colonies.

Toutefois la confusion monétaire demeure. Elle est entretenue, cette fois, par l'exécution dans les colonies de la Martinique et de la Guadeloupe, de l'ordonnance royale du 30 août et l'instruction ministérielle du 19 juillet 1826, relatives à la composition monétaire de la France. Elles fixent et réglementent les nouvelles valeurs des pièces d'or étrangères, notamment espagnoles.

L'article de l'ordonnance stipule que «les monnaies qui y sont désignées auront cours forcé dans les colonies[2]». En outre des sanctions sont prévues pour ceux qui refusent les monnaies ayant cours légal dans les colonies.

Cette gestion arbitraire de la monnaie encouragea la consommation étrangère au détriment des produits et monnaies français. L'ordre monétaire s'installe lorsque la France s'affermit comme seule puissance économique et politique dans les deux colonies.

2) L'Afrique : monométallismes d'argent et résistances indigènes

La monétarisation des transactions commerciales au sud du Sénégal chassa la pratique du troc et d'opérations à crédit. En Afrique occidentale, les indigènes, qui contrôlaient d'ailleurs, le marché monétaire, firent chuter les cours des pièces d'or. Ils boycottèrent ce métal précieux parce qu'il «a une grande valeur sous un trop petit volume». «Ils ont peur de perdre ces petites pièces et ne veulent pas les accepter en paiement[3]».

Les Naturels imposèrent le monométallisme d'argent dans les colonies françaises de l'Afrique occidentale.

---

1 - *Généralités* - Monnaies coloniales op. cit.

2 - *Généralités* Les monnaies coloniales. Carton 497. Dossiers 2445 et 2446

3 - «La circulation monétaire en Afrique occidentale» par Emile Baillaud, chargé de mission. *Revue coloniale* 1907. n° 48. pp. 145-158 ANSOM Aix-en-Provence

La deuxième difficulté du système monétaire colonial en Afrique réside dans la coexistence des monnaies anglaises et françaises.

La banque commerciale, la monnaie, les poids et mesures en usage, relèvent du système anglais. Mais la France impose administrativement les monnaies françaises comme seules libératoires. Toutefois, les créanciers acceptaient les monnaies anglaises de leurs débiteurs.
En Guinée, les indigènes s'acquittèrent de leurs droits de douanes en espèces françaises et exigèrent des commerçants des pièces ayant cours légal.
En revanche, les Naturels de Dahomey continuèrent à payer le Trésor français en livres anglaises (1 livre = 25 FF)[1].

Un arrêté du 1er mai 1895 prévit l'acquittement des taxes de consommation des monnaies françaises et frappa d'un droit de 5% de leur valeur nominale, les monnaies étrangères à leur entrée au Dahomey. Mais les caisses publiques continuèrent de recevoir de l'argent anglais.

Excédées par les importations massives de monnaies anglaises, les autorités coloniales réagirent en frappant les monnaies étrangères d'un droit à l'importation de 25% de leur valeur nominale (arrêté du 13 février 1902).

3) Les établissements français de l'Inde: bataille monétaire perdue

Les établissements français de l'Inde étaient *coincés* dans des possessions britanniques et comprenaient :
- dans le Bengale, la ville de Chandernagor sur l'Houghly.
- sur le Golfe de Bengale, et plus précisément sur la côte d'Orissa, la ville de Yanaon et les Aldées (des villages y sont rattachés) sur la côte de Cormandel, les villes de Pondichery et Karikal avec les communes et les districts ou maganons qui en dépendent.
- sur la mer d'Oman, côte de Malabar, la ville de Mahé et les Aldées qui en relèvent (soit cinq établissements).

Dans ces établissements français circulaient les monnaies de l'Inde anglaise. En 1815, le gouvernement de la Restauration projeta de battre monnaie à l'Hôtel de Pondichery. Et en 1817, on frappa des roupies, des fanons et des cashes. Mais suite à la concurrence de la monnaie de Madras

1 - D'ailleurs, encouragés par le gouvernement anglais, au détriment de la monnaie d'or, en la personne de Sir Alfred Jones, président de la Bank of british west Africa

(une autre ville de l'Inde), cet atelier fut fermé en 1830 puis réouvert en 1837 et disparut définitivement en 1840.
On se remit alors à se servir des roupies anglaises, d'*annas* et de *prices* (la roupie anglaise se divise en 16 annas et l'annas en 12 prices).
Impuissant, le gouverneur des établissements se contenta de donner cours forcé à la roupie anglaise (monnaie qu'il ne contrôlait pas). Il fixa, chaque mois, suivant le cours du change, le taux légal de la roupie (décret du 31-05-1898)[1].
Ainsi, la France échoua dans sa bataille monétaire des Indes. Elle laissa le champ libre aux Anglais.

4) Comores - L'insaisissable roupie

L'effondrement de l'empire colonial espagnol au début du XIXe siècle entraîna la fin du «monnayage espagnol comme système mondial[2]».
Désormais le courant naturel du commerce avec l'Occident et même l'Orient convoiera des piastres émises par les républiques latino-américaines indépendantes, se rapprochant du standard espagnol : Mexique, Bolivie, Pérou...
Mais ces «piastres indépendantes» se déprécieront rapidement suite aux difficultés politiques et économiques rencontrées par ces Etats.

Après les piastres, s'imposèrent vite les roupies indiennes[3]. Celles-ci furent déchargées sur les côtes coloniales par boutres entiers comme de vulgaires marchandises en provenance de Bombay, de Zanzibar, ou de Madagascar.
Elles ne furent donc pas introduites aux Comores massivement comme outillage commercial ou économique.
Toutefois subsistaient avec les roupies indiennes, les thalers autrichiens de Marie-Thérèse, les pièces d'or de 20 francs français...
Les protectorats des Comores (depuis 1886) et la colonie de Mayotte (depuis 1841) intégrèrent difficilement le régime monétaire de la métropole.

---

1 - Régime monétaire de l'Inde française pp. 351-352. Colonisation et législation coloniales - Principes de colonisation et de législation coloniales III. Notions économiques IIe partie - *Les colonies françaises depuis 1815* par Arthur Girault. ANSOM Aix-en-Provence
2 - Chauvicourt op. cit. p. 152
3 - Titre plus élevé 900/1000

Les monnaies françaises et celles des Etats (signataires de la Convention monétaire) de l'Union latine[1] (Belgique, Suisse, Italie, Grèce) furent supplantées par les pièces anglaises.

Le 14 mai 1880, le président de la République, Jules Grévry décrète que «les roupies d'argent ainsi que les deniers et les quarts de roupie d'argent de l'empire des Indes sont provisoirement reçues et données en paiement par les comptables de deniers publics à Mayotte et Nossi-bé» (art. 1).

«Le taux auquel les roupies sont converties en monnaies françaises dans les opérations d'encaissement et de paiement du trésor est fixé à 2,15 F. par roupie : ce taux ne pourra être modifié que par décret» (art. 2).

Toutefois précisa-t-il à l'article 4 que «les pièces d'argent national de 2 francs, de 1 franc et de 0,50 F auront cours légal entre particuliers et dans les paiements effectués par les caisses publiques, sans limitation de quantité».

Le 27 Août 1883[2], un autre décret présidentiel rend applicable dans les colonies de Mayotte et de Nossi-bé, à partir du 1er janvier 1884, les lois, décrets et ordonnances relatifs au régime monétaire de la métropole.

Il confirme les dispositions de l'article 3 du précédent décret qui donne au commandant des colonies, la possibilité de «fixer par arrêté le taux auquel le trésor pourra donner ou recevoir les roupies pour les paiements des contrats et marchés publics et le recouvrement des droits et taxes».

La monnaie anglaise se montra si capricieuse, si fluctuante et si envahissante que le ministre français des Finances au cours d'un échange

---

1 - La loi du 9 germinal an XI (20 mars 1803) fixa le rapport or-argent dans la pièce de monnaie à 15,5 (franc défini par 4,5g d'argent monnaie et 290,3225 milligrammes d'or soit 4,59/ 0,2903225 = 15,500004). La Suisse, la Belgique, l'Italie, alliés monétaires de la France réduisirent le titre de leurs pièces d'argent à la suite de la hausse de ce métal. Cela déclencha une diversité monétaire, vite jugulée par la conclusion en 1865 d'un parti monétaire - l'Union latine. Les pays signataires adoptèrent un type commun de pièces monnayées - pièces d'or à 0,900, pièces d'argent de 5 francs à 0,900, avec un plein pouvoir libératoire. Mais la découverte du Nevada provoqua une forte dépréciation de l'argent. L'or valut alors non plus 15,5 fois l'argent mais 17,19, 33 à la fin du siècle. En 1878 l'Union latine suspendit la fabrication des pièces de 5 francs et mourut en 1927. Elle emporta dans sa disparition le rêve de la stabilité de la monnaie et l'illusion d'une monnaie commune à toutes les nations

2 - Décret rendant applicable à Mayotte et à Nossi-bé, les lois, décrets et ordonnances relatifs au régime monétaire SOM Aix-en-Provence. Comores, op. cit.

de courrier en date du 20 juillet 1897[1] avec son homologue des colonies, se plaignit de la gestion de la roupie aux Comores par l'administration de Mayotte en ces termes. «Dans une lettre du 25 juillet 1896, vous avez bien voulu m'informer que la monnaie généralement en usage aux îles Comores est la roupie ; les encaissements des préposés au Trésor seront donc en grande partie composés de roupies...».

«... D'autre part, la fixation du taux officiel de la roupie une fois seulement par an me paraîtrait présenter de sérieux inconvénients. Des variations considérables dans les cours peuvent se produire pendant la durée d'une année et l'expérience a montré...».

Dans une deuxième lettre datée du 16 septembre 1897[2] adressée au ministre des Colonies, le ministre des Finances proposa la fixation de la valeur officielle de la roupie par rapport au franc, dans les nouvelles possessions des Comores, tous les trois mois par l'administration de Mayotte. Ce dernier «aura d'ailleurs la faculté de modifier le taux de la roupie avant l'expiration trimestrielle dans le cas où des variations importantes viendraient à se produire dans le cours du change».

Mais rien n'y fait. Les comptables coloniaux continuèrent de se plaindre. «Les recettes excèdent les dépenses mais la grande partie des recettes est constituée de roupies. Une grande partie des dépenses du Trésor est effectuée exclusivement en monnaies françaises alors que toutes les recettes ont lieu exclusivement en roupies».
La roupie passa de 2,50 à 2,15 puis à 2F en cours légal respectivement en 1870, 1880 et 1907.

Le cours du marché fut naturellement différent. A titre indicatif, on le repéra pendant la même période ci-dessus mentionnée respectivement à 2,40 FF, 2,10 FF et 1,60 FF.

Toutes les «ordonnances» prescrites contre la roupie échouèrent.
Le remède fut trouvé lorsqu'on comprit que la principale cause de l'hégémonie de la roupie résidait dans la provenance anglaise de la plupart des marchandises débarquées aux Comores.
On organisa alors l'envahissement par des produits français. On pria les Indiens qui détenaient le commerce d'importation en provenance

---

1 - *Séries Géographiques*, Madagascar. Carton 276. Document 634. ANSOM Aix-en-Provence

2 - *Séries Géographiques*, Madagascar. Carton 276. Document 634. op. cit.

de Zanzibar et de Bombay, de passer commande à Paris. On surtaxa les marchandises d'origine étrangère. On favorisa l'importation de monnaies françaises par les colons pour acquitter leurs droits de douanes. L'impôt autrefois perçu en nature fut demandé en argent français. Enfin, les seules monnaies libératoires furent les monnaies françaises.

Ainsi fut vaincue l'hydre monétaire à plusieurs valeurs.

B) Les caprices de la piastre

La piastre (de l'espagnol piastra) fut une monnaie hégémonique dans les colonies françaises. Sa valeur était très variable : le ministère du Trésor public dans un rapport intitulé «observations sur l'application du tarif en usage dans la fuite des monnaies aux espèces circulatoires dans les colonies»[1], fait part des caprices de cette monnaie au début du XIXe siècle.

«La piastre vaut en poids 5,36 F, elle n'est évaluée au tarif (imposé par l'arrêté du 17 prairial an XI) que 5,28...»
«La valeur de la piastre est calculée sur la matière pure d'or et d'argent qu'elle contient... Dans les cercles des colonies, on admet la piastre à 5,38; 5,28; 5,36; ... (intrinsèquement)».
A la Guadeloupe comme à la Martinique, elle était échangée à 9,15 F, alors qu'aux Comores, on ne l'acceptait que contre une pièce de 5 F.[2]

En outre, cette variété de cours de la monnaie espagnole se trouvait aggravée par la divergence des poids et mesures en vigueur dans les colonies.
Le système français se substituait difficilement à l'usage des poids et mesures anglais[3].
La piastre disparaît des colonies françaises avec le XIXe siècle, presque en même temps que le bimétallique international (mort de l'Union latine en 1927).

La France, par une loi du 25 juin 1928, institua un nouveau rapport bimétallique de sa monnaie :
«Une monnaie contenant un gramme d'or a une valeur de 16,65 F... une monnaie contenant un gramme d'argent vaut 1 franc... ».

---

1 - *Généralités*. Carton 496. Document 2444. Monnaies coloniales. ANSOM Aix-en-Provence

2 - Voir plus loin. Le riali, conjonction de la piastre et de la pièce de 5 F

3 - Voir tableau des rapports poids et mesures anglais/français au XIXe siècle

Les pièces d'or de 100 francs pesèrent 6 grammes 55 et furent au titre de 900/1000. Les pièces d'argent de 20 et 10 francs, pesèrent 1 gramme par franc, au titre de 680/1000.

C) L'étonnant thaler de Marie-Thérèse

Le thaler de Marie-Thérèse (1740-1780), épouse de François de Lorraine[1], appelé ainsi pour le distinguer des autres thalers, notamment du Joachim Thalester, une pièce d'argent frappée dans la vallée (thal en allemand) de Joachim, en Bohème, qui prendra la dénomination de dollar[2] sous le règne de Charles Quint (1519-1522)[3], frappé à l'effigie de cette princesse, pénétra dans l'Archipel des Comores, via la Côte orientale d'Afrique.

Cette monnaie de Vienne était rapportée par les marchands arabes qui «visitaient» les comptoirs des Indes. La bizarrerie du thaler de Marie-Thérèse résidait en ce qu'il était émis par un pays d'Europe, en l'occurrence, l'Autriche[4], qui ne possédait pas de colonies.

Le thaler de Marie-Thérèse fut une pièce d'argent au millésime de 780 et au titre de 10/12e de fin pesant 28,0668 grammes, ayant 40,5 mm de diamètre. Il valait 3,85 F puis 3,80 F. en 1890. On l'échangea en 1894 contre 3,75F et en 1895 contre 3F seulement. Il disparut par suite de l'avilissement du prix de l'argent et de la substitution des «monnaies coloniales» aux pièces françaises.
Les monnaies coloniales furent donc des monnaies européennes.
Il convient maintenant d'examiner l'assimilation de toutes ces monnaies, d'Orient et d'Occident dans la civilisation monétaire comorienne.

§ 3 L'argent en comorien

L'argent comporte plusieurs dénominations aux Comores. Dans l'ensemble de l'Archipel, on le dénomme *pessa*, ou *mapesa*, ou *fedha*. Les Mahorais ou Maorés, Mohéliens et Anjouanais l'appellent également *marké*.

---

1 - Que l'on devrait appeler d'ailleurs François de Toscane, parce qu'aussitôt élu empereur, il échangea la Lorraine contre la Toscane

2 - C'est le dolera espagnol (dolera à colonnes) qui servira de base à la frappe du dollar américain

3 - Charles Quint, roi d'Espagne et empereur germanique, né en 1500 et mort en 1558

4 - Aujourd'hui, la monnaie autrichienne est le schilling

Mais l'unité de compte de tous les Comoriens est le riali.

A) L'origine du riali

«Riali» provient sans doute du réal espagnol comme l'ariary malgache[1], des XVI-XVIIe siècles. Les Arabes l'avaient adopté et en ont fait ar-riyal ou ar-rial. Les Comoriens, longtemps en relation commerciale étroite avec les marchands arabes, déformèrent ce qu'ils entendirent de ces derniers en riali.
La chaîne de transformation est donc ainsi - réal espagnol - ar-rial arabe puis riali comorien.

Les Comoriens n'entendaient pas souvent parler espagnol sur leurs côtes. Le réal, mot espagnol et européen, n'a pas pu être assimilé directement par la culture comorienne. Seul son *habillement arabe* a pu le rendre digeste pour la civilisation afro-islamique des Comores des XVI-XVIIe siècles.

B) L'inoxydabilité du riali

Les premiers «rialis» que les Comoriens ont utilisés n'étaient pas en unités de rialis. C'étaient en fait des piastres dont chacune comportait une valeur de 8 réales. Ce n'est que lorsque les monnaies divisionnaires de la piastre de 8 réales apparurent que l'on commença à décompter la monnaie de deux rialis (1/4 piastre) et d'un riali (1/8 piastre).

Toutefois une confusion demeura.
On appela également riali, la piastre de huit réales, tout comme l'on dénomma la «piastre indépendante» des républiques latines américaines du début du XIXe siècle.
Pourquoi les Comoriens ont donc appelé riali, la piastre de 8 réales (des XVI-XVIIIe siècles) et la «piastre indépendante» (du XIXe siècle) qui comportaient en fait chacune une valeur de plusieurs réales ?

La confusion gagnera aussi la pièce française de 5 F, première pièce française touchée par les Comoriens, qui l'appelleront au début, piastre, parce qu'ayant la même valeur que la monnaie espano-latino-américaine au XIXe siècle.
Les monnaies françaises devenant seules libératoires, aux Comores, toute pièce marquée du chiffre 5 fut dénommée riali.

---

1 - Chauvicourt. p. 162 op. cit.

C'est ainsi que l'on appelera riali les pièces de 5 francs frappées sous le règne de Napoléon 1er jusqu'à la IIIe République (période où la monnaie française était saine[1]), tout comme celles du franc Poincaré[2], dévalué à 80% en 1928. On nomma riali les pièces de 5 francs des Colonies françaises d'Afrique (FCFA), émises par la Banque de Madagascar et des Comores en 1950 qui équivalaient à 1 franc métropolitain lequel franc s'est déprécié de 122% (son poids est passé de 0,325 à 0,065 en 1929, puis 0,043 en 1936, et 0,023 en 1939 soit 80%, 22%, 20%) par rapport à sa valeur en 1850.

Rapports monnaies, poids et mesures, Angleterre/France au XIXe siècle dans les colonies

Monnaies		
- £ livre sterling (20 shillings)	francs	25
- s shilling (12 deniers ou pences)	francs	1,25
- denier ou penny	francs	0,104166
- qrs farthing	francs	0,026041
Poids		
- livre	kg	0,4535
- once (16 drains)	kg	0,028346
- quintal (112 livres)	kg	50,797
- tonneau (20 quintaux)	kg	1015,950
- poids troy - once (28 deniers ou penny weights) poids troy	kg	31
- denier	kg	1,555
Mesures de longueur		
- yard (3 pieds)	mètre	0,9144
- pied (12 pouces)	mètre	0,3048
- pouce (inch)	mètre	0,0254
- fathon (6 pieds)	mètre	1,829
Mesures itinéraires		
- mille dit satute mille (1760 yards)		1,609
- lieu marine (3 milles 454)	mètre	5,558

1 - Pendant la première moitié du XIXe siècle, le franc passa pour la monnaie la plus forte du monde

2 - Le gouvernement Poincaré fit adopter la loi du 25 juin 1928, qui entraînait une dévaluation du franc de 80% et instituait un nouveau régime monétaire d'étalon-or légal

Mesures de superficie		
- yard carré (9 pieds carrés)	mètre carré	0,8361
- pied carré (144 pouces carrés)	mètre carré	0,0929
- pouce carré (144 déca-carrés)	mètre carré	0,66445
Mesures de solidité		
- pied cub	dec cube	28,315
- pouce cub	dec cube	0,016386
- load (laste) de bois (50 pieds cubes)	mètre cube	1,415852
- fathon cun (216 pieds cubes)	mètre cube	6,116040
- tonneau de mer (40 pieds cubes)	mètre cube	1,132682
Liquides		
- gallon (4 quarts)	litres	4,543
- quart (2 pints)	litres	1,136
- pint (4 gills)	litres	0,568
- gill (1/4 de pint)	litres	0,142
- baril autre qu'à bière (pas plus de 31,5 gallons)	litres	143,105
- baril à bière (pas plus de 2,2 gallons)	litres	145,376
- tonne (252 gallons)	litres	1444,836
- last godron (12 barils ayant chacun plus de 31,5 gallons)	litres	1717,254
Marchandises sèches		
- gallon (8 gallons)	litres	4,544
- boisseau (8 gallons)	litres	36,354
- quarter (8 boisseaux)	litres	290,752

Sources : *Revue coloniale et maritime*. Janvier-Février 1861

En fait, le riali CFA valut 1 FM soit 0,78 germinal.

Enfin les pièces de 5 francs comoriens émises par la Banque centrale de la République Fédérale Islamique des Comores seront dénommées riali avant comme après la dévaluation de la monnaie comorienne intervenue en janvier 1994.
Décidément, le riali reste inoxydable qu'il soit espagnol, germinal, colonial ou de l'indépendance. C'est un *mpessa* qui dure.

C) *Mpessa* ou *mapessa*

L'Archipel des Comores dénomme l'argent par le terme *mpessa* ou *mapessa*. Ce mot n'est pas une déformation du sou que les Comoriens appelaient *pissou*, ni de la peseta espagnole, monnaie récente (1899).

Mpessa dérive probablement de la piastre espagnole, sans doute celle de 8 réales, première monnaie métallique européenne rapportée par le courant naturel de commerce avec les marchands et navigateurs de la route des Indes, au XVI-XVIIe siècles. Toutefois, l'usage de cette *grosse coupure* était exceptionnel chez *les indigènes*. Ces derniers préféraient l'emploi des parties divisionnaires de la piastre, qui sont les réales, (qui ont engendré les rialis comoriens), petite monnaie adaptée à leurs modestes besoins économiques. Mais depuis l'Antiquité, ils connaissent l'or *(le dhahab)* et probablement l'argent *(le fedha)* - comme métaux, sans doute comme monnaie, vers les VIII-IXe siècles.

D) Le *fedha*

Fedha est la traduction arabe du mot argent. Aux Comores, il désignait d'abord le métal d'argent puis les pièces de monnaie d'argent et par extension, toute monnaie quelle que soit sa forme ou sa matérialisation: pièces d'argent, billets de banque, monnaie scripturale ou électronique (pour les Comoriens d'occident) ...
Le mot *fedha*, exprimé pour dénommer une monnaie d'argent, remonte au XIIIe siècle (dirhams d'argent omeyades), alors que celui de *mapessa* dérivant de la piastre espagnole de 8 réales date du XIe siècle.

Enfin, l'usage des monnaies d'argent d'Espagne et d'Amérique latine (réale, piastre, ...), pendant quatre siècles (XVI; XVII; XVIII; XIX^e^siècles) et de France, depuis le XIXe siècle (les pièces de 5 F puis celles de 2 F, de 1 F et de 0,50 F à partir de 1880[1]) contribua à la pérennité de l'emploi de *fedha* pour désigner l'argent, la fortune, la richesse ...

E) Les *markés* maorais, mohéliens et anjouanais

Les Maorais, Mohéliens, et Anjouanais appellent l'argent *markés*. Serait-ce une altération du mark allemand ?

Fait étrange, parce que l'unique représentation allemande dans l'Archipel résidait dans le Badjini (situé au sud), en Grande- Comore. En effet en 1885 le Dr Karl Schmidt, agent de la Société allemande de l'Afrique orientale, débarqua à Foumbouni (chef-lieu de Badjini) pour soutenir le sultan Hachimou contre le thibé, Said Ali.

En outre, la monnaie germanique en usage aux Comores était le thaler de Marie-Thérèse.

D'où provient donc le mot *marké* ?

On a cru un instant à une piste antillaise. En effet en 1826, circulait aux Antilles, notamment en Guadeloupe et à la Martinique, une monnaie de billon dite sou-marqué (titre 49/10.000; valeur 6 à 7,5 centimes).

Les nationalistes mohéliens et anjouanais déportés en Nouvelle-Calédonie en 1899, ont-ils rapporté aux Comores, après leur libération une appellation monétaire du Pacifique ? Probablement pas. Car en 1899 et 1901 dans les possessions françaises, les espèces d'argent avaient remplacé la monnaie de billon.

Finalement il semble qu'il est né du personnel des plantations. Celui-ci reçoit, lors de la paye, un papier/un *carton* estampillé, marqué d'un tampon *papier marqué* admis comme monnaie d'échange par les commerçants et dans les points de caisse.

§ 4 Le sou comorien

Le sou comorien apparaît vers la fin du XIXe siècle. M. Annet Lignac écrivain parisien[2] et M. le docteur Nicolas du Plantier, médecin major

---

1 - Décret du 14 mai 1880 art.4 op. cit.

2 - Annet Lignac. *Les scandales de la Grande-Comore*. Paris. 17, rue de la Grande Batelière. 1900. p. 40. régime monétaire

du Corps colonial, ancien résident de la Grande-Comore en ont fait mention dans leurs publications respectives[1] en ces termes en 1900 et en 1903:

«Les monnaies les plus employées (aux Comores en 1892) sont celles de l'Inde anglaise : la roupie, le robo, le toumouni et le sou. La roupie vaut 40 sous comoriens. C'est notre pièce de 2 francs, mais sa valeur réelle n'est que de 1,60 F. Le robo vaut 20 sous comoriens. C'est notre pièce de 1 F; sa valeur réelle est de 0,826. Le toumouni vaut 10 sous comoriens. Il représente notre pièce de 50 centimes et sa valeur n'est que de 0,4125».

Curieusement le sou comorien a une parité égale à celle du sou français (1 FF = 20 sous français = 20 sous comoriens). En outre, il n'a pas de matérialité. C'est une monnaie qui circule dans la conscience des autorités. Elle ne porte l'effigie d'aucun souverain. Elle n'est garantie par aucun sultan. Pour parodier Dostoïevski, nous disons que le sou comorien, est une liberté non frappée[2].

Il nous semble, en fait, que ce que l'on appelait sou comorien, n'est autre que la pièce d'argent française de 1 sou non usitée en France. On l'a baptisée sou comorien[3] pour son pouvoir local. Elle est devenue un intermédiaire unanimement accepté et obligatoirement utilisé par l'ensemble des agents économiques insulaires.

Mais l'arrêt de sa fabrication et de son emploi en France provoque dans le groupement des Comores (colonie rattachée au Gouvernement général de Madagascar depuis 1908[4]) une insuffisance de la petite monnaie. Pendant la première guerre mondiale, la monnaie constituée de timbres-poste de 0,05 franc «collés sur un carton portant au dos le dessin d'un chien puis celui d'un bœuf»[5] se substitua au sou. Mais pas pour

1 - *La Grande-Comore; sa colonisation* par Dr Nicolas Du Plantier. in la Revue Coloniale, juillet 1903-juin 1904. pp.387-906. Pour le régime monétaire, lire p.531
2 - Dostoïevski in *La maison des morts* «la monnaie c'est de la liberté frappée car elle est à tout moment immédiatement disponible en vue de n'importe quel usage»
3 - En 1901 circula à la Grande-Comore, une monnaie nationale comorienne de 0,05 F frappée à la Monnaie de Paris sur l'initiative du sultan thibé Said Ali. L'ancien sou français et le nouveau sou Said Ali s'appelleront tous les deux, sous comoriens, car d'une valeur de 0,05 F. Voir infra dans l'ouvrage, pour le sou Said Ali
4 - *Bulletin des lois* du 9 avril 1908 p. 306 ou JORF du 10-04-1908 p. 2507
5 - Chauvicourt p. 170 op.cit.

longtemps, puisque la monnaie de timbres poste fut retirée en 1922 et remplacée par des pièces de nickel.

En 1925, la Banque de Madagascar fut créée et reçut la mission d'émettre des billets locaux mais ne fabriqua pas des pièces de 0,05 franc.

En 1943, la Monnaie de l'Union sud-africaine à Prétoria fabriqua sur autorisation du Gouvernement de la France Libre, pour Madagascar, des pièces de 1 franc et 0,5 franc, portant d'un côté un coq et de l'autre une croix de Lorraine. On ne battit pas la monnaie de 0,05 franc.

Le sou est donc mort depuis 1922.
Demeurent en usage et en abondance les pièces de 1 franc et de 0,50 franc. Les Comoriens dénomment la pièce de 1 franc *robo,* de l'arabe *roba*, qui veut dire quart. *Robo* représente le quart d'une piastre (1 piastre[1] égale 4 francs), et la pièce de 0,50 franc *toumouni,* de l'arabe *toumouni*, huitième, le huitième d'une piastre.

§ 5 Le Crésus comorien

Said Ali (1885-1914) n'était pas riche comme Crésus (560-546 avant J.C.). D'ailleurs il fut trompé et *perdu* par Humblot[2], biologiste de mauvaise alchimie, comme le roi de Lydie (située au sud de la Turquie actuelle), champion de l'hellénisme, par un *chresmologue*[3] qui prédisait qu'en attaquant Cyrus II, le fondateur de l'Iran, il détruirait un grand empire: en fait, c'était le sien.

Plus sérieusement, le sultan thibé de la Grande-Comore, marqua son règne et probablement l'histoire monétaire des Comores, comme le souverain grec celle du monde, en émettant des pièces de monnaie métallique, lorsqu'il fit frapper en 1890, une monnaie *comorienne* d'argent qu'il avait dessinée lui-même[4].

En effet le sultan Said Ali Ben Said Omar fit effectuer à la Monnaie de Paris «202 050 pièces de cinq francs aux mêmes titres, poids et dimensions que les monnaies françaises. Une nouvelle frappe de 100.000 pièces de 5 et 10 centimes a eu lieu en 1891[5]».

---

1 - Il s'agit de la *piastre indépendante* d'argent, donc de faible valeur
2 - Comme nous l'avons indiqué plus haut
3 - Intermédiaire payé par le consultant pour interpréter les oracles, en somme, un moilimou
4 - Annet Lignac op. cit. p.41
5 - *Les colonies françaises depuis 1815* par Arthur Girault. p. 347, op. cit.

Soit en tout 302.050 pièces d'argent d'une valeur de 30.250 FF, la plus petite monnaie (10 et 5 centimes) étant plus nombreuse que la «grosse» constituée de pièces de 5 francs.

Cependant on est en droit de se demander pourquoi le sultan thibé a-t-il fait émettre une monnaie nationale en 1890 et 1891, années où la Grande-Comore était en état de rébellion, et sous la protection de la France depuis le traité de 1886 ?

Est-ce l'expression d'une volonté d'autonomie ou un acte de désespoir?

A) Volonté d'autonomie ?

Said Ali Ben Said Omar reçut la couronne de thibé dans son berceau. Né à Moroni en 1855 et petit-fils du sultan thibé Mougni Mkou (Ahmed), il vit ses années d'adolescence à Mayotte auprès de son père en exil, instruit par Charrette, un commissaire de police[1] français.

Devenu sultan thibé, et francophile, il obtint le soutien et la protection de sa marâtre.
Dans le traité de protectorat du 1er janvier 1886, il émit le désir d'assurer «l'indépendance de la Grande-Comore, et de resserrer les liens d'amitié existant depuis longtemps entre lui et la France» (art.1er).

Puis il se plaignit de l'imposition d'un résident français à la Grande-Comore, en la personne de M. Weber, en 1886, fonctionnaire non prévu par les accords franco-grand-comoriens.

Le sultan Said Ali souhaitait donc l'autonomie ou l'indépendance de la Grande-Comore dans l'amitié et la coopération avec la France. C'est sans doute pour cette raison qu'il créa une monnaie nationale, symbole de l'indépendance, de l'identité d'une patrie.

Mais le thibé était un *«homme loyal, sincère, généreux, affable, voire même naïf. Il ne s'était pas rendu compte à temps de l'ambition colonisatrice de son frère blanc Humblot et de sa mère nourricière, la France»*.

B) Un acte de désespoir ou sans lendemain ?

L'initiative de Said Ali de création d'une monnaie métallique nationale nous semble relever d'un acte de désespoir pour plusieurs raisons :

---

1 - Il est resté 5 ans à Mayotte et s'est rendu à la Grande-Comore à l'âge de 15 ans

- Géopolitique

La France, propriétaire de Mayotte depuis 1841, et puissance protectrice de l'Archipel par les traités de 1886 et 1892 se substitua à l'administration sultanique de la Grande-Comore. Elle imposa un résident et facilita l'occupation de l'île par Humblot, au détriment de Said Ali.

- Economique et financière

Said Ali ne détenait pas de trésors dans les caves de son palais pour garantir sa monnaie. En outre, il ne contrôlait ni le secteur bancaire (constitué du Trésor uniquement), ni le secteur non bancaire (la seule entreprise privée se trouvait entre les mains de Humblot) et la population était en révolte en 1889 et 1891. Enfin, ses maigres recettes fiscales (142.700 F en 1901) vite absorbées par des dépenses incompressibles, ne lui procuraient aucune marge financière d'intervention.

- Technique

Pourquoi Said Ali ne s'était-il pas fait conseiller pour la création d'une monnaie nationale ? Fut-il inspiré par les diverses tentatives d'émission de monnaie malgache de la reine Ranavalona III (1883-1897) ?

Pourquoi n'a-t-il pas parlé de son projet à Humblot ?

Pourquoi a-t-il agi seul ? A-t-il le droit de battre monnaie, attribut de souveraineté ? Comment son système monétaire allait-il cohabiter avec le régime monétaire français, symbole d'expansion et de domination économique ?

Toujours est-il que le franc Said Ali mis en circulation à la Grande-Comore, s'est révélé brillamment comme un actif accepté par tous pour le règlement des dettes nées de l'échange.

Il disparut en 1908 avec la souveraineté insulaire.

Said Ali n'était ni un fervent anticolonialiste comme Hachimou ou le sultan Said Attoumane d'Anjouan, ou les rebelles mohéliens de 1902, ni très futé en affaires commerciales puisque possédé par Humblot, ni expert en organisation administrative et financière (puisque incapable de rassembler et d'administrer les divers sultanats de la Grande-Comore), mais demeurera encore pour longtemps dans la mémoire des Comoriens comme le premier souverain à avoir créé une monnaie nationale comorienne.

Conclusion de la section 2

L'introduction des premières monnaies s'est effectuée au même rythme que la pénétration des différentes civilisations dans l'Archipel.

On employa la monnaie omeyade au VIIIe siècle et les dinars d'or fatimides, au Moyen Age, aux temps forts de l'ère musulmane.

Puis les espèces européennes de la route des Indes se déversèrent sur les côtes comoriennes comme les hommes et leurs équipages. Le monnayage espagnol dominant depuis le XVIe siècle, fut remplacé par le système monétaire anglais puis français aux XIX et XXe siècles.

Enfin, l'initiative d'une fabrication de monnaie comorienne par le sultan Said Ali, exprima une certaine aspiration à une autonomie locale, une forme de résistance aux envahisseurs régionaux et internationaux.

Conclusion du chapitre I

La monnaie est un intermédiaire des échanges, une unité de valeur, une réserve de valeur. Elle consacre également la supériorité économico-politique d'une dynastie (omeyade, abbasside) ou d'un pays (Espagne, Angleterre, France). Au-delà de l'échange d'espèces métalliques se transmet une civilisation marchande, culturelle et politique.

Le fait monétaire aux Comores est un reflet de l'évolution économique. Il est un élément exogène, parfaitement assimilé par les indigènes, mais mal contrôlé par les souverains.

CHAPITRE II

LES FRANCS COLONIAUX ET REPUBLICAINS

Au XVIe siècle, la fonction coloniale est essentiellement commerciale.

Richelieu et Colbert, au XVIIe siècle favorisent l'extension du domaine national en impulsant l'élan colonial.

La France redevient une grande puissance coloniale au XIXe siècle, siècle de la révolution économique et financière et de l'exploration du monde.

L'Empire français qui comprend la France métropolitaine et les terres françaises d'outre-mer étend sa politique d'assimilation au régime monétaire.

Seuls, les établissements de l'Inde (avec la roupie) et de l'Indochine (avec la piastre indochinoise) conservent une monnaie propre.

L'ensemble de l'Empire dispose d'une unité de compte et de valeur symbolisée par le franc. Le régime monétaire repose sur la libre frappe, la libre exportation et la libre importation.

Les évènements de la guerre de 1939-1945 ébranlent l'autorité et la domination de la métropole sur les autres parties de l'empire.

La politique monétaire coloniale se modifie. Il en résulte une dissociation des francs de l'Union française[1] mais ils demeurent soudés à la devise métropolitaine par une parité fixe.

La Constitution du 4 octobre 1958 enterra l'Union française et donna naissance à un ensemble constitutionnel différent, propice à l'indépendance politique et à la coopération.

La coopération monétaire organisée essentiellement au sein de la Zone franc déterminera les rapports d'échange entre le franc français et les anciens francs coloniaux, devenus francs républicains après les indépendances.

Ainsi on observera d'abord, les francs coloniaux qui furent ceux de l'Empire colonial et de l'Union française, avant d'évoquer les francs républicains qui, eux, relèvent d'Etats souverains mais liés à la France par des accords de coopération monétaire.

1 - Elle est née d'une réunion tenue à Brazzaville en 1943. La Constitution du 27 octobre 1946 prévoit qu'elle comprenne la République française c'est à dire la France métropolitaine et les Départements et Territoires d'outre-mer d'une part, les Territoires et Etats associés, d'autre part. L'Union dégage deux idées : autonomie et fédéralisme

Section 1
Les francs coloniaux

Les francs coloniaux sont les monnaies locales en usage dans la colonie. Ce sont des francs ayant des valeurs différentes du franc français mais soudés à la devise métropolitaine par des parités fixes.

Ils existaient depuis le XVIIe siècle, mais enfouis sous l'idéologie assimilatrice et unitaire des royaumes et républiques de France. Leur acte de naissance paraîtra le 25 décembre 1945[1] alors qu'ils sont vieux de plus de trois siècles. Leur état civil et monétaire est le suivant:

- noms : francs coloniaux ;
- nés le 25 décembre 1945 ;
- de parents : Instituts d'émission coloniale ;
- domiciles : résidence locale ou métropolitaine ;
- signes particuliers : valeurs et signes différents du franc français.

Le premier âge est difficile (1945-1949). Les parités à l'égard du franc métropolitain ne sont fixées qu'à partir de 1949.

Enfin, ce sont les banques d'émission coloniales qui les mettent en circulation et les contrôlent.

§ 1 Naissance des francs coloniaux

Les francs coloniaux ont préexisté puis sont nés une seconde fois avant de recevoir une reconnaissance officielle.

A) Préexistence

Les francs coloniaux apparaissent dans les possessions françaises comme les pépins naissent dans les fruits. Et très tôt, trois principales difficultés surgissent :

- l'approvisionnement des possessions lointaines en numéraires ;
- la réglementation de l'émission et de la circulation du numéraire sous ses différentes formes ;
- le contrôle de la circulation monétaire et surtout sa conservation dans les colonies.

---

1 - *JORF* du 26 décembre 1945. p. 8 582

Pour les surmonter, un arrêté du Conseil d'Etat en date du 18 novembre 1672[1] prévoit que les pièces mises en circulation dans les colonies d'Amérique (notamment du Canada) ont une valeur supérieure à celles de la métropole. Ainsi elles y restent. Elles faciliteront le commerce et l'extension des colonies.

En clair il s'agit d'augmenter le cours des espèces mises en circulation dans les colonies pour deux raisons :

- les rendre inexportables, en faisant subir une décote importante à ceux qui désireraient s'en servir pour leurs paiements dans la métropole ;

- du coup, favoriser le commerce local et l'exportation des marchandises, en faisant en sorte que les prix locaux restent inférieurs, pour une même quantité de monnaie, à ceux de la métropole.

Le texte provoqua entre autres deux conséquences majeures, d'ailleurs indiquées par Zay[2] :

- l'adoption d'une monnaie de compte du pays qui valait un tiers de plus qu'en France[3] ;

- «les pièces de 15 sols circulaient dans les colonies d'Amérique pour une valeur de 6 sols 8 deniers».

Mais à peine eût-on fini de consolider l'empire royal d'Amérique, de réorganiser l'économie canadienne et tester le nouvel outil monétaire local, qu'une ordonnance du 10 septembre 1694 décida «que les espèces françaises et étrangères devaient circuler dans la colonie (Canada), au même taux qu'en France[4] ».

En outre, intervient le «16 juillet 1717, une déclaration royale portant abolition, au Canada, de la monnaie du pays».

---

1 - *Traité de droit colonial* par P.Dareste. Paris. 1931. «Chapitre XVI. Le régime monétaire des colonies françaises» par Bertrand Nogaro. p. 581

2 - Zay M. *Histoire monétaire des colonies françaises*. Paris 1892

3 - Zay M. op. cit. p.126

4 - Traité de droit colonial op. cit. p.583

La royauté perdit une bataille monétaire, d'ailleurs survenue 4 ans après la perte de l'Acadie (1713). Il n'y a aucun autre Talon[1] pour sauver le premier franc colonial, né en 1672 et «décédé» en 1717.

En Guadeloupe, en 1826, avant l'instauration dans la colonie du système de computation monétaire métropolitaine, l'île se dotait d'une monnaie locale et inexportable sous forme de bons de caisse, convertibles en billets de banque. Mais devant le refus de l'autorité métropolitaine de surhausser les monnaies métalliques pour empêcher leur fuite vers l'hexagone, la Banque de la Guadeloupe stoppa leur émission et se conforma à la nouvelle ordonnance du 30 août 1826 instituant le système monétaire français dans toutes les colonies.

B) Seconde naissance et laborieuse assimilation

L'Ancien Régime avait admis :
- l'émission de billets spéciaux à la colonie, convertibles en métropole uniquement au moyen de lettre de change ;
- et la circulation dans la colonie, de pièces métropolitaines surévaluées par rapport à celles utilisées en France..

La Restauration (1814-1830) opta, en revanche, pour l'assimilation monétaire, excepté dans les Indes françaises où une roupie française ne peut être consolidée et fut remplacée par la roupie anglo-indienne, et l'Indochine, dont la monnaie principale serait une piastre spéciale. L'ordonnance du 30 août 1826[2] applique aux colonies la computation monétaire française.

L'article 1er indique qu'«à compter de la publication de la présente ordonnance, la computation monétaire en franc, telle qu'elle est établie en notre royaume, sera obligatoire dans nos îles de la Martinique et de la Guadeloupe ... ».

Et les articles 3 et 4 de poursuivre respectivement en ces termes : «Toutes computations en livres coloniales ou en toute autre monnaie de compte sont et demeurent définitivement abolies».

---

1 - Le premier Talon serait Jean Talon, intendant du Roi-Soleil, qui mit en ordre l'économie de France et contribua à l'extension et à la réorganisation de l'empire français d'Amérique

2 - *Traité de droit colonial* op. cit. p.586

«Les sommes ou valeurs exprimées dans les contrats ou jugements, ne pourront plus à l'avenir, être mentionnées qu'en francs ou monnaies réelles».

Toutefois le texte royal admet dans son article 6 que «les monnaies et les espèces étrangères désignées ci-après (piastres d'argent, guinées, souverains, quadruples portugaises d'or) continueront d'avoir cours forcé (l'ordonnance indique le taux de leur conversion en francs)».

La disposition la plus surprenante vient de l'article 18 qui prévoit la création d'une monnaie locale spécifique réservée à l'aire coloniale. Il l'annonce ainsi : «il sera fabriqué dans nos Hôtels des monnaies, pour les colonies de la Guadeloupe et de la Martinique, des pièces de bronze de 5 à 10 centimes semblables à celles qui viennent d'être fabriquées pour le Sénégal et pour la Guyane française. La circulation desdites pièces n'aura lieu que dans nos colonies».

Ainsi est-on parvenu à une unité monétaire et coloniale. La tradition française assimilatrice et unitaire est ici réalisée.

Mais non sans faire resurgir les lancinantes difficultés originelles :

- l'adoption d'un étalon monétaire unitaire, en l'occurrence, le franc, même maquillé de signes différents, en métropole et dans les possessions lointaines françaises, provoqua la fuite du numéraire vers la France, le dépérissement des espèces locales, et un déficit chronique de la balance commerciale des colonies par rapport à la métropole.

On est revenu à la case départ comme en 1660, à l'époque du Roi-Soleil.

Mais le roi est mort, vive l'assimilation.
Rois, seigneurs, empereurs, jacobins comme républicains tout le monde maintiendra avec beaucoup de conviction l'assimilation monétaire. Cette chapelle s'écroulera en 1945.
Et pendant ce siècle d'unité de compte fictive et d'errements monétaires, les colonies ont défendu leurs espèces locales différemment, avec plus ou moins de bonheur, et souvent avec la bénédiction de la métropole.

Dans les colonies d'Amérique, les Antilles, Saint-Pierre et Miquelon, la Guyane, la Guadeloupe, la Martinique... la circulation des pièces d'or, d'argent français étant insuffisante, on a mis en circulation des billets de banque locaux et des bons de caisse garantis et ayant cours forcé. L'administration les a ensuite *nationalisés*, c'est-à-dire reconnus, puis a retiré le cours légal aux monnaies étrangères vers 1855[1].

Mais la fuite des espèces métalliques vers la métropole s'accélérant, le gouvernement français encouragea l'émission de bons de caisse. On frappa même sous l'autorisation de la France, des bons de caisse métalliques pour la Martinique et pour la Guadeloupe.

En Afrique Centrale et Equatoriale circulent les espèces émises par la Banque du Sénégal (créée en 1853) puis depuis 1901, celles frappées par la Banque de l'Afrique Occidentale (BAO sa remplaçante).

Toutefois l'usage des monnaies étrangères est autorisé, sous certaines réserves, dans les territoires sous mandat, notamment au Togo et au Cameroun.

Pour résoudre le problème de l'épuisement du stock monétaire, certaines chambres de commerce coloniales reçoivent le pouvoir d'émettre des jetons-monnaie (la Chambre de commerce de Dakar par arrêtés du gouverneur général des 4 mai et 8 septembre 1921[2]).

La circulation des jetons métalliques émis par les chambres de commerce de France est autorisée à Madagascar par arrêté du 2 février 1924[3].

Les jetons reçoivent également cours légal au Cameroun et au Togo[4].

Toutes les dispositions prises en compte pour sauver les apparences d'une assimilation échouent lamentablement. On s'obstine à maintenir le lien abstrait, pourtant sans signification pratique entre la métropole et les colonies.

---

1 - 1879 pour l'île de la Réunion

2 - Arrêtés du gouverneur général des 4 mai et 8 septembre, 1921

3 - Ces arrêtés locaux sont pris après autorisation donnée par décret au chef du territoire pour faire frapper et émettre des jetons métalliques de 5 F, 2 F, 1F, et 0,50 F

4 - Cameroun. Décrets des 20/01/1924 ; 25/07 et 31/12/1925 et enfin du 30/12/1948 *JORF* 2/01/1949 p.173. Togo. Décrets des 16/10/1923 ; 28/05/1924 ; 25/07/1925 et enfin du 30/12/1948 *JORF* 2/01/1949

Cependant, ce que les responsables politiques et monétaires n'ont pas voulu faire, le mouvement naturel des échanges, les contingences économiques et monétaires mondiales l'imposèrent.

On fut contraint le 25 décembre 1945 de reconnaître officiellement l'existence de francs coloniaux, *décrochés* du franc métropolitain.

Ce fut la fin de l'assimilation et le début de l'autonomie contrôlée.

C) Naissance officielle des francs coloniaux

Trois raisons entre autres déterminèrent la création de francs coloniaux ayant une valeur différente de celle de la métropole :

- le ralentissement des échanges commerciaux en France produit par la crise de 1928-1935 ;

- les lois économiques, narguant souvent les diktats des pouvoirs politiques, règlent les mouvements de la monnaie et son cours ;

enfin et surtout certaines circonstances dues à la deuxième guerre mondiale.

En effet, le conflit de 1939-1945 provoqua un relâchement puis carrément l'interruption des communications avec la métropole où sont souvent fabriqués les billets de banque. En outre, l'empire ne communiquant plus, se disloqua.

La France de De Gaulle, notamment celle des territoires immédiatement ralliés au général, dont l'Afrique Equatoriale Française (AEF) et le Cameroun, abritait un franc ayant une parité avec la livre et le dollar respectivement de 180 et 45 francs (donc sur la base de celle de 1939, c'est-à-dire d'avant le déclenchement des hostilités).

Celle de Vichy, à savoir les autres territoires de l'empire, subirent les fluctuations du franc métropolitain.

En Afrique du Nord, après le débarquement du 8 novembre, les territoires soumis à l'autorité du général Giraud affichaient une parité de 300 francs pour une livre et de 75 francs pour un dollar.

Enfin le Comité Français de Libération Nationale parvint à unifier le franc dans les pays d'outre-mer sur la base de 20 francs la livre et 50 francs le dollar.

Le franc métropolitain, décroché maintenant des monnaies locales en cours, s'enfonça seul dans les profondeurs de la déprime. Il fut dévalué après la Libération en raison de l'ampleur de l'inflation.

Le décret n° 45-0136 du 25 décembre 1945[1] fixant la valeur de certaines monnaies des territoires d'outre-mer, libellées en francs, vint entériner des faits, têtus, de plusieurs siècles.

Il fut pourtant pris dans l'urgence et entouré d'une grande discrétion puisque l'Assemblée constituante ne fut avisée qu'après coup.

Il créa pour la première fois des francs *géographiques* ayant une parité différente vis-à-vis du franc métropolitain que nous développerons plus loin.

Le texte du président du Gouvernement provisoire n'utilise jamais les termes de *francs coloniaux*, alors qu'il en donne une naissance officielle et une identité.

La loi du 11 juillet 1851 relative à l'organisation de banques coloniales[2] employa les termes de "banques coloniales" (art.6) qui émettent «dans chacune des colonies où elle est instituée des billets remboursables à vue, au siège de la banque qui les aura émis» (art.5).

Elle ne fit pas mention de *francs coloniaux* spécifiques puisqu'on était au temps fort de l'assimilation monétaire, d'ailleurs largement assurée par les banques coloniales.

§ 2 Les banques d'émission coloniale

On présentera en premier lieu les anciennes banques coloniales avant d'examiner dans un deuxième temps, les instituts d'émission de francs coloniaux.

---

1 - *JORF* du 26 décembre 1945 p. 8582

2 - *Le Moniteur Universel.* n°193 du 12 juillet 1851 pp. 1983-1985

A) Les premières banques d'émission coloniale

Elles comprennent les banques de la Réunion, de la Guadeloupe, de la Martinique, de la Guyane et du Sénégal.

1) Réunion, Guadeloupe, Martinique d'abord

Des tentatives d'établissement de banques d'émission coloniale sont faites au début du XIXᵉ siècle.

En 1822 une ordonnance locale décida la création à la Réunion d'une caisse d'escompte autorisée à émettre des billets, sous le nom de bons de caisse. Une société anonyme se constitua à cet effet, qui fut autorisée par l'ordonnance du 23 décembre 1823.

A la Guadeloupe, une ordonnance royale du 9 février 1827 créa une banque d'émission ayant un privilège de 20 ans.

Mais ces établissements privilégiés ne fonctionnaient pas correctement.

Paradoxalement, c'est une disposition d'ordre juridique destinée à résoudre une difficulté d'ordre social, en l'occurrence l'esclavage, qui va provoquer indirectement l'organisation des premières banques d'émission coloniale.
En effet, le décret du 27 avril 1848[1] relatif à l'émancipation des esclaves, pose le principe de l'octroi d'une indemnité aux planteurs. Il précise ainsi :

- article 1er «L'esclavage sera entièrement aboli dans toutes les colonies et possessions françaises, deux mois après la promulgation du présent décret dans chacune d'elles» ;

- article 5 «L'Assemblée nationale réglera la quotité de l'indemnité qui devra être accordée aux colons».

Elle la fixera le 30 avril 1849 en adoptant «une loi relative aux indemnités accordées aux colons des vieilles colonies, en raison de l'affranchissement des esclaves»[2].

---

1 - *JORF* du 2 mai 1848 p. 921
2 - *JORF* du 2 mai 1849 p. 1635

Les articles 1er, 2, 4 stipulèrent ainsi «dans les colonies :
- de la Martinique
- de la Guadeloupe et dépendances ;
- de la Guyane ;
- de la Réunion ;
- du Sénégal et dépendances ;
- de Nossi-bé et Sainte-Marie ;
il est alloué une indemnité aux colons dépossédés en exécution des décrets du Gouvernement provisoire des 3 mai et 27 avril 1848 (précités) ».

Art. 2 : «L'indemnité ci-dessus stipulée est fixée ainsi qu'il suit :

1°) une rente de 6 millions 5% inscrite au grand livre de la dette publique;

2°) une somme de 6 millions payables en numéraire et en totalité trente jours après la promulgation de la présente loi».

Art. 4 : «Sur la rente de 6 millions, il est attribué, savoir:

- à la Martinique	1.507.883,80
- à la Guadeloupe	1.947.164,85
- à la Guyane	372.055
- à la Réunion	2.055.200,25
- au Sénégal et dépendances	105.503,41
- à Nossi-bé et Sainte-Marie	11.673,81
Total	**6.000.000,00** »

Mais les articles les plus intéressants sont probablement les articles 7, 8 et 9 qui instituent les banques coloniales et prévoient la formation de leur capital.

Art. 7 : «Sur la rente de 6 millions, payable aux termes de l'article 2, le huitième de la portion afférente aux colons de la Guadeloupe, de la Martinique et de la Réunion sera prélevé pour servir à l'établissement d'une banque de prêt et d'escompte dans chacune de ces colonies».

Les titres de rente ainsi prélevés sur la rente de 6 millions seront déposés dans les caisses des banques comme gages et garantie des billets qu'elles sont autorisées à émettre.

Seront exempts du prélèvement ci-dessus stipulé, les colons dont l'indemnité totale ne devra pas excéder mille francs.
Tout colon indemnitaire recevra des actions de la banque de prêt et d'escompte de la colonie jusqu'à concurrence de la retenue qu'aura

subie sa part dans l'indemnité. L'organisation des banques de prêt et d'escompte sera déterminée par des règlements d'administration publique. «Le gouvernement pourra appliquer les présentes dispositions dans les autres colonies».

Art. 8 : «un crédit de 6 millions de francs est ouvert, sur l'exercice 1849, au ministre de la Marine et des Colonies, pour le paiement de la portion de l'indemnité payable en numéraire et totalité, trente jours après la promulgation de la présente loi dans chaque colonie, et par les soins des administrations coloniales».

Art. 9 : «il est ouvert au ministre des finances un crédit de 6.000.000 de rente 5%, qui seront inscrits au grand livre de la dette publique, avec jouissance du 22 mars dernier...».

On conviendra au regard des articles cités ci-dessus que la loi du 30 avril 1849 ne se contente pas d'effacer une tare sociale (l'esclavage) en indemnisant les colons propriétaires d'esclaves, elle jette également les bases juridiques et économiques d'une organisation locale du crédit, au mieux des intérêts du commerce, de l'industrie et de l'agriculture ainsi que des colons et des indigènes.

2) Guyane et Sénégal ensuite

La loi du 11 juillet 1851[1] approuva les statuts des banques des trois vieilles colonies de la Réunion, de la Guadeloupe, et de la Martinique. Il créa (dans son article 1er) la banque de la colonie de la Guyane. Celle-ci fonctionna réellement à partir de 1855.

La Banque du Sénégal fut fondée par un décret impérial du 21 décembre 1853[2] et soumise à la loi du 11 juillet 1851 et aux décrets et règlements concernant les banques coloniales. Son capital fut fixé à 230.000francs. Il comprit le prélèvement du huitième (soit 105503,41/8 = 13.187,93), opéré sur l'indemnité accordée aux habitants du Sénégal et les arrérages échus de l'inscription de rente représentative de ce prélèvement ainsi que la contribution du ministère de la Marine et des Colonies (c'est-à-dire un peu moins du reste, soit moins de 230.000 - 13.187,93 = 216.812,07; le résidu serait relatif aux intérêts récurrents). La part de l'administration coloniale provint d'une ponction, à titre d'avance, réalisée sur les fonds de la caisse coloniale.

---

1 - *Le Moniteur Universel*, *JO* de l'Empire français du 22 décembre 1855, p. 1413
2 - *Le Moniteur Universel*, n° 193, *JORF* du 12 juillet 1851

Ces cinq premières banques forment le groupe des anciennes banques coloniales. Elles ont suivi la même évolution et sont régies en majeure partie par les mêmes textes.

3) Constitution, administration et fonctionnement

Les banques coloniales sont des banques de prêt et d'escompte qui prennent la dénomination de Banque de la Martinique, de la Guadeloupe, de la Réunion, de la Guyane ou du Sénégal.

Elles sont constituées en sociétés anonymes.
Celles-ci se composent :
- de tous les colons indemnitaires auxquels était appliqué le prélèvement prescrit par la loi du 30 avril précitée
- des ministères des Finances, de la Marine et des Colonies
- et d'éventuels souscripteurs volontaires.

Le capital de chacune des banques de la Guadeloupe, de la Martinique et de la Réunion est fixé à trois millions de francs. Le capital de la Banque de la Guyane est fixé à 700.000 francs. Le siège de chaque banque est dans la colonie ; Saint-Pierre pour la Banque de la Martinique, Pointe-à-Pitre pour la Banque de la Guadeloupe, Saint-Denis pour celle de la Réunion... Les opérations de chaque banque consistent :
- à escompter des lettres de change et autres effets à ordre, les traites du Trésor public ou sur le Trésor public, les ministères et les caisses publiques, les obligations négociables ou non négociables ... ;
- à se charger pour le compte des particuliers ou pour celui des établissements publics de l'encaissement des effets qui lui sont remis, et à payer tous mandats ou assignations.
- à recevoir, moyennant un droit de garde, le dépôt volontaire de tous titres, lingots, monnaies et matière d'or et d'argent ;
- à émettre des billets payables à vue au porteur, des billets à ordre, et des traites ou mandats.

Chacune des 5 banques est autorisée à émettre dans chacune des colonies où elle est instituée, des billets au porteur de 500, de 100 et de 25 francs.

Ces billets sont remboursables à vue, au siège de la banque qui les a émis.

Quant à l'administration de chaque banque coloniale, l'universalité des actionnaires est représentée par l'Assemblée générale. Chacun des membres de l'Assemblée générale, n'a qu'une voix, quel que soit le nombre d'actions qu'il possède.
L'Assemblée procède à la formation d'un bureau, à l'élection des administrateurs et d'un censeur.

Le Conseil d'administration prend en charge l'administration de la banque. Il est composé d'un directeur et de quatre administrateurs. Le trésorier de la colonie est de droit, administrateur de la banque. Les trois autres sont élus par l'Assemblée des actionnaires.

Le Conseil d'administration est assisté de deux censeurs dont l'un est obligatoirement le contrôleur colonial ou son délégué et l'autre, élu par l'Assemblée des actionnaires.
Le directeur de chaque banque est nommé par décret du président de la République sur une liste de trois noms présentée par la Commission de surveillance des banques coloniales établie auprès du ministre chargé des colonies, et sur le rapport tant du ministre de la Marine et des Colonies que du ministre des Finances.
Le directeur de la banque préside le Conseil d'administration et en fait exécuter les délibérations.

Il est étroitement surveillé et contrôlé par la redoutable Commission de surveillance des banques coloniales qui est, en fait, le véritable chien de garde des banques. En effet, celle-ci reçoit communication de tous les documents parvenus au ministre sur la gestion des banques, puis est consultée sur les actes du gouvernement qui la concernent ; elle peut provoquer telles mesures de vérifications et de contrôle qui paraissent convenables et rendre chaque année, tant à l'Assemblée nationale qu'au président de la République, un compte des résultats de surveillance et de la situation des établissements.
Cette fameuse commission est composée de sept membres, à savoir :
- un conseiller d'Etat, élu par le Conseil d'Etat en Assemblée générale,
- deux membres désignés par le ministre des Finances,
- deux membres désignés par le ministre chargé des colonies,
- deux membres élus par le Conseil général de la Banque de France.

La Commission élit son président en son sein.
Enfin les banques coloniales peuvent établir des succursales ou comptoirs dans leur colonie.
Le privilège d'émission est fixé à vingt ans, et prorogé régulièrement.

Si ces premières banques d'émission coloniale, au nom de la «sainte assimilation» s'évertuaient à mettre en circulation des francs identiques au franc métropolitain mais portant des signes différents, celles qui leur succéderont, en revanche, en 1945, émettront des francs (donc même unité de compte) mais ayant une valeur différente selon les territoires.

B) Les banques d'émission de francs coloniaux

Cinq établissements se répartissent l'émission des francs coloniaux.

1) La Banque d'Indochine

La loi du 31 mars 1931 renouvelle le privilège d'émission concédé à la Banque de l'Indochine pour une durée de vingt-cinq années, à compter du 1er avril 1931, en Indochine, dans les établissements français de l'Océanie, la Nouvelle-Calédonie et dépendances, les établissements français de l'Inde et la Côte française des Somalis.

Mais, celle-ci, par une convention en date du 10 juillet 1947, approuvée par la loi du 25 septembre 1948[1] (art.2) décida du retrait anticipé de ce privilège d'émission.
Une autre loi parut immédiatement[2] et créa un institut d'émission de l'Indochine, émettant des billets en piastres indochinoises.

Toutefois, la Banque de l'Indochine poursuivit provisoirement le service de l'émission de francs coloniaux pour les colonies du Pacifique et les établissements de l'Inde jusqu'à ce que les décrets l'aient confié à d'autres instituts.

Le 17 mars 1949, un décret du président du Conseil des ministres[3] transféra provisoirement la charge des billets mis en circulation par la Banque de l'Indochine, en Côte française des Somalis, au Trésor public.

2) Le Trésor public

Le Trésor public assure à compter du 20 mars 1949, date arrêtée par le ministre de la France d'outre-mer[4] pour la mise en application de la réforme monétaire en Côte française des Somalis, le service de l'émission

---

1 - Loi n° 48-1842 du 25 septembre 1948, *JORF* du 26 septembre 1948, p. 9460
2 - Loi n° 48-1842 du 25 septembre 1948, *JORF* du 26 septembre 1948, p. 9460
3 - Décret du 17 mars 1949, *JORF* du 2 mars 1949, p. 2950
4 - Décret du 17 mars 1949, *JORF* du 20 mars 1949, p. 2951

dans ce territoire. Un compte d'opérations monétaires intitulé «émission de billets du Trésor», libellé en francs de Djibouti est ouvert au Trésor. Ces billets du Trésor ont cours légal et pouvoir libératoire.
Enfin est créé en Côte française des Somalis, un conseil de la monnaie, placé sous l'autorité du ministre des Finances et présidé par le trésorier payeur de la Côte française des Somalis. Il est composé en plus du trésorier payeur :
- d'un membre désigné par le ministre des Finances ;
- d'un membre désigné par le gouverneur de la Côte française des Somalis ;
- d'un membre de la Chambre de commerce de Djibouti, désigné par le gouverneur pour sa compétence technique.
Ce conseil est chargé d'informer le ministre des finances de la situation monétaire du territoire et de lui soumettre toute décision relative à la politique monétaire en Côte française des Somalis.

3) La Caisse centrale de la France d'outre-mer (CCFOM)

Une ordonnance[1] du 2 décembre 1941 crée la Caisse centrale de la France Libre (CCFL). Cet institut exerce son privilège d'émission dans les territoires libres ou ralliés à la Résistance : le ralliement de l'Afrique Equatoriale Française (AEF) et du Cameroun à la France Libre, au cours de l'été 1940 rend difficile l'exercice par la Banque de l'Afrique Occidentale (BAO) (dépendante des autorités de Vichy) de ses fonctions de banque d'émission. Une ordonnance du 24 juillet 1942[2] en tire les conséquences et suspend le privilège d'émission de la BAO en AEF et au Cameroun pour la confier à la CCFL. Une nouvelle ordonnance en date du 2 février 1944 transforme la CCFL, organisme de circonstance, en Caisse centrale de la France d'outre-mer (CCFOM), confirmant son privilège et étendant le champ de ses activités, notamment sur les établissements de Saint-Pierre et Miquelon. Elle reçoit in fine, le pouvoir d'émettre dans les autres territoires.

Les statuts de la Caisse centrale furent depuis lors, modifiés par plusieurs textes législatifs et décrets (loi n° 48-1516 du 26 septembre 1948, loi du 30 avril 1946 ... et les décrets subséquents : décrets du 24 octobre 1946, ...).

---

1 - Arrêté du 17 mars 1948, *JORF* du 20 mars 1949, p. 2950

2 - Les ordonnances de la France Libre ne sont évidemment pas parues dans les journaux officiels de la période d'occupation. Elles sont référencées dans certains ouvrages et manuels sans être reproduites in extenso. Par exemple, dans le *Traité de droit colonial*. op.cit.

La gestion de la Caisse centrale est soumise à la tutelle et au contrôle d'un Conseil de surveillance. Celui-ci est composé de 15 membres, dont :
- 5 parlementaires
- 6 représentants des ministères d'outre-mer, des Finances et de l'Economie nationale.
- 3 représentants des banques nationalisées et du Crédit national et
- un président nommé par décret sur le rapport du ministre de la France d'outre-mer et du ministre des Finances.

Le Conseil de surveillance se réunit en principe tous les mois. Il détermine la politique suivie par la Caisse centrale en matière d'émission et de crédit à court terme.
Il autorise préalablement toutes les opérations de crédit à moyen terme et à long terme.

La Caisse centrale est installée à Saint-Pierre et Miquelon et dans les chefs-lieux des quatre territoires de l'AEF : Brazzaville, Libreville, Bangui et Fort-Lamy.
Elle émet des FCFA (francs des Colonies françaises d'Afrique) sous forme de billets de 1000, 500, 100, 50, 25 et 5 francs.
La Caisse centrale assure les autres fonctions d'une banque d'émission. Elle effectue entre l'AEF, le Cameroun et la métropole tout transfert pour le compte des banques.
Elle joue également dans les centres où elle est représentée le rôle de chambre de compensation.

La Caisse centrale d'outre-mer se transforme sans cesse pour s'adapter aux mutations économiques et monétaires des Territoires d'Outre-Mer.

4) La BAO

Le 25 février 1901, les actionnaires d'une banque établie à Saint-Louis, dénommée Banque du Sénégal, créée en 1853, réunis en Assemblée générale extraordinaire, décidèrent la liquidation de leur société et le report des capitaux dans une nouvelle institution qui sera la Banque de l'Afrique Occidentale.

Est donc morte la Banque coloniale du Sénégal.
Les descendants des colons fondateurs, devenus grands commerçants et financiers souhaitèrent la création d'un établissement de crédit appelé à

faciliter les transactions, à favoriser le développement du commerce régional en étendant ses opérations en Guinée, en Côte d'Ivoire et au Dahomey.

L'administration coloniale approuva l'idée.
La nouvelle banque, appelée à exercer son action dans des colonies soumises au régime des décrets et en vertu des dispositions de l'article 18 du sénatus-consulte du 3 mai 1854, fut instituée par un décret du 29 juin 1901[1].

C'est une banque d'émission, de prêt et d'escompte. Elle a pour objet de faire toutes les opérations de banque autorisées par ses statuts au Sénégal, en Guinée française, en Côte d'Ivoire, au Dahomey et au Congo ainsi que dans les pays de protectorat dépendants de ces colonies et dans les pays étrangers de la Côte occidentale d'Afrique.
La durée de son privilège est fixée à vingt ans.
Elle est investie des droits et privilèges édictés par la loi au profit des banques coloniales. Elle peut créer des succursales ou agences nouvelles.
Elle émet des billets de 1.000, 500, 100, 50, 25 et de 5 francs.
C'est une société anonyme. Le capital social est fixé à 1,5 millions de francs divisé en 3.000 actions de 500 francs chacune.
L'Assemblée générale se compose de tous les actionnaires possédant au moins dix actions.
La banque est administrée par un Conseil d'administration composé de cinq membres au moins et de huit au plus.
Le Conseil d'administration est assisté d'un commissaire du gouvernement nommé par les ministres des Colonies.
Les administrateurs sont nommés par l'Assemblée générale des actionnaires pour cinq ans.

Le premier Conseil d'administration constitué provisoirement en attendant la réunion de la première Assemblée générale était composé de :
M. Emile Maurel
M. Gabriel Devès,
M. F. Bohn,
M. Théodore Mante et
M. Alexis Rostand.

---

1 - *JORF* de juillet 1901

Le Conseil est investi des pouvoirs les plus étendus pour l'administration des affaires de la société.

Un censeur administratif peut être nommé par le ministre des Colonies près de chaque succursale de la banque; pour les succursales sises en dehors du territoire de la République française, cette désignation est faite après avis du ministre des Affaires étrangères. Les censeurs administratifs remplissent dans les succursales, les fonctions attribuées au commissaire du gouvernement au siège social. Ils correspondent avec le gouverneur et le ministre des Colonies et rendent compte de la surveillance qu'ils exercent.
La puissance publique renforce sa participation à l'administration de la banque par la nomination d'un président de Conseil et de quatre administrateurs. En outre, certaines décisions sont soumises à approbation ministérielle ou gouvernementale.

Le contrôle de la banque est assuré par les ministres de la France d'outre-mer et des Finances, et par la Commission de contrôle des banques.

Le 17 décembre 1919, la BAO reçoit l'autorisation d'ouvrir une agence à Douala et s'installe dans cette ville du Cameroun en mai 1921. Elle assure le service de l'émission, en appliquant les règles de ses statuts et les dispositions des textes organiques.

Le 31 décembre 1920 est créée à Lomé une agence de la BAO.
Enfin la loi du 29 janvier 1929 proroge le privilège pour vingt autres années, approuve les statuts, ainsi que la convention du 24 février 1927 passée avec le ministère des Colonies.
Le capital est porté à 35 millions de francs locaux. Le privilège s'étend à l'Afrique occidentale, à l'Afrique équatoriale, au Cameroun et au Togo.

Les circonstances, nées de la guerre de 1939-1945 et spécialement de la rupture des communautés avec la France et le ralliement de l'AEF et du Cameroun à la Résistance amenèrent le gouvernement de la France Libre à suspendre le privilège de l'émission de la BAO en «Afrique Libre», le 24 juillet 1942. A la libération, après la création des francs coloniaux, la BAO n'émettra ses francs CFA que pour l'AOF et le Togo.

5) La Banque de Madagascar

Première banque d'émission dans la Grande île et ses dépendances, la Banque de Madagascar est créée par une loi du 22 décembre 1925[1], à l'initiative des autorités gouvernementales et d'un groupe de commerçants, d'industriels et d'établissements financiers, représenté par un responsable de la Banque de Paris et des Pays-Bas, en la personne de M. Atthalin L. Elle deviendra Banque de Madagascar et des Comores le 29 mars 1950.

a) La Banque de Madagascar (de 1925 à 1950)

C'est une société anonyme ayant pour objet l'émission de billets de banque et toutes les opérations d'escompte, de prêt, de circulation et de dépôt prévus par les statuts. La durée de la société est fixée à quarante ans, alors que le privilège de l'émission des billets remboursables à vue et au porteur dans la colonie de Madagascar et ses dépendances, est concédé pour une durée de vingt ans. Le siège de la société est établi à Paris comme pour les deux banques de l'Indochine et de l'Afrique occidentale (les quatre anciennes banques : Martinique, Guadeloupe, Réunion et Guyane ont leur siège social dans la colonie).

Le capital est fixé à la somme de 20 millions de francs (nous rappelons que la monnaie en circulation à Madagascar à cette époque est en coupures de la Banque de France), divisé en 40.000 actions de 500 francs. Une part de 20 % du total des actions est offerte à l'autorité indigène soit 8.000 actions.

Une autre part de 20 % du total des actions est proposée en souscription publique aux habitants de Madagascar (8.000 actions). Les billets de la Banque de Madagascar sont reçus comme monnaie légale par les caisses publiques, ainsi que par les particuliers, dans l'étendue de la colonie et de ses dépendances.

Tous les droits et privilèges en matière de prêts sur récoltes, sur toutes les marchandises ou matières données en nantissement, sont conférés à la Banque de Madagascar.
Sont ouvertes, une succursale à Tananarive et des agences à Tamatave, Diégo-Suarez, Majunga, Nossi-Bé, Manenjari et Fianarantsoa.

---

1 - *JORF* du 27 décembre 1925, pp. 12438-12439

Un compte courant est établi entre la Banque centrale et le Trésor local. La banque prête également son concours gratuit pour l'exécution des paiements à effectuer à l'extérieur, par sa succursale et ses agences pour le compte de la colonie.
Par ailleurs, est ouvert dans cette même banque par le caissier payeur central de Paris, un compte dénommé «compte d'opérations», débité de tous les recouvrements et crédité de tous les paiements effectués dans la colonie par la banque pour le compte du Trésor. En somme, un compte de contrôle des opérations du trésorier payeur de Madagascar.

La Banque de Madagascar émet des billets au porteur et à vue qui bénéficient du cours forcé aussi longtemps que les billets de la Banque de France en bénéficieront eux-mêmes.

Le montant des billets en circulation devra être représenté pour le tiers au moins par une encaisse consistant, soit en or, soit en monnaies métalliques ayant force libératoire en France, soit en dépôts à vue de devises étrangères convertibles en or, soit par un crédit dans un compte spécial au Trésor français sans intérêt.

Cela constitue une sorte de garantie d'émission.
Ce fond de garantie suivit les fluctuations du montant des billets de la Banque de Madagascar en circulation. Le premier, évalué à 83,33 millions (250/3 = 83,33) en 1927, chuta à 58,33 millions (175/3 = 58,33) en juin 1935 puis remonta à 100 millions (300/3 = 100) en 1937 et atteignit 150 millions (450/3 = 150) en 1939. Sa progression devint étourdissante. Chiffré à 272 millions (816/3 = 272) en 1942, il dépassa 666,67 millions (2.000/3 = 666,7) en 1949, à la veille de sa transformation en Banque de Madagascar et des Comores.

En outre, la Banque de Madagascar est tenue, par la convention du 1er juillet 1925, annexée et approuvée par la loi précitée, de laisser en dépôt à son compte provisionnel à la caisse centrale du Trésor, à Paris, une somme à peu près égale à 15% du montant des billets mis en circulation. L'article 4 de ladite convention la définit obscurément comme «la différence entre le tiers de sa circulation (monétaire) d'une part, et de l'autre, le montant de son encaisse métallique monnayée ou non et de ses dépôts à vue de devises étrangères convertibles en or, les lingots d'or étant comptés pour leur valeur de monnayage sur la base de la définition monétaire du franc, et les devises étrangères au taux de parité»; ouf.

En somme, les dispositions statutaires et conventionnelles amenèrent la banque à immobiliser l'équivalent de près de 50% des disponibilités liquides pour assurer d'une façon étanche la garantie de l'émission.

La Banque de Madagascar émet des billets de 500 francs, 100 francs, 50 francs, 20 francs, 10 francs, et 5 francs. Le Conseil d'administration fixe la quotité des diverses coupures des billets à mettre en circulation. La proportion des petites coupures est souvent considérable. Par exemple fin septembre 1945, sur 1450 millions en circulation, près de 400 millions (soit 28%) sont représentés par des billets de 20, 10 et 5 francs et 556 millions seulement par des billets de 1.000 francs (les plus grosses coupures).

La banque peut consentir des prêts sur récoltes, soit aux individus, soit aux collectivités agricoles ayant qualité de personne civile ...

L'Assemblée générale se compose de tous les actionnaires possédant au moins cinq actions. Tous les propriétaires de moins de cinq actions, se réunissent pour former le nombre de cinq et se faire représenter par l'un deux.

Cinq actions donnent droit à une voix, sans que la même personne puisse réunir plus de cinquante voix.
L'administration de la banque est confiée à un Conseil composé de douze administrateurs au moins, de dix-huit au plus.
Le commissaire administratif du gouvernement assiste aux séances du Conseil d'administration.

Le président du Conseil d'administration, nommé par décret, comme en Afrique occidentale, est directeur général de la banque.
Il est tenu de justifier qu'il est propriétaire de vingt-cinq actions de la banque. Il préside le Conseil d'administration et tous les comités.

Il peut, pour l'exécution du service, constituer des mandataires spéciaux.

Trois administrateurs sont nommés par décret, deux sur proposition du ministre des Colonies, un sur celle du ministre des Finances.

La banque est soumise au contrôle de la Commission de surveillance des banques coloniales instituée auprès du ministre des Colonies.
L'interruption des communications avec la métropole, où sont fabriqués les billets de Banque de Madagascar, posa en 1940, un problème d'approvisionnement des caisses en coupures neuves et du remplacement des billets hors d'usage.

Fin 1941, la banque réussit à faire confectionner, avec le concours de l'Imprimerie officielle de Madagascar, à Tananarive, pour 200 millions de billets de 1.000 francs. Ils étaient de qualité inférieure à ceux du type normal mais ont permis du moins, d'assurer tous les paiements demandés jusqu'à la Libération. Une fois les communications rétablies, elle a pu reconstituer ses encaisses en s'adressant à ses fournisseurs habituels.

Enfin, nous rappelons que le premier directeur général, président du Conseil d'administration de la Banque de Madagascar fut M. Henri Saurin[1].

A la suite de la loi du 25 décembre 1945[2] , est né le franc malgache. Mais le 10 mai 1946, l'Archipel des Comores jusqu'alors dépendance de Madagascar et province administrative de la Grande île, retrouve son autonomie administrative et financière[3].

Cette réorganisation administrative provoqua indirectement la réorganisation du régime de l'émission à Madagascar et la naissance d'un institut d'émission comoro-malgache.

b) La Banque de Madagascar et des Comores (BMC)

«La société anonyme primitivement dénommée Banque de Madagascar prend le nom de Banque de Madagascar et des Comores» (art. 1er des statuts)[4].
Le privilège de l'émission est concédé pour une période de vingt ans à dater du 11 janvier 1948 pour être exercé dans le territoire des Comores. En revanche, la durée de la société, initialement fixée à quarante années à compter du 22 décembre 1925, est prorogée jusqu'au 31 décembre 1990.
Le siège de la société est toujours établi à Paris.

---

1 - *JORF* du 30 décembre 1925, p. 12584 p. cit.
2 - Op. cit.
3 - Loi du 10 mai 1946 *JORF* du 10 mai 1946, p. 3973
4 - Décret n° 50-1425 du 16/11/1950 approuvant une convention entre l'Etat et la Banque de Madagascar et des Comores ainsi que les statuts régissant la BMC (*JORF* du 18/11/1950, pp. 11 748-11 754)

Le capital de la banque est porté de 37[1] à 111 millions. L'Etat français, le territoire de Madagascar et dépendance détiennent une participation majoritaire.
Des conventions annuelles fixent les limites dans lesquelles la banque pourra consentir des avances à la Caisse centrale de la France d'outre-mer, aux caisses du Crédit agricole et aux autres organisations de crédit.

La banque est administrée par un Conseil d'administration composé comme suit :
- le président directeur général, nommé cette fois par arrêté pris conjointement par les ministres des Finances et de la France d'outre-mer et ayant voix prépondérante en cas de partage égal. Le président peut déléguer ses fonctions de directeur général ;
- un représentant du ministre des Finances (en l'occurrence M. Latapie, sous-directeur à la direction du Trésor en 1950)[2],
- un représentant du ministre de la France d'outre-mer,
- le président de la Caisse centrale de la France d'outre-mer ou son représentant,
- quatre administrateurs représentant le territoire, nommés par le ministre de la France d'outre-mer après désignation par les Assemblées représentatives à raison de trois pour Madagascar et un pour les Comores, sur une liste présentée par le haut-commissaire de la République à Madagascar et comprenant trois fois plus de noms que d'administrateurs à nommer.

Les représentants de Madagascar pour la nouvelle banque, en 1950 furent:

- MM. Guinaudeau Henri-Alexis, vice-président de la Chambre de commerce de Tananarive, membre du Conseil économique ;
- Manes Edouard, avocat à Diego-Suarez, président de l'Assemblée représentative et,
- Rakotomalala Louis, directeur de société, membre de l'Assemblée représentative.

---

1 - 37 millions par le décret n° 50-1425 op. cit. et 111 millions par le décret n° 50 1430 du 17/11/1950. *JORF* du 19/11/1950, p. 11 788

2 - Arrêté du 18 décembre 1950. *JORF* du 19 décembre 1950, p. 12892

Le représentant de l'Archipel des Comores fut M. Said Tourqui Ben Charifou Abdallah, commerçant à Moroni[1],

- six administrateurs représentant les 25 actionnaires autres que l'Etat et les territoires, élus par l'Assemblée générale des actionnaires.
Soit en tout 14 membres.
Le contrôle de la Banque de Madagascar et des Comores est notamment assuré par deux fonctionnaires désignés, l'un par arrêté du ministre des Finances, l'autre par arrêté du ministre de la France d'outre-mer, et établis comme commissaires du gouvernement.

Un censeur administratif est nommé près de la succursale.
La nomination du directeur de la succursale est soumise à l'approbation du ministre de la France d'outre-mer.

Ce dernier et le haut-commissaire peuvent, lorsqu'ils le jugent nécessaire, faire procéder par les agents qu'ils désignent à toute vérification des registres, des caisses et des opérations de la banque.

Le ministre des Finances peut également, après entente préalable avec le ministre de la France d'outre-mer, se faire rendre compte, à toute époque, de la situation de la banque par un inspecteur des Finances chargé d'une mission spéciale à cet effet. Les rapports de cet inspecteur seront adressés au ministre des Finances et au ministre de la France d'outre-mer.
Les frais de ces vérifications sont à la charge de la banque.
Il nous semble que la société n'a d'anonyme que le nom. Elle est gérée et contrôlée par des fonctionnaires. L'intervention de l'actionnaire privé est singulièrement réduite.

A notre avis, c'est un établissement public qui ne veut pas dire son nom.
Enfin la banque ouvre de nouvelles agences dans les villes portuaires de Fort-Dauphin, Mananka, Morondava et Moroni, dans les îles Comores.

---

1 - Arrêté du 18 décembre 1950, *JORF* du 19 décembre 1950, p. 12 895

Des pièces de 5F , 2 F, et 1 F fabriquées par l'administration des Monnaies et Médailles et autorisées par le décret n° 48-2001 du 30 décembre 1948[1] circulent dans le territoire des Comores. Ce sont en fait les premiers francs CFA comoriens. Les précédents étaient des francs CFA malgaches.

Nous sommes en 1950. Le franc CFA des Comores arbore un modèle exécuté par M. Bazor, graveur de la Monnaie. Il est en aluminium pur. Les tranches sont lisses. La pièce de 5 F mesure 31 millimètres (mm) et pèse 3,5 grammes (g); celle de 2 F, 27 mm et 2,2 g et enfin la pièce de 1 F compte 23 mm et porte un poids de 1,3 g.

Dix millions de pièces de 2 F et 200 millions de pièces de 1 F sont émises dans les territoires de Madagascar et des Comores.

La monnaie divisionnaire de 0,50 F continue à avoir cours légal et pouvoir libératoire dans les deux territoires.

En 1960, après la déclaration d'indépendance, la République malgache, Etat souverain, émet de droit sa propre monnaie. Un institut d'émission malgache créé en 1962, reçoit le privilège exclusif d'émettre des billets de banque et des pièces métalliques ayant cours légal sur le territoire de la République malgache.

Le franc colonial, en l'occurrence le franc CFA, depuis décembre 1945, se retire au profit du franc malgache.
Il continue néanmoins de circuler aux Comores.

L'agence de Moroni qui arbore sur son fronton *Banque de Madagascar et des Comores* est en réalité depuis 1960, banque des Comores. Elle émet et contrôle la monnaie en usage aux Comores.

La qualité d'Etat souverain acquise à la suite de la déclaration unilatérale d'indépendance du 6 juillet 1975, par la nation comorienne, donne à l'Archipel des Comores le droit de battre sa propre monnaie.

Mais les Comoriens devront encore patienter quelques années avant de toucher une seconde fois une monnaie nationale (la première fois en 1901 avec la monnaie du sultan thibé Said Ali Ben Said Omar) (voir infra).

---

1 - *JORF* du 2/01/1949, p. 172

Le putschiste révolutionnaire Ali Solihi prend le pouvoir le 3 août 1975, renvoie les fonctionnaires comoriens et les Français chez eux mais garde la monnaie de ces derniers. Il s'élance dans un contre-la-montre des réformes des mœurs, de l'éducation sociale et politique ... qu'il paye en monnaie coloniale.
Enfin, il refuse de sortir, à juste titre d'ailleurs, de la Zone franc.

Toutefois, la Révolution n'atteint pas les institutions financières. Elle a doré les fesses des citoyens à coups de matraque et non de métal fin.

Elle ne crée ni institut d'émission, ni monnaie nationale. La Restauration, établie à la suite d'un coup d'Etat commandité par le premier président de la République des Comores, M. Ahmed Adallah et exécuté par le mercenaire Bob Denard, le 13 mai 1978, créa la Banque Centrale des Comores.

Mais les premiers billets comoriens, car portant l'estampille de l'Institut d'émission comorienne, parurent seulement en 1980. Ils furent gravés non pas à l'effigie du président libérateur et néanmoins chef d'Etat mercenaire, mais à celle du président du Conseil, Said Mohamed Cheikh.

Le premier gouverneur de la Banque Centrale des Comores fut M. Said Mohamed Mshangama, en 1978, spécialiste en droit bancaire, formé à l'Université de Bordeaux (maîtrise de droit), et à l'Institut du FMI (Washington).

§ 3 Les trois francs coloniaux

Le fameux décret n° 45-0136 du 25 décembre 1945 créa deux francs coloniaux : le franc CFA et le franc CFP.
Le troisième franc est généré par les décrets du 17 mars 1949 : le franc de Djibouti.

A) Le franc CFA

«A compter du 26 décembre 1945 inclus, les monnaies, libellées en francs, des territoires d'outre-mer suivants: Afrique Occidentale Française, Afrique Equatoriale Française, Cameroun, Togo, Côte française des Somalis, Madagascar, la Réunion ont une parité de 100 F de ces territoires pour 170 F, (sous-entendu métropolitains).

«Ces monnaies constituent le groupe des francs des colonies françaises d'Afrique (franc CFA)» (article 1er).

«A compter de la même date, la monnaie, libellée en francs, de Saint-Pierre et Miquelon, a la même parité par rapport au franc que les francs des colonies françaises d'Afrique (francs CFA)» (article 2).

Il y a donc un franc de Saint-Pierre et Miquelon ayant une parité de 170 F locaux pour 100 F métropolitains comme le franc CFA. Cette monnaie ne circule pas dans une zone géographique d'Afrique ou d'Océan indien. Elle a cours légal dans le territoire de Saint-Pierre et Miquelon seulement. La création du franc CFA n'a pas modifié les problèmes de change, sauf pour la Côte des Somalis à partir de 1949.

Les transferts sont libres entre toutes les zones où circule un franc autre que celui de Djibouti.

Il existe un système de compte-courant entre chaque institut d'émission et le Trésor (voir infra). Le particulier qui veut effectuer un paiement en France, verse la somme à l'institut d'émission, qui, à son tour, émet un mandat poste ou télégraphique payable en France.

La situation de la balance des comptes entre le territoire et la métropole se traduit par l'état des comptes-courants du Trésor à la banque d'émission. Cette dernière négocie les traites en fonction de cette situation.

Enfin, la Caisse centrale de la France d'outre-mer régularise les changes entre les divers territoires et la métropole.
Il y a donc liberté des transferts et intercommunication des monnaies. Toutefois a-t-on pu constater entre 1945 et 1949 une forte variation du cours des monnaies étrangères exprimé en franc CFA (fixation de la valeur externe du franc CFA). On buta sur le problème du contrôle des changes. On abandonna la pratique de fixation de la parité entre le franc métropolitain et colonial, par décret. L'Office des changes fut chargé du contrôle des changes (nous le développerons plus loin). A cet effet, il émit le 18 octobre 1948, un avis accepté par les autorités monétaires, relatif à une parité de 200 francs métropolitains pour 100 francs CFA.

Cette parité changera avec l'avènement du nouveau franc, 2 francs métro pour 100 FCFA, soit 1 FF = 50 FCFA. La dévaluation du 12 janvier 1994 du FCFA et du franc comorien établit la parité 1 FF pour 100 FCFA.

B) Le franc CFP

«A compter du 26 décembre 1945 inclus, les monnaies libellées en francs, de la Nouvelle Calédonie, des Nouvelles Hébrides et des établissements français de l'Océanie, ont une parité de 100 F de ces territoires pour 240 F ».

Ces monnaies constituent le «groupe des Colonies françaises du Pacifique (francs CFP)» (art.3 du décret de 1945). Un autre décret du 25 janvier 1948 porte la parité de 1945 à 432 F.
Puis le cours du franc CFP variera en fonction du cours du dollar. Toutefois les avis de l'Office des changes demeurent déterminants dans la fixation de la parité franc métropolitain - franc CFP.

C) Le franc de Djibouti

«Est autorisée l'institution en Côte française des Somalis d'une monnaie propre à favoriser l'essor économique du territoire, et dont la couverture pourra être constituée en devises», (art 1er). C'est ainsi qu'on annonça l'institution d'une monnaie locale djiboutienne. Celle-ci se substitua au franc CFA en cours dans les territoires depuis décembre 1945.
Mais instituer n'est pas créer.
Le décret n° 49-374 du 17 mars 1949 relatif au régime monétaire de la Côte française des Somalis se contenta dans son article 1er d'indiquer l'institution d'une unité monétaire locale.
Ensuite, dans son article 2, il renvoya à des décrets ultérieurs la détermination des caractéristiques d'émission de la nouvelle monnaie. En fait, ce premier décret n'a pas créé le franc de Djibouti. Il l'a uniquement prévu.

Le franc de Djibouti est né du décret n° 49-376 du 17 mars 1949[1], portant modification du régime monétaire en Côte française des Somalis, qui le génère en ces termes :
«Il est institué en Côte française des Somalis, une nouvelle unité monétaire appelée franc de Djibouti, ayant seule cours légal et pouvoir libératoire» (art. 1er).
«La valeur de cette unité monétaire en or fin sera fixée par arrêté...» (art. 2).

---

1 - Décret n° 49-374 du 17 mars 1949 à *JORF* du 20 mars 1949, p. 2949

«Le franc de Djibouti ainsi défini est convertible à un taux fixe, sans limitation ni justifications, en dollars des Etats-Unis» (art.3).

Nous rappelons toutefois que les francs CFA utilisés par les Somaliens étaient émis par la Banque d'Indochine et non par la BAO.

Le 17 mars 1949, les Somaliens changent de monnaie (le franc de Djibouti se substitue au franc CFA) et d'institut d'émission (le Trésor français prend en charge le service de l'émission autrefois assuré par la Banque de l'Indochine).
On émet des pièces de 5 F, 2 F et 1 F. L'ensemble de l'émission est limité à 20 millions de francs de Djibouti.

Mais le trésorier payeur de la Côte française des Somalis n'est tenu d'émettre des francs de Djibouti que contre remise de dollars des Etats-Unis.

Par ailleurs, les textes concernant la réglementation des changes et du commerce extérieur entre la Zone et les pays étrangers sont appliqués aux relations entre les territoires de la Zone franc et la Côte française des Somalis.

En d'autres termes, le franc de Djibouti est un franc colonial traité comme une devise étrangère, ayant une valeur or et convertible en dollar.
Les ministres de la France d'outre-mer et des Finances, le Conseil de la monnaie contrôlent les opérations spéculatives.
Le 17 mars 1949, le dollar U.S s'échangeait contre 214 francs de Djibouti.
Le franc de Djibouti est une monnaie bien curieuse : c'est un franc colonial émis par le Trésor français mais rattaché au dollar U.S, convertible, mais ne faisant pas partie de la Zone franc.
La Côte française des Somalis, devenue territoire des Afars et des Issas, puis République de Djibouti depuis le 27 juin 1977, garda le franc de Djibouti comme unité monétaire de compte.

D) Le Contrôle des changes

La loi du 19 mars 1939 accorde au gouvernement, des pouvoirs spéciaux. A la date du 9 septembre 1939, une série de décrets instituent dans la France métropolitaine et les Territoires d'outre-mer, le Contrôle des changes.

Ces textes[1] définissent surtout les opérations «prohibées» et les opérations «autorisées», de change, de commerce de l'or, d'exportation des capitaux, en temps de guerre. Deux décrets relatifs aux colonies paraissent également le 9 septembre 1939.

Le premier[2] rend applicable aux colonies et territoires africains sous mandat le décret-loi prohibant ou réglementant en temps de guerre l'exportation des capitaux, les opérations de change et le commerce de l'or.

Le deuxième[3] fixe les conditions d'application aux colonies et territoires africains sous mandat (Togo et Cameroun), des mesures de prohibitions et des opérations autorisées citées précédemment.

Il institue, par ailleurs, la création dans chaque banque coloniale d'émission, d'un service spécial fonctionnant comme Office colonial des changes. Ce service opère pour le compte, sous le contrôle et conformément aux instructions de l'Office des changes de la métropole dans le cadre d'instructions données conjointement par les ministres des Colonies et des Finances.
«Les Offices coloniaux des changes peuvent faire appel à la collaboration d'établissements de banques désignés par décisions conjointes du ministère des Colonies et du ministre des Finances; ces désignations étant révocables à tout moment».

Les opérations de change comprennent toutes les opérations ayant pour objet, l'achat, la vente, la cession, le transfert et l'encaissement de devises étrangères, et de créances à vue ou à court terme sur l'étranger, notamment les pièces de monnaie d'or, les billets de banque étrangers, chèques, traites, effets, coupons, arrérages, droits de souscription ...
Les Offices coloniaux des changes traitent les opérations de change entre les colonies et les territoires africains sous mandat d'une part, et la France d'autre part, ainsi que les opérations de change des colonies et territoires africains sous mandat entre eux.

En juillet 1945, une nouvelle série de textes vient compléter celle de 1939. Elle cherche cette fois, à obtenir des résidents dans les Territoires d'outre-mer, la «déclaration» des avoirs en or et devises, soit à l'étranger, soit en France.

---

1 - *JORF* du 10 septembre 1939, p. 11 266
2 - *JORF* du 10 septembre 1939, p. 11 295
3 - *JORF* du 10 septembre 1939, op. cit., p. 11 296

L'Office colonial des changes créé en 1939 devient Office local des changes en 1944-1945.
L'Office veille à l'application de toute la réglementation des changes et contrôle les mouvements de devises dûs aux opérations commerciales et financières.

Les opérations sur or et matières d'or sont également soumises à l'Office local pour autorisation.
En fait, il est l'ange gardien des mouvements de change entre la France et ses Territoires d'outre-mer d'une part, et ces derniers avec les pays étrangers d'autre part.
Il est par la force des choses, contrôleur des mouvements commerciaux des Territoires d'outre-mer. C'est lui qui impose sous forme de proposition les parités fixes entre le franc métropolitain et les divers francs coloniaux.

Conclusion de la section 1

Les francs coloniaux sont les monnaies locales des Départements et Territoires d'outre-mer. Elles circulent dans des zones géographiques différentes. Le franc français, unité de base, sert de liaison entre ces francs des possessions lointaines. La reconnaissance de leur diversité à partir de 1945, débouche sur une différence de parité entre eux et vis-à-vis de la devise métropolitaine.
Toutefois le problème des règlements extérieurs et du maintien d'une parité fixe constitue une difficulté importante.

Les autorités politiques ont échoué sur la fixation des parités par décret. Elles y ont renoncé au profit de l'Office des changes.

Mais un comité de défense du franc CFA s'insurgea et demanda la modification des parités par le législateur[1]. Vainement. Ce sont les avis de l'Office des changes qui feront loi dans la fixation des parités des francs coloniaux, vis-à-vis du franc métropolitain.

---

1 - Voir Antonioni. «La stabilité du franc CFA» *Revue française et parlementaire*. Mai 1950

Section 2
Les francs républicains

La Constitution du 4 octobre 1958 enterra l'Union française et institua un ensemble constitutionnel favorable à l'indépendance des Etats de l'Afrique occidentale et orientale et de Madagascar, dans les années 1960-61. Les anciens liens coloniaux et d'ordre culturel, économique et financier se muèrent en accords de coopération. Les accords de coopération monétaire donnèrent naissance aux francs républicains lesquels succédèrent aux francs coloniaux.
Les francs républicains sont donc des francs d'Etats indépendants.

Toutefois l'Afrique occidentale et équatoriale française opta pour la conservation de l'unité monétaire d'Afrique française exprimée par le franc CFA. Il y a donc un franc CFA d'avant les indépendances (celui des colonies françaises d'Afrique. Il date théoriquement de 1945 à 1960 mais en fait, il circule dans les colonies d'Afrique depuis 1851 notamment au Sénégal, soit plus d'un siècle) remplacé par un autre franc CFA d'après les indépendances.

Le franc CFA d'après les indépendances renferme, en réalité, deux types de franc CFA relevant de deux zones d'émission différentes.

Le franc CFA (franc de la Communauté Financière d'Afrique) émis par la Banque Centrale des Etats de l'Afrique de l'Ouest, (BCEAO) regroupant le Bénin, le Burkina, la Côte d'ivoire, le Mali (franc malien), le Niger, le Sénégal et le Togo, pour l'Union Monétaire Ouest Africaine (UMOA) et le franc CFA (franc de la Coopération Financière en Afrique centrale) émis par la Banque des Etats de l'Afrique Centrale, (BEAC) qui comprend le Cameroun, la Centrafrique, le Congo, le Gabon, la Guinée équatoriale et le Tchad pour l'Union Monétaire d'Afrique Centrale (UMAC).

Cette volonté de solidarité monétaire s'est raffermie dans la Zone franc malgré la défection de la Guinée (en 1958), de Madagascar et de la Mauritanie (en 1973).
Ainsi les francs républicains sont des francs de la zone relevant d'Etats souverains.

§1 La Zone franc

La Zone franc émerge d'un état de fait né de l'administration coloniale des monnaies locales des territoires lointains. Elle n'est définie par aucun texte institutionnel. Elle demeure très centralisée pendant les trois siècles d'assimilation monétaire (1670-1945). Les monnaies d'outre-mer et celle de la métropole forment une unité monétaire.

Le décret du 25 décembre 1945 précité, crée des monnaies distinctes et satellites du franc français.
La zone s'est ensuite émancipée en même temps que les pays d'outre-mer. Puis elle a évolué vers plus de souplesse et de diversité sous l'effet de l'indépendance des pays africains, du processus mondial de libéralisation des échanges, du retour à la convertibilité externe des monnaies européennes, du développement du Marché commun, et du processus de développement de la coopération régionale intra-africaine.

La Zone franc, c'est davantage une volonté réciproque de maintenir une étroite solidarité monétaire autour de la France qu'un empilement de conventions.

Cependant toute zone monétaire comporte les quatre caractéristiques suivantes :
- les pays adoptent entre eux un étalon de change-devise. Cette monnaie *directrice* donne son nom à la zone. Les pays qui utilisent cet étalon établissent une relation de parité fixe entre leur monnaie et une devise (monnaie-centre) considérée comme instrument de règlement des transactions bilatérales à l'intérieur de la zone et comme réserve de change ;

- le système exige la convertibilité et la transférabilité totale des monnaies des différents pays de la zone et suppose d'uniformiser la réglementation des changes ;

- la gestion des réserves de change des différents pays est assurée par le pays-centre. En d'autres termes, les membres de la zone cèdent au pays émettant la monnaie pilote tout ou partie des devises gagnées à l'extérieur, et s'attendent en contrepartie à ce qu'il règle leurs transactions externes ;

- et enfin l'existence de mécanismes permettant le fonctionnement de l'ensemble et notamment la convertibilité interne et externe des monnaies. Une zone monétaire trouve la plénitude de son expression dans l'existence de liens étroits entre le pays centre, pays économiquement fort et stable et les pays satellites : liens politiques, financiers, ... Les pays membres sont souvent endettés à long terme en monnaie centre et le pays émerge comme le principal partenaire commercial.

A) Fonctionnement et mécanisme

La Zone franc comprend actuellement la France, les Départements et Territoires d'outre-mer, Monaco, les collectivités territoriales de Saint-Pierre et Miquelon (collectivité depuis 1985) et de Mayotte, qui constituent le *noyau dur* et quinze Etats africains : Bénin, Côte d'Ivoire, Burkina Faso, Guinée Bissau, Mali (sorti en 1962 puis revenu en 1967 et intégrant l'Union Monétaire Ouest Africaine en 1984), Niger, Sénégal, Togo, Cameroun, Congo, Gabon, République Centrafricaine, Tchad, République de Guinée équatoriale (en 1985), République Fédérale Islamique des Comores (RFIC).

Le mécanisme de fonctionnement de la zone revêt deux formes interne et externe.

1) Aspects internes

Les aspects internes de la Zone franc concernent l'émission monétaire et le régime des transferts à l'intérieur de la zone.

a) L'émission monétaire

Les monnaies des pays membres s'échangent à des taux fixes (1FCFA = 0,01FF; 1F CFP = 0,055 FF ; 1 F comorien = 0,0133 FF). Leur parité est définie par rapport au franc français, théoriquement dans le cadre d'accords internationaux, mais pratiquement par l'effet d'un régime de fait reconnu par la France[1].

Le franc CFA valait 2,00 FF en 1948 suite à la dévaluation du franc français le 17 octobre ; mais également après avis du puissant Contrôle des changes. L'instauration du nouveau FF en 1958 ramena le FCFA à 0,02 FF, sans accord préalable des membres de la zone.
Les banques centrales de ces pays conservent tout ou partie de leurs avoirs extérieurs en francs français.

Les DOM, TOM, collectivités territoriales, relèvent de la souveraineté française, mais toutefois, utilisent un compte d'opérations ouvert

1 - Ce fut le cas en 1948

dans les écritures du Trésor français, qui retrace leurs opérations monétaires parce qu'il possèdent une émission distincte.

L'Institut d'Emission des Départements d'Outre-Mer (IEDOM) crée en 1959[1] assure l'émission monétaire des francs français des Départements d'outre-mer (Guadeloupe, Martinique, Guyane et Réunion) et de la collectivité territoriale de Saint Pierre et Miquelon.

L'Institut d'Emission d'Outre-Mer (IEOM) (crée en 1967 pour remplacer la Banque d'Indochine[2]) assure l'émission monétaire du FCFP dans les territoires d'outre-mer de la Nouvelle Calédonie, de la Polynésie française, de Wallis et Futuna et du FF de la collectivité territoriale à statut particulier de Mayotte.

Ces deux institutions ont leur siège à Paris. Ce sont des correspondants de la Banque de France.
(Les Départements d'outre-mer bénéficient depuis le 1er janvier 1975 des mêmes signes monétaires que la métropole).

---

1 - Alain Delage et Alain Massiera *Le franc CFA bilan et perspectives*. L'Harmattan Paris 1994, p. 14

2 - A. Delage et A. Massiera, op. cit., p. 14

ZONE FRANC AUJOURD'HUI

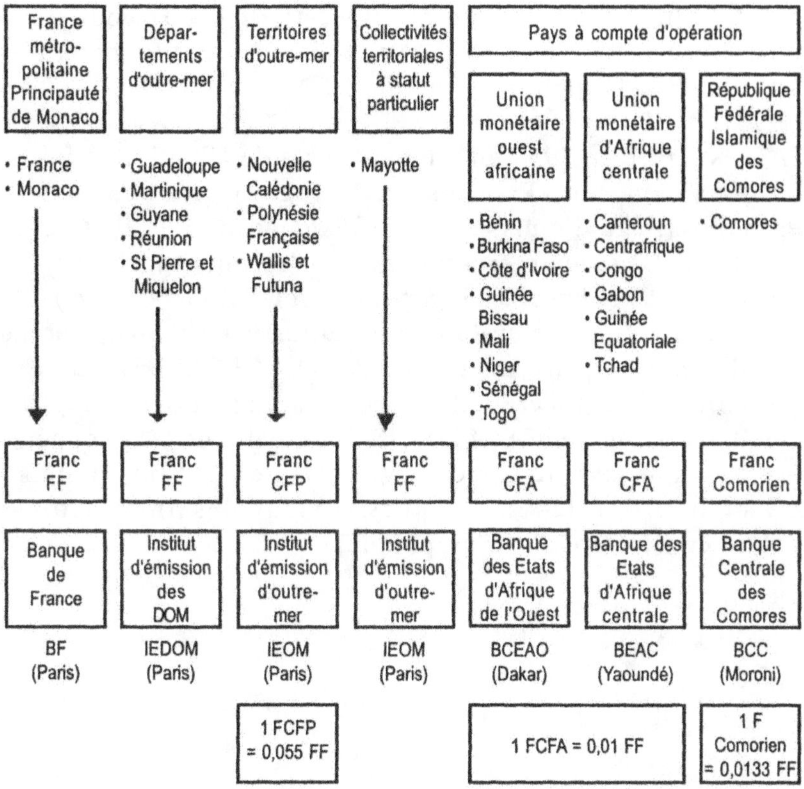

Source : Delage et Massiera p. 13

Rapport Zone franc 1993. Banque de France - Secrétariat du comité monétaire de la Zone franc

La principauté de Monaco dispose d'une émission métallique. Cette monnaie porte des signes distincts de la monnaie métallique française. Toutefois la monnaie officielle monégasque est le franc français de la Banque de France.

L'émission monétaire des Etats africains est assurée par la Banque Centrale des Etats de l'Afrique de l'Ouest (BCEAO) pour l'Union Monétaire Ouest-Africaine (UMOA) et la Banque des Etats de l'Afrique Centrale (BEAC) pour la zone dite BEAC.

La BCAO est créée en 1959 en remplacement de l'Institut d'émission de l'Afrique Occidentale Française et du Togo instauré en 1955 (elle récupère le privilège d'émission autrefois concédé à la BAO qui deviendra BIAO, Banque Internationale de l'Afrique de l'Ouest). La BEAC créée en 1972 succède à l'Institut régional d'émission de l'Afrique Equatoriale Française et du Cameroun, né en 1955 (il reprend le privilège d'émission autrefois détenu par la CCFOM devenue CCCE Caisse Centrale de Coopération Economique, après les indépendances, actuellement dénommée CFD Caisse Française de Développement, puis Agence Française de Développement). Les instituts d'émission BCEAO et BEAC relèvent respectivement des institutions de l'UMOA et de l'UMAC (voir graphique).

La Zone franc

Les institutions de l'UMOA

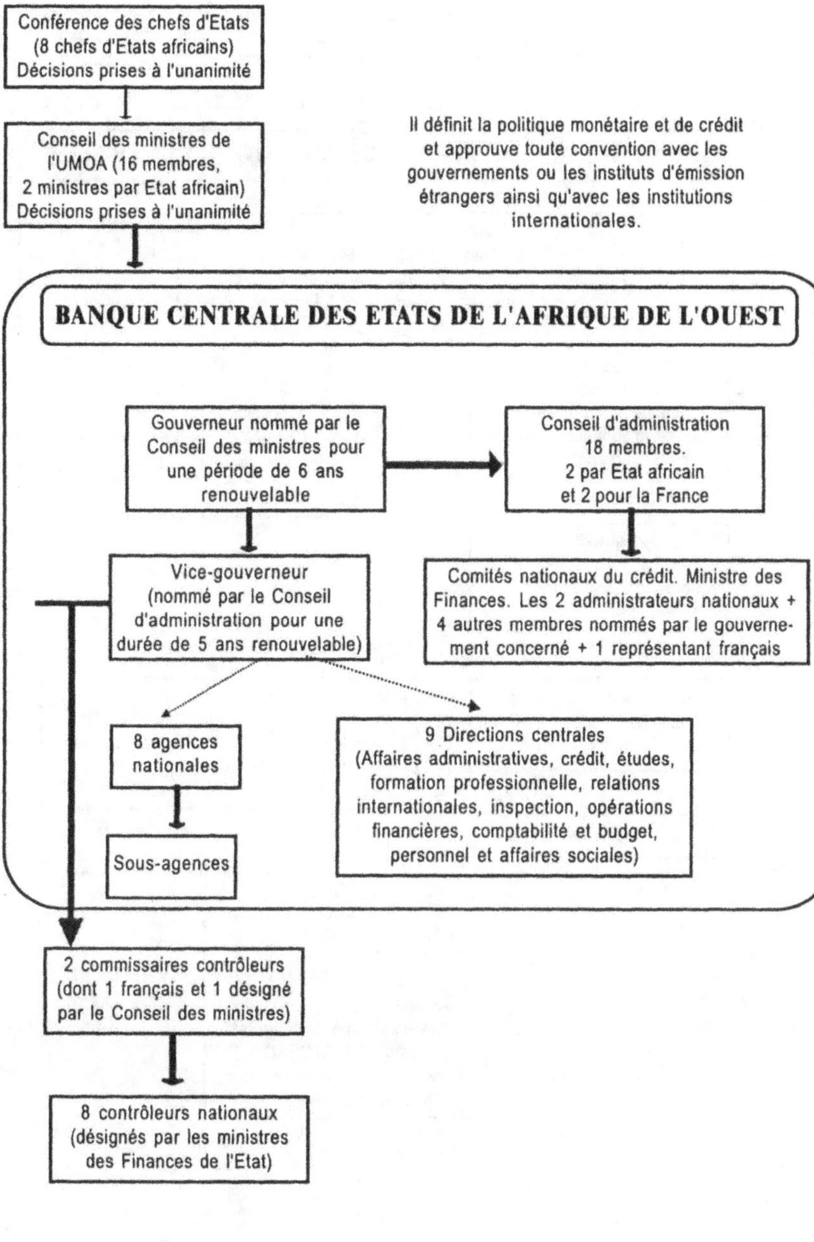

La Zone franc

Les institutions de la BEAC

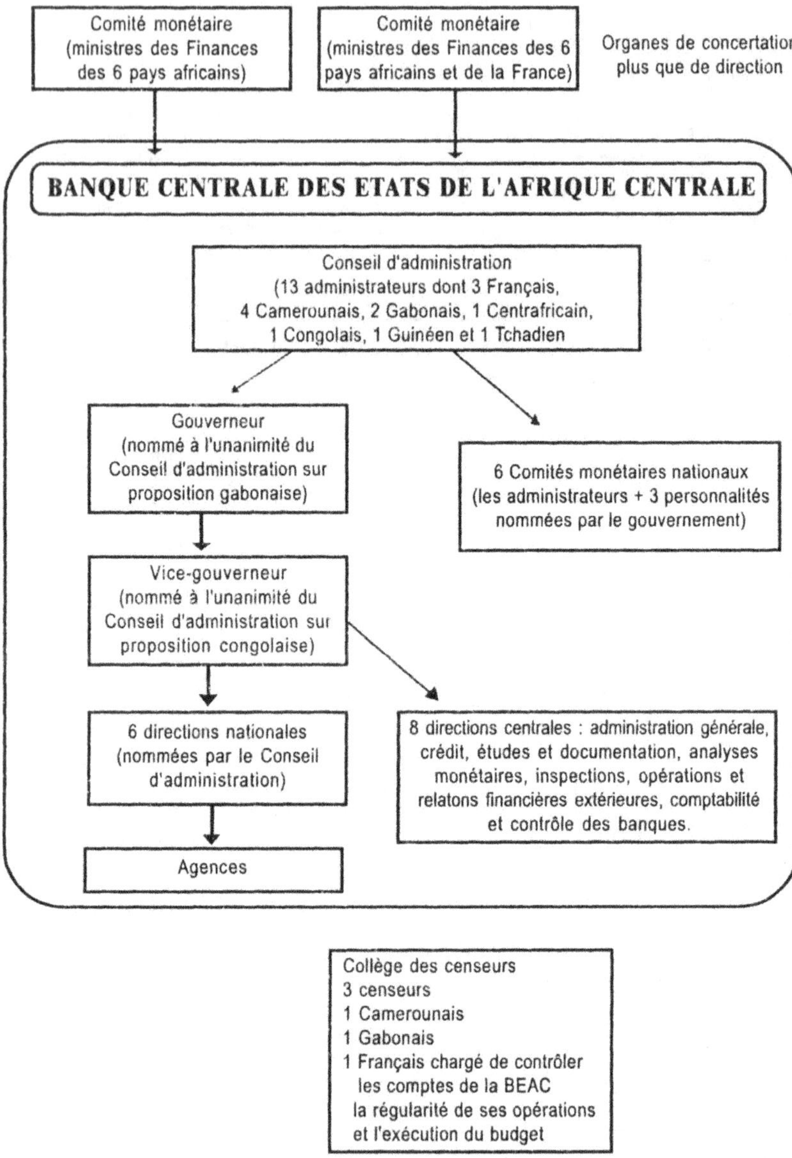

Source - Delage et Massiera p. 21

Ces dernières sont nées des conventions de 1972 et de 1973 entre la France et les deux unions monétaires[1].
Les deux unions monétaires participent à la discipline monétaire commune de la Zone franc.

Les billets libellés en francs CFA (ou francs maliens) sont différenciés par zone et lieu d'émission et/ou par numération différente et signes distincts par Etat ...
Chaque Etat exprime sa personnalité internationale en adhérant individuellement au FMI. Il nomme ses représentants en qualité de gouverneurs du Fonds (souvent le ministre des Finances, le directeur général de la Banque centrale et/ou le Trésorier payeur général (TPG).

La Banque Centrale des Comores émet un franc comorien d'une valeur de 0,0133 FF.
Enfin, tous les Etats souverains de la Zone franc conservent leurs réserves sous forme de francs français dans des comptes d'opérations ouverts dans les écritures du Trésor français. En contrepartie, ils disposent de facilités de crédit non plafonnées qui assurent une convertibilité intégrale en francs français et à parité fixe des monnaies qu'ils émettent.

b) Régime des transferts à l'intérieur de la zone

Les transferts à l'intérieur de la zone sont libres et la convertibilité retenue est totale.
Ces deux opérations sont rendues possibles parce que les instituts d'émission des pays membres, BEAC, BCEAO et IEC (Institut d'émission des Comores) disposent d'un compte d'opérations ouvert dans les écritures du Trésor français.

Celui-ci garantit toutes les monnaies nationales et réalise leur convertibilité en FF d'une façon libre et illimitée. Il fournit en outre les francs nécessaires, sans limite et à parité fixe aussi bien pour les besoins des transactions à l'intérieur de la zone que pour les paiements extérieurs en devises.

---

1 - Conventions du 23.12.1972 entre la France et chaque pays membre de la BEAC et du 04.12.1973 entre la France et chaque pays de l'UMOA. Pour plus de détails voir Delage et Massiera, op. cit., p. 19

En contrepartie, ces pays bénéficiaires de compte d'opérations versent leurs avoirs officiels en devises et en francs au crédit du compte pour un montant au moins égal à 65% de leurs réserves extérieures. «Elles peuvent conserver dans leurs réserves d'autres devises que le franc français jusqu'à concurrence de 35% du total (hors DTS et tranche de réserve au FMI)[1].

Par ailleurs lorsque le solde du compte d'opérations est créditeur, le Trésor français verse à l'institut bénéficiaire, la rémunération de cette ressource supplémentaire. En revanche, en cas de solde débiteur, la Banque centrale du pays déficitaire règle les intérêts relatifs à ce «trou».

Enfin soulignons toutefois que depuis le 1er août 1993 la BCEAO et la BEAC ont suspendu le rachat des billets exportés hors des pays africains membres de la Zone franc. Cette mesure affecte particulièrement l'échange extérieur. Mais transfert et convertibilité demeurent libres et illimités à l'intérieur de la zone.

2) Aspects extérieurs

Les pays membres de la zone disposent d'une règlementation des changes harmonisée avec celle de la France pour le contrôle des mouvements des capitaux.

S'agissant des transactions avec les pays tiers, leurs opérations sont centralisées sur le marché des changes de Paris. Chaque Etat cède toutes les recettes de ses résidents et achète sur ce marché, toutes les devises nécessaires à ses paiements extérieurs.

Le compte *droit de tirage* des pays membres de la Zone franc, tenu à la Banque de France pour le compte du Fonds de stabilisation des changes, enregistre toutes les recettes et toutes les dépenses sur l'étranger. Il est crédité des cessions et débité des achats effectués sur le marché. Son solde peut être débiteur. «Chaque Etat peut se procurer en quantité illimitée n'importe quelle devise qui lui est nécessaire pour la couverture de n'importe quel règlement, vis-à-vis de n'importe quel pays»[2].

Ce système complète et renforce la convertibilité externe des avoirs francs des banques d'émission des Etats de la zone, en partie assurée par les dispositions du compte d'opérations.

---

1 - Delage et Massiera, op. cit., p. 23

2 - Delage et Massiera, op. cit., p. 29

B) Polémique d'arrière-garde

Les monnaies souveraines d'Afrique de la Zone franc succèdent aux monnaies coloniales. Les Etats optent pour l'indépendance politique et la continuité monétaire. Les francs CFA d'Afrique sont des francs néocoloniaux, peu importe la dénomination des relations qui lient la nation garante avec leurs utilisateurs.

Les rumeurs, puis la dévaluation intervenue le 12 janvier 1994 ressuscitèrent les credo anti-impérialistes français : souveraineté monétaire et considération de l'appartenance à la Zone franc[1] ; refus de néocolonialisme et création d'une monnaie unique d'Afrique francophone[2] ; souffrance d'un trop plein de France[3] , la dévaluation peut favoriser la décolonisation des relations paternalistes et clientélistes entre la mère patrie et ses anciennes colonies[4]...

Ces voix crient à la décolonisation monétaire et proposent entre autres, une politique d'intégration régionale[5], de gestion rigoureuse et de remise au travail de l'Etat et des peuples[6]... Elles représentent néanmoins une partie de la conscience africaine. Cependant, le plus surprenant dans ce débat est l'absence de voix, aussi faible soit-elle, d'une autorité, institution officielle ou d'opposition (parti politique, syndicat, presse, ...) pour réclamer le démantèlement ou le refus de la Zone franc.

L'ensemble des africains semble très bien s'accommoder d'une Zone franc comportant des francs CFA et comoriens, dévalués respectivement de moitié et du tiers.

---

1 - Sanou Mbaye. *Jeune Afrique* n° 1718 du 9 au 15 décembre 1993, p. 50. «Le faux débat de la dévaluation». M. Sanou Mbaye est un expert africain chargé de finances au bureau de la BAD à Londres. Il s'exprime sur JA à titre personnel

2 - M. Abdo Hassan Maman. *Jeune Afrique Economie* n° 177 mars 1994, p. 76. «Et si les Etats africains battaient leur monnaie ...» M. Abdo Hassan Maman est maître-assistant à la faculté des sciences économiques et juridiques de Niamey (Niger).

3 - M. Zyad Liman - *JA* n° 1776 du 19 au 25 janvier 1995, p. 18. «Et si l'Afrique lâchait la France ?»

4 - M. Philippe Hugon. Economiste. Professeur à l'université de Paris X Nanterre in *Afrique contemporaine* n° 169 1er trimestre 1994, p. 21

5 - Sanou Mbayé, op. cit.

6 - Abdo Hassan Maman, op. cit.

Mais si l'influence française continue de se réduire au profit des institutions de Bretton Woods (BM, FMI), la Zone franc risque à terme de se transformer en fait en zone DTS (monnaie devise importante utilisée).
Nous n'en sommes pas encore là.

Il y a lieu aujourd'hui de remettre les économies africaines en ordre et de réussir l'intégration économique régionale pour créer de bonnes conditions de développement.

Cependant, même l'Afrique entière regroupée ou intégrée ne réussira pas à constituer un contrepoids économique suffisant vis-à-vis de la CEE ou d'un regroupement des Etats d'Amérique ou/et d'Asie.

Le ralliement économique par la négociation ou la coopération (quelle qu'en soit sa forme), à une puissance ou un regroupement planétaire demeure nécessaire pour pouvoir peser dans la jungle de l'économie-monde.

On parlera alors de néocolonialisme français si la représentation planétaire alliée est française et européenne ou de *yankisation* ou de colonisation de l'Afrique si la puissance alliée est l'Amérique, ou de *jaunissement* du continent noir si l'ensemble allié provient de l'Asie.
Les anti-impérialistes verront toujours dans tout ralliement une forme de colonisation ou une expression de néocolonisation.

La question de fonds qui se pose est celle de la souveraineté monétaire. On veut assimiler l'indépendance politique à l'indépendance monétaire.
Or, il faut bien admettre que si un pays peut déclarer unilatéralement son indépendance politique, il serait, en revanche aujourd'hui suicidaire pour un Etat de déclarer seul son indépendance monétaire.
L'indépendance monétaire par essence n'existe pas. La monnaie étant le reflet d'une économie, sa valeur ne se définit que par rapport aux monnaies et économie des autres Etats, continents, ou regroupements d'intérêts.
La souveraineté d'une monnaie ne se décrète pas, elle se défend et s'impose dans l'économie-monde. La Zone franc n'est pas uniquement une zone d'expression monétaire. C'est une zone de passions, de courants de conduction et de diversion.
C'est également une réalité. C'est un fait, un pari pour l'avenir.

§ 2 La dévaluation du 12 janvier 1994

A) Fait principal

Quatorze chefs d'Etat et de gouvernement africains venus à Dakar (Sénégal) pour un sommet extraordinaire de la Zone franc, décident à l'issue de deux jours de discussion, le mardi soir du 11 janvier 1994, «après consultation du Fonds Monétaire International, de modifier la parité du FCFA et du franc comorien pour les fixer, à dater du mercredi 12 janvier 1994 à 0 heure aux taux de 100 francs CFA pour 1 franc français et de 75 francs comoriens pour un franc français»[1].

B) Fait insolite, membre informel

Participaient au sommet de la dévaluation, dix chefs d'Etat, trois Premiers ministres, deux ministres français des Finances et de la Coopération accompagnés d'experts du Trésor français et du département de Développement[2] et le directeur général du Fonds monétaire international, M. Michel Camdessus. La présence de ce dernier dans cette réunion de souverainetés traduit ostensiblement l'immixtion de cet organisme international dans les souverainetés des Etats. Sa mission d'assistance se transforme en immixtion d'assistance.
La Zone franc s'est investie d'un nouveau membre, sans Etat, ni territoire mais doué d'une très grande influence monétaire planétaire.

C) La théorie de la dévaluation

La dévaluation est un abaissement de la valeur légale d'une monnaie pour une nouvelle définition de rapport de l'unité monétaire avec une monnaie de référence, monnaie centre ou monnaie-devise. Mais c'est un brulôt politique et un éboulement économique. Sa réussite dépend de la volonté politique, «de la capacité de négocier des compromis acceptables avec des acteurs sociaux»[3], de mesures d'accompagnement et d'aide et surtout de la capacité d'exploitation des opportunités qui en résultent.

---

1 - Déclaration commune des ministres français de l'Economie et de la Coopération, publiée à la suite de l'annonce de la dévaluation des francs CFA et comoriens. voir texte intégral. *Le Monde* du 13.01.94, p. 14

2 - M. Jean-Michel Sévérino, directeur du Développement au ministère de la Coopération et du Développement et M. Christian Noyer directeur du Trésor

3 - Philippe Hugon, *Afrique contemporaine* n° 169, 1er trimestre 1994, p. 22

L'ajustement de change produit ses effets sur :
- les finances publiques (augmentation des rentrées fiscales mais gonflement de la dette exprimée en monnaies étrangères et des prix des produits importés ...) ;
- les prix (valse d'étiquettes ...) ;
- les revenus (secteurs publics et privés ...) ; et
- la balance commerciale (prix et volume ...) ;

L'analyse des effets de la dévaluation divise comme d'habitude les courants économiques.
Les post-keynésiens s'intéressent au comportement de la demande effective et à l'état de la balance courante. Les monétaristes observent les éventuelles modifications des composantes de la masse monétaire.
Les *modèles* économiques d'équilibre général scrutent les oscillements des prix et les *patrimoniaux* s'inquiètent de la valeur des actifs du portefeuille des ménages et des entreprises et des collectivités publiques.
Les gros consommateurs de produits importés sont très fortement pénalisés.
Il y a baisse de valeur des actifs, revenus et patrimoines nationaux (ce que certains appellent le bradage du patrimoine national).

En somme, aucun modèle n'appréhende le concept de la dévaluation dans sa globalité. Il en résulte un concert d'expressions et de convictions diverses.
On trouve dans toute dévaluation des effets positifs qu'on essaie d'amplifier et des effets négatifs qu'on s'efforce de maîtriser.

M. le professeur Hugon[1] cite les effets suivants :
- à court terme et positifs : accroissement des recettes publiques, hausse des prix producteurs agricoles, grande rentabilité des filières exportatrices, baisse de la fuite des capitaux, réduction des écarts de change avec les pays africains hors zone ;
- puis négatifs et toujours à court terme : hausse des dépenses publiques (variable selon la dette affectée ou non, contrôle des salaires et dépenses en biens importés), faible effet de compétitivité-prix, forte inflation sur les produits et crainte d'effet de contagion sur les prix domestiques.

---

1 - Professeur à l'Université de Paris X, Nanterre in *Afrique contemporaine* n° 169, op. cit. pp. 22 et 23

Ces effets à court terme seront plus ou moins amplifiés en fonction de l'efficacité des mesures d'accompagnement (assistance et contribution des bailleurs de fonds ...), de stabilisation et d'ajustement structurel, des politiques et des pays voisins et surtout de l'aptitude à encourager les exportations et à contrôler les importations.

Enfin, tous les pays de la Zone franc CFA et comorien ne retrouveront pas les mêmes bénéfices, à court terme, de la dévaluation de leur monnaie.

Les effets à long terme sont les suivants :

- progression des taux de croissance de l'économie ;
- reprise des investissements;
- retour à une compétitivité prix et volume ;
- relance éventuelle des exportations et des investissements, et réorientation des facteurs de production vers les secteurs ouverts à la concurrence internationale.

Ces effets sont beaucoup plus incertains. Ils dépendent des comportements des acteurs économiques et sociaux, de l'environnement régional et de l'arbitrage judicieux du pouvoir politique.
Enfin, il n'est pas sûr que les effets escomptés se réalisent tous.
En fait, dévaluer, c'est jouer un peu à l'apprenti-sorcier. Les raisons d'une dévaluation sont multiples.

D) Les raisons officielles des décideurs de la dévaluation

Les chefs d'Etat et de gouvernement des pays africains membres de la Zone franc édictent les motifs suivants dans leur déclaration commune[1] «après une analyse approfondie de la situation économique des Etats membres et du déroulement du processus d'ajustement» :

- persistance des chocs externes, notamment la détérioration continue de l'échange (45% durant la période 1985-1993) et la baisse du flux des ressources extérieures (tarissement des aides internationales) ;
- les efforts importants mais vains consentis par les Etats pour résorber les déséquilibres internes depuis le début des années quatre-vingt (baisse moyenne de 20% du revenu par habitant) ;

1 - *Finances* n° 3 janvier 1994. Les notes de la coopération française, p. 9

- les faibles résultats enregistrés après plus d'une décennie d'ajustement interne ;
- la concurrence des pays voisins à monnaies fondantes ;
- le souci d'améliorer le niveau de vie et le bien-être des populations ;
- la mise en oeuvre d'un ajustement global des économies des pays membres.

Ils en attendent :

- l'amélioration «de façon significative» de la compétitivité des économies des pays membres et des conditions de vie des populations ;
- la création de conditions d'un rétablissement rapide des grands équilibres intérieurs et extérieurs ;
- l'instauration soutenue et durable d'un cadre propice à une croissance ;
- la résorption du chômage qui frappe la couche la plus active de la population;
- la relance des exportations ;
- le retour des capitaux placés à l'étranger ;
- l'encouragement à l'épargne nationale.

Ils comptent sur le «soutien financier des institutions de Bretton Woods et de l'ensemble des pays partenaires au développement, notamment la France». Ce soutien se traduira par l'octroi de financements concessionnels qui permettront :
- l'apurement progressif de la dette intérieure ;
- un traitement approprié de la dette extérieure en vue d'une réduction maximum de «l'encours et du service».

Ils se réjouissent enfin de l'assurance et de la garantie exprimée par la France, sur la pérennité et la solidarité de la Zone franc.
Quant à la France dévaluationniste, parce que n'ayant plus sans doute, cette fois-ci, les moyens de l'ajourner ou de la supporter seule, elle énonce avec résignation les raisons suivantes[1]:

- mauvaise situation économique et financière de la zone : indicateurs économiques tous au rouge, croissance négative, aggravation crois-

1 - *Finances* n° 3 janvier 1994. op. cit. p.6. article de MM. Jean-Michel Sévérino, directeur du Développement et Christian Noyer, directeur du Trésor

sante des déséquilibres extérieurs, situation financière catastrophique, déficits publics et arriérés extérieurs, situation monétaire délabrée, baisse continuelle des cours des matières premières, coûts de production non concurrentiels, dérive des finances publiques, notamment des masses salariales ;
- besoin de financements extérieurs excédant les possibilités des bailleurs de fonds traditionnels et en particulier de la France alors que les aides des institutions de Bretton Woods se détournent des pays africains de la Zone franc ;
- et enfin la disparition de la confiance dans la valeur du franc CFA et du franc comorien.

Elle justifie par ailleurs le choix du taux de dévaluation du franc CFA (50%) en avançant deux explications technique et politique.
En matière technique, 50% «correspondent au choc nécessaire pour rétablir les équilibres financiers et restaurer la compétitivité économique. C'est la conclusion de toutes les simulations effectuées». Mais oublie-t-on de nous dire que la méthode de simulation utilisée, quelle qu'en soit la performance n'a pu donner un taux uniforme pour treize pays africains économiquement différents ?

Des calculs mathématiques de la Banque Mondiale donnent les surévaluations économiques suivantes par rapport au taux de change effectif réel d'équilibre : 29% (pour le Mali), 41% (pour le Sénégal), 60% (pour la Côte d'Ivoire) ...

On a retenu 50% parce que ce taux sied parfaitement, semble-t-il, aux pays *dinosaures* (Côte d'Ivoire, Cameroun, Sénégal, ...). Les petits pays nécessitant techniquement une dévaluation de faible ampleur ont ramassé la *gamelle* de 50% pour raison supérieure d'unité et de solidarité de la Zone franc.

Quant au taux comorien de 33,333%, aucune explication officielle n'est avancée. Il semblerait que l'Archipel des Comores, représentant quantité négligeable au sein de la zone, s'est vu attribué un taux de dévaluation moins sévère de 33,333%.

Ce taux serait-il philantropique ou économiquement et politiquement juste ?
En matière politique, «l'ampleur de la dévaluation garantit sa durabilité et permet de réaffirmer l'attachement à la parité fixe. Les opérateurs

économiques et les populations doivent être convaincus qu'il est durable, qu'il s'agit bien d'un nouveau départ pour la zone».

La France dévaluationniste énumère les conditions de succès nécessaires, pour retrouver la «voie de la confiance en ces termes»[1]:

- rigueur dans la gestion économique et financière et maîtrise de l'évolution des salaires publics et privés ;
- maîtrise du risque politique et social: limitation de la hausse des prix des produits de grande consommation, accroissement des services publics, sanitaires, sociaux et éducatifs, amélioration de l'activité et de l'emploi, rendue possible par l'augmentation des budgets d'investissement, et mise en œuvre d'une stratégie de communication efficace à l'égard de la population ;
- renforcement de la Zone franc, notamment dans chaque sous-région, de la solidarité et de la coordination budgétaire, poursuite du processus d'intégration régionale débouchant sur la construction d'un espace économique plus large permettant d'accélérer la croissance ;

- signature de programme d'ajustement avec le FMI pour bénéficier de financement intermédiaire y compris français ; et
- l'aide significative de la France. Celle-ci s'articule autour de trois grands axes :

  * couverture des besoins de financement identifiés à la suite d'accords avec le FMI, poursuite et soutien de projets d'investissement ;
  * allégement de la charge de la dette actuelle ; pour ce faire, annulation de la totalité des créances d'aide publique au développement (APD) sur les pays pauvres (soit 6,6 milliards FF) et de la moitié de ses créances d'APD sur les quatre pays dits à revenu intermédiaire : Cameroun, Côte d'Ivoire, Gabon et Sénégal (soit 18,8 milliards FF). Par ailleurs la France décida unilatéralement d'effacer les arriérés de paiement existant à l'égard de la Caisse française de Développement (CFD) et permettant de surcroît à l'établissement de reprendre ses concours dans chacun des pays de la Zone franc ; elle promit de militer en faveur d'un traitement très favorable du Club de Paris, à l'endroit des pays africains de la Zone franc, à revenu intermédiaire.
  * aide à la mise en œuvre des politiques économiques.

---

1 - *Finances*. Les notes de la coopération française n° 3. janvier 1994, op. cit., p. 6

En plus de ce train de mesures annoncées, le ministre de la Coopération révèle la création d'un fonds spécial de développement d'un montant de 300 millions de FF destinés à atténuer les effets défavorables à court terme de la dévaluation, sur les groupes les plus vulnérables.

Elle attend les effets économiques suivants de la dévaluation :
- retour à la croissance (elle serait de 4 à 5% dans l'ensemble de la Zone franc dès 1995 d'après les prévisions du FMI) et assainissement des finances publiques ;
- augmentation des exportations non traditionnelles et reprise de l'investissement public et privé ;
- amélioration sensible de la compétitivité par rapport aux autres pays en voie de développement concurrents (grâce entre autres à la baisse du prix des exportations et à la réduction en devises du coût de la main d'œuvre) ;
- accroissement de la rentabilité des investissements et distribution de revenus supplémentaires aux producteurs agricoles;
- accroissement des possibilités de diversifications des productions locales ;
- accroissement des recettes fiscales et douanières du budget de l'Etat ;
- reprise des flux des capitaux vers la Zone franc (capitaux publics et privés).

Les institutions de Bretton Woods, troisième *dévaluationniste* officiel se sont engagées, sans déclaration officielle, ni démenti formel, sur les diverses citations africaines et françaises relatives à son implication, croit-on savoir, à favoriser le retour des bailleurs de fonds. Elles recommandaient la dévaluation et contribueraient aujourd'hui au comblement des besoins de financement des pays de la Zone franc. La signature d'accords avec le FMI et la Banque Mondiale, démontre semble-t-il à la communauté internationale, la volonté de se sortir d'une crise économique et financière.

E) Les arguments des anti-dévaluationnistes

Ceux qui rejettent la dévaluation dénoncent les inconvénients suivants :
- risque de hausse vertigineuse des prix ;
- crainte de troubles sociaux et inflation galopante ;
- les actifs nationaux deviennent chers et seront donc bradés au profit des étrangers dans les opérations de privatisation (ajustement monétaire après la tentative d'ajustement structurel) ;

- difficulté de trouver des débouchés commerciaux pour écouler les marchandises, puis volume de production faible ;
- aggravation du chômage ;
- «dévaluation inéluctable et inutile»[1]
- «la dévaluation ne réglera pas les problèmes des économies africaines», le poids monétaire est faible, 1,3% de la masse monétaire française (donc ne peut inquiéter le gouverneur de la Banque de France[2]).
- accroissement du poids de la dette extérieure
- calcul risqué sur la compétitivité du FCFA face aux monnaies fondantes des concurrents voisins (naira, cédi, zaïre, franc de la RDC ...).

Enfin remarquera-t-on qu'aucune institution monétaire nationale, régionale ou internationale ne s'est prononcée contre la dévaluation du FCFA et du FC ?

Mais le temps et les résultats ont-ils donné raison aux premiers ou aux seconds ?

F) La moisson à court terme de la dévaluation

Trois mois après l'électrochoc monétaire du 11 janvier 1994, la première réunion des ministres des Finances de la Zone franc, tenue à Paris le jeudi 14 avril 1994, tire un premier bilan globalement positif. La hausse des prix est contenue dans une palette de 20% à 50% avec des disparités selon les pays. (Au Niger et au Tchad, l'inflation des 90 premiers jours absorbe la moitié de la dévaluation, à savoir 50%). L'option de bloquer les prix de certains produits de grande consommation s'avère efficace. Les Africains se tournent vers les produits locaux. Les salaires depuis le mois de janvier augmentent seulement de 10% (restants dans la norme fixée par le programme du FMI).

Toutefois la satisfaction d'un premier acte gagné est atténuée par quelques chagrins :

- onze pays sur les quatorze sont sous programme avec le FMI; mais en revanche, trois (Togo, Congo et la Guinée équatoriale) n'ont pas encore signé leur lettre d'intention ;
- la torpeur des investissements ;
- la persistance de la médiocrité des recettes publiques, principalement douanières (sans doute à cause de la baisse des importations).

---

1 - *JA* du 23/12/93

2 - *JA* du 23/12/93 au 5/01/94

Neuf mois plus tard et plus précisément le 15 septembre 1994, les quinze ministres des Finances africains et français réunis à Brazzaville se réjouissent :

- du bon contrôle des budgets généraux ;
- de la limitation des dépenses publiques ;
- de la victoire sur l'inflation ; et
- de la consolidation de la maîtrise budgétaire et salariale.

En revanche, ils s'inquiètent du risque d'un «développement séparé» à l'intérieur de la zone FCFA/FC.

En effet, le Togo n'a toujours pas signé d'accords d'ajustement structurel avec le FMI. En outre, sur les treize pays engagés auprès du FMI, sept seulement ont respecté les conditions du Fonds, six (Le Cameroun, la République Centrafricaine, le Congo, la Guinée équatoriale, le Niger et le Tchad) *boudent* les programmes d'ajustement structurel.

Du coup, les institutions de Bretton Woods suspendent le décaissement de leurs crédits à l'endroit des *pays retardataires*. L'administrateur du FMI pour les Etats africains et malgache les menace de «sélectivité croissante»[1]. Le ministre français de l'Economie et des Finances M. Edmond Alphandery les exhorte[2] à hâter le pas pour rejoindre les «bons élèves».

En fait, on constate avec tristesse, neuf mois après l'opération de dévaluation, qu'en Afrique centrale, l'ajustement économique est en retard sur les partenaires de la zone UMOA, qui, eux, ont réussi à mettre de l'ordre dans leur économie.

En somme, ni les deux pôles de la Zone franc CFA, ni les pays qui les constituent ne se développent socialement ou économiquement à la même cadence.

Le premier anniversaire de l'ajustement monétaire est fêté différemment en Afrique centrale et en Afrique de l'Ouest. Mais dans l'ensemble les résultats sont satisfaisants :

---

1 - *Les Echos*, vendredi et samedi 16 et 17 septembre 1994
2 - *Les Echos* 16 et 17/09/94 op.cit.

- crédibilité et convertibilité sont restaurées, après une période instable de flottement. Les commissions de change autrefois exorbitantes redeviennent *normales*. Les transferts financiers entre la France et les deux zones africaines reprennent et redeviennent réguliers et fluides ;
- baisse des exportations françaises (compensée par des aides financières) en direction de l'Afrique de l'Ouest et de l'Afrique centrale ;
- retour des 14 pays africains de la Zone franc, dans le giron des institutions de Bretton Woods et réintégration dans la communauté financière internationale ;
- resserrement des liens entre les pays de la Zone franc, économiques et commerciaux ;
- tranquillité des populations des grandes villes plus touchées par la dévaluation ;
- contrôle de la spirale prix-salaire.

Les prix augmentent en moyenne de 40% (Le FMI tablait sur une hausse de 35%). Les *bons pays* (Burkina, Mali, Côte d'Ivoire, Comores) ont tenu leur inflation à 30%. Les *moins disciplinés* ont laissé grimper les prix jusqu'à 50%. C'est le cas du Niger, du Bénin, du Togo, de la Guinée équatoriale, du Tchad et du Congo (voir graphique) ;

- hausse modérée des salaires.

Graphique : L'après-dévaluation.
La hausse des prix à la consommation locale dans les quatorze pays de la Zone franc, de janvier 1994 (base 100) à octobre 1994.

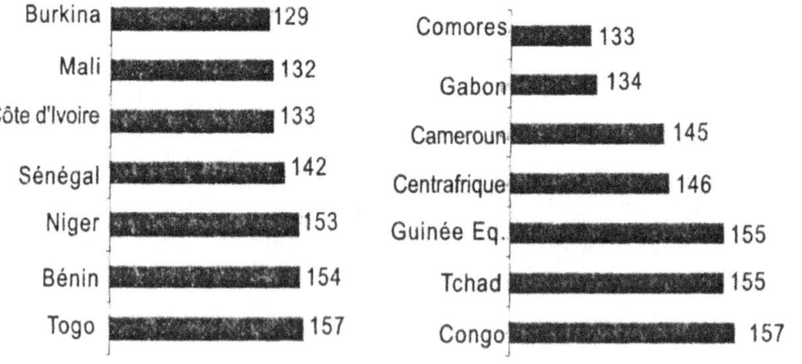

Source : *JA* n° 1775 du 12 au 18/01/95. p.45.

Elle est contenue dans tous les pays dans une fourchette de 10 à 15% excepté pour le Bénin (masse salariale publique atteignant 10 milliards de FCFA au lieu de 6 prévus). Les salaires du secteur privé sont restés stables. (Donc baisse du pouvoir d'achat privé et par conséquent du coût du travail) ;

- importations disciplinées (maintien de la demande de consommation de biens essentiels sans doublement des prix) ;
- pluies favorables et envolées des cours des matières premières.

Bref, on est tenté de crier avec les autres (qui chiffrent à 5% la croissance économique moyenne dans les pays africains de la Zone franc)[1], douze mois après la dévaluation, à l'embellie de l'Afrique francophone. Toutefois, cet immense espoir est atténué par quelques inquiétudes :

- absence de règlement de la question des transferts bloqués dans les banques africaines (zones BCEAO et BEAC) pendant les semaines précédant la dévaluation ;
- *oubli* de programmation de règlement à court terme (2 à 3 ans) des arriérés dus aux nationaux (dette intérieure) ;
- complexité du trio compétitivité-prix-exportation (cours fragiles et offres capricieuses ...) ;
- coûts des transports exorbitants payables d'avance et en devises ;
- tendance au retour à un alourdissement des taxes à l'exportation (exemple : en Côte d'Ivoire. Loi du 12 novembre 1994 restaurant au profit de la Caisse de stabilisation (Caistab) des taux supérieurs de 45% pour le café et 13% pour le cacao) ;
- des investissements étrangers timides et peu enclins à racheter des entreprises publiques francophones privatisées pourtant soldées à 50% ;
- des capitaux trop chers.

Les taux d'escompte sont passés le 12 janvier 1994, de 10,5% à 14% en zone UMOA et de 11,5% à 14% en zone BEAC. L'exode des capitaux fut stoppé mais les investisseurs potentiels demeurèrent sans réaction, les taux d'intérêt leur paraissant trop élevés.

En conséquence, les deux zones UMOA et BEAC se retrouvent en situation de surliquidité bancaire de l'ordre de 350 milliards de FCFA pour l'UMOA et de 100 milliards de FCFA pour la BEAC[2].

---

1 - Cardon. *Le Monde* du 11/01/95, p. 17
2 - *JA* n° 1775, op.cit., p.46

Selon le groupe DIAL[1], quatre facteurs contribuent à cette situation de surliquidité :

- le nombre insuffisant de projets bancables;
- les taux d'intérêt trop élevés;
- la concurrence des banques françaises auprès des grands emprunteurs africains
- institutions et intégration régionales dans la torpeur.

En effet le traité créant l'Union Economique et Monétaire Ouest-Africaine (UEMOA) signé le 11/01/94 (jour de la dévaluation) est entré officiellement en vigueur le 1er août 1994 après ratification. Mais la Commission, organe principal exécutif, n'est pas encore fonctionnelle.

La Commission Economique et Monétaire en Afrique Centrale (CEMAC) instituée par le traité signé à Ndjamena le 16 mars 1994 brille par sa lenteur.

La réforme de l'Union Douanière et Economique d'Afrique Centrale (UDEAC) décidée à Bangui en juin 1993 à laquelle va se substituer progressivement la CEMAC, demeure tétanisée par le changement de parité (la dévaluation).

Le traité instituant un nouveau code des assurances dans les quatorze Etats membres de la Conférence Interafricaine des Marchés d'Assurance (CIMA) signé en juillet 1992 à Yaoundé est resté lettre morte. Aucune institution *ad hoc* n'est mise en place.
Le traité d'harmonisation du droit des affaires, paraphé à l'île Maurice en octobre 1993 n'est ratifié que par deux pays seulement.
Les projets sectoriels d'intégration régionale sont donc en panne. Y-a-t-il absence de volonté politique ou a-t-on voulu donner la priorité à la réussite de la dévaluation avant de se pencher sur l'intégration régionale ?
Ensuite, il y eu une distribution discriminatoire des aides et des sanctions. Les aides promises sont versées selon les besoins exprimés et les efforts consentis dans la remise en ordre des économies. Toutefois peut-on regretter les conditionnalités partiales et l'attribution discriminatoire de celles-ci :

---

1 - DIAL Développement des Investigations sur l'Ajustement à Long Terme : le Groupement d'Intérêt Economique (GIE) formé par l'ORSTOM, l'Institut français de recherche scientifique pour le développement en coopération, le CESD Centre Européen de formation des Statisticiens économistes des pays en voie de Développement et Eurostat, Office statistique des communautés européennes

* les pays de la Zone franc ont reçu par habitant et en dollar, les aides suivantes douze mois après la dévaluation : Comores 2$/ habitant; Bénin 9,6$/ habitant; Burkina 9,8$/ habitant; Côte d'Ivoire 66$/ habitant ; Mali 9,8$/ habitant ; Niger 8,88$/ habitant ; Sénégal 17$/ habitant ; Togo 24$/ habitant; Cameroun 27,7$/ habitant; Centrafrique 16,6$/ habitant; Congo 86$/ habitant; Gabon 95,8$/ habitant ; Guinée équatoriale 16,1$/ habitant ; Tchad 9$/ habitant[1]. Près de 17 milliards de FF se sont déversés en quelques mois sur la zone *dévaluée*. Cette manne se compose de la manière suivante :

- 4,5 milliards viennent de la France au titre de l'aide à l'ajustement (en plus d'une accumulation de dettes de 25 milliards de FF) ;
- 3,5 milliards proviennent du FMI suite à la signature de plans d'ajustement structurel ;
- 5,9 milliards de la Banque Mondiale ;
- 1,3 milliard de FF de l'Union européenne ;
- 1,5 milliard de FF de la Banque africaine de développement (BAD) (voir graphique).

Graphique

Une aide de 17 milliards de FF en 1994 accordés surtout par la France et la Banque mondiale.

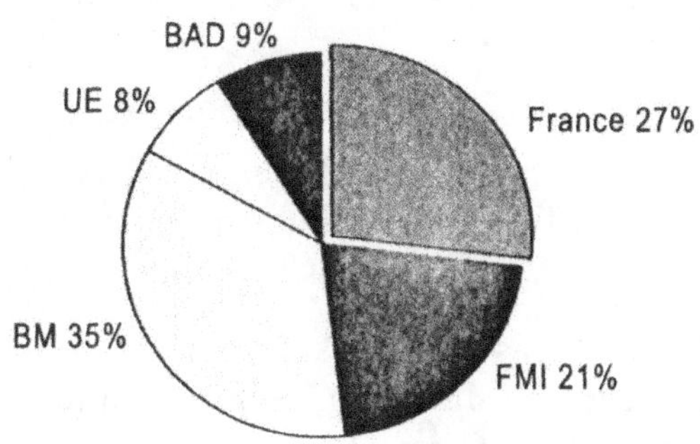

Source : *Jeune Afrique* n° 1775, du 12 au 18 janvier 1995

Cette pluie d'argent frais est répartie d'une manière partiale. Certains pays réussissant dans certaines matières sont mieux récompensés que d'autres :

1 - *Jeune Afrique Economie* du 2/02/95 n° 187, pp. 66-67

le Niger, le Sénégal, le Cameroun, le Tchad, le Togo, le Bénin et la République centrafricaine ratent l'épreuve de la maîtrise des prix. (L'objectif fixé par le FMI était de 30% à 35%).
Le Congo et le Togo échouent dans l'épreuve de la limitation de la masse salariale.

Le Mali, le Congo, le Sénégal, le Tchad, le Togo, le Bénin, le Cameroun et la République centrafricaine n'ont pas respecté l'obligation de rentrées minimales pour les impôts et les douanes.

Plusieurs engagements n'ont pas été respectés en Afrique centrale.

Aucun pays n'a réussi parfaitement les épreuves imposées et pourtant les récompenses sont chiches pour les uns et abondantes pour les autres (suspension, mesures sévères pour certains : Centrafrique, Cameroun, Congo, Tchad .... mise en surveillance et clémence pour d'autres pays : Bénin, Sénégal .... pour mauvaises performances identiques).

Par ailleurs, la zone UMOA a reçu plus d'aides que la zone BEAC, sans doute parce que disciplinée et moins agitée politiquement. La justice du ciel réputée équitable se penche au bénéfice de l'Afrique de l'Ouest : pluies et capitaux reviennent. Mil et sorghos poussent en quantités. L'envol des cours des matières premières leur est favorable ; alors que la zone BEAC se débat pour instaurer des transactions financières fluides.

On en conclut à un développement séparé des deux zones. La tendance exprimée trois mois après la dévaluation, puis six mois après l'ajustement monétaire, se confirme à l'anniversaire du changement de parité du FCFA et du FC.

Les résultats globaux masquent des disparités. L'UMOA a réussi la dévaluation, à l'exception du Niger, et sans doute du Togo. Le développement de la zone BEAC est aléatoire, excepté au Gabon, et peut-être au Congo (les autres pays étant en délicatesse avec le FMI).

Aussi dynamisme, prospérité, paix et espoir à l'Ouest , statu quo, colère, troubles et atonie économique au Centre.

La moisson de la dévaluation du FCFA et du FC douze mois après, s'est déversée sur une partie de l'Afrique (celle de l'Ouest). Elle l'a ranimée et lui a procuré les conditions d'un décollage économique. En revanche, elle n'a pas réveillé l'Afrique centrale qui reste tétanisée.

L'opération de dévaluation a généré espoirs et inquiétudes.

G) Plus tard : joie, allégresse et crainte

Le 28 décembre 1995[1] M. Louis M. Goreux, consultant pour la Banque Mondiale, exulte en ces termes :

> «deux ans après la dévaluation, le bilan en est positif. Pour l'ensemble de la zone, le taux de croissance du PIB en termes réels aurait atteint 5% en 1995, ce qui n'était pas arrivé depuis plus de dix ans. L'augmentation des salaires et les pressions inflationnistes ont pu être maîtrisées dans la plupart des pays, ce qui a permis d'améliorer sensiblement la position concurrentielle de la zone. Les filières d'exportation sont devenues rentables... Les recettes d'exportation des pays non pétroliers ont augmenté en termes de devises. Des relations quasi-normales ont été renouées avec la communauté financière internationale et la situation des balances des paiements s'est considérablement améliorée».

Il achève son rapport en lançant le défi suivant : «aucune des catastrophes redoutées par les adversaires de la dévaluation ne s'est produite. Les objectifs à court terme que les gouvernements s'étaient fixés au lendemain de la dévaluation ont généralement été atteints[2]».

Le 16 septembre 1997 à Paris dans une salle de conférence de Bercy, s'élevèrent des hourra, et youyous au cours de la traditionnelle réunion des ministres des Finances de la Zone franc[3]. Le rapport de la Banque de France, exercice 1996 et autres documents distribués[4], annoncèrent la réussite de la dévaluation des francs CFA et comoriens.

«La reprise de la situation économique et financière des pays de la Zone franc, en 1996 s'est raffermie aussi bien en Afrique occidentale qu'en Afrique centrale, notamment dans les pays dont le plan d'ajustement structurel se poursuit sans heurt»[5]. Dans les pays de l'Union Economique et Monétaire Ouest-Africaine (UEMOA), le PIB a progressé en moyenne de 5,5% en termes réels (contre 5,6 en 1995) témoignant

---

1 - «La dévaluation du franc CFA, un premier bilan en décembre 1995». *Rapport Banque Mondiale*, M. Louis M. Goreux, consultant, 28 décembre 1995

2 - Louis M. Goreux «La dévaluation du Franc CFA, un premier ...», op. cit., p. 104

3 - A laquelle nous avons participé en qualité d'expert comorien du ministère des Finances

4 - *Rapport Zone franc*, Banque de France. Exercice 1996, p. 175

5 - La Zone franc. Trois ans après la dévaluation des francs CFA et comorien, ministère français des Finances. Document interne réservé exclusivement aux participants de la réunion des ministres des Finances de la Zone franc du 16 septembre 1997 à Paris

d'un accroissement de revenu réel par habitant pour la seconde année consécutive depuis le début des années quatre vingt. Pour les Etats de la Communauté Economique et Monétaire de l'Afrique Centrale (CEMAC) la croissance a atteint 5,0% en moyenne, après une progression de 3,1% en 1995. La désinflation s'est poursuivie et la hausse des prix a été proche de 3,5% en Afrique occidentale et de 5,5% en Afrique centrale. L'évolution favorable des finances publiques a résulté de la progression des recettes budgétaires, parfois inférieures à celles programmées, grâce à la poursuite des réformes fiscales et des opérations de privatisations. Le dynamisme des exportations est demeuré l'élément moteur de la croissance ; les cours des matières premières étant restés favorablement orientés et la demande étrangère soutenue...

Dans l'ensemble, la bonne tendance observée en 1994, puis en 1995, s'est confirmée en 1996.

Le 17 septembre également, certains ministres des Finances qui ne voulaient pas se réjouir seuls de ces bonnes nouvelles ont proposé le financement d'une grande campagne de publication de ces bons résultats.

Cependant la joie et l'allégresse des grands argentiers africains cachent quelques angoisses et craintes :

- l'apartheid au sein de la Zone franc. Certains ont réussi la dévaluation et d'autres l'ont ratée ; et M. Charles Josselin, ministre français de la Coopération d'indiquer que les recalés sont les «pays à troubles politiques et sociaux[1]». (Congo, RCA, Comores) ;
- la dévaluation a gonflé les services de la dette malgré des annulations généreuses ;
- on exige le maintien d'une gestion économique rigoureuse pour continuer à avoir accès aux divers mécanismes de rééchelonnement et d'aménagement de la dette ;
- la gestion des finances publiques laisse à désirer : dérapage des dépenses et recouvrement médiocre des recettes ;
- l'environnement du secteur privé demeure morose : coût des services exorbitant, persistance des monopoles dans les transports maritimes, aériens, les télécommunications, l'énergie,...

---

1 - Réunion du 16 Septembre 1997 des ministres des Finances de la Zone franc

- système juridique et judiciaire encore atone ;

- lutte insuffisante contre la corruption.

L'effet mécanique de la dévaluation s'est estompé. Mais l'effet de l'assistance de la France et des institutions de Bretton Woods et leurs mesures d'accompagnement demeurent.

On constate qu'il y a plus de guerres civiles dans la Zone franc après la dévaluation qu'avant la dévaluation.
M. Louis M. Goreux a reconnu lui-même[1] que la zone a bénéficié :
- de conditions pluviométriques satisfaisantes pendant 3 campagnes consécutives ;
- des cours mondiaux favorables pour la plupart de ses produits d'exportation en 1994 et en 1995 ; et
- d'une assistance extérieure exceptionnellement élevée.

Il résulte de ces angoisses deux enseignements.
La réussite de la dévaluation fut inégale et un *peu trop aidée*.
La Zone franc saura-t-elle survivre sans la perfusion financière française et celle des institutions financières internationales ?

Nous estimons que la dévaluation des francs CFA et comoriens n'a servi que l'Afrique occidentale. L'ajustement de change n'a pas profité aux économies de l'Afrique centrale et des Comores. La dévaluation n'est donc pas un instrument thérapeutique pour les économies africaines. L'ajustement structurel économique semble mieux indiqué parce qu'il prescrit une ordonnance *sur mesure*, il tient compte des particularités et niveaux de développement de chaque pays de la Zone franc.

1 - Louis M. Goreux, op. cit. p. 104

Conclusion de la section 2

Les francs républicains constituent une monnaie en usage notamment en Afrique francophone. Ils expriment une intégration régionale monétaire. L'unité monétaire est défendue au sein de la Zone franc et l'organisation économique cherche à s'appuyer sur des institutions régionales pour pouvoir s'insérer dans l'économie - monde.

Les francs républicains sont des francs stables. Dévalués le 12 janvier 1994, ils ont réussi en douze mois à reprendre couleurs et vigueur, et inspirer confiance et espoir.

Dans l'ensemble, l'ajustement monétaire est réussi. Reste maintenant à consolider la dynamique dégagée par le changement de parité monétaire.

Cet ajustement monétaire, le premier, depuis 1945, résiste aux épreuves du temps et de la durée. Les perspectives économiques de la zone CEMAC demeurent favorables. En 2001, l'activité s'est amplifiée avec un taux de croissance réelle estimé à 6,5% (après 3,2% en 2000). L'inflation est contenue en deçà de 3%. A plus long terme, l'avenir des économies de la CEMAC s'inscrit dans la perspective d'une croissance durable bien qu'il reste dépendant de la production pétrolière. La croissance dans la zone UEMOA fléchit depuis 1999. Mais elle s'est redressée en 2001. La progression du PIB est proche de 3% (contre 1% en 2000), malgré la faiblesse des investissements, des cours des matières premières agricoles et la contraction de la demande intérieure. L'évolution économique contrastée de ces deux zones réussit tout de même l'arrimage à l'euro des francs CFA depuis le 1er janvier 1999.

Conclusion du chapitre II

Les francs coloniaux et républicains sont des symboles de relations politiques et subsidiairement économiques.

Ils sont stables et ont réussi à résister à toutes les guerres et bouleversements régionaux, militaires comme civils. Ils relèvent du patrimoine africain comme les tam-tams et les gris-gris.

Le FCFA, stade souverain du franc colonial est un formidable outil de conquête de l'intégration régionale.

La solidarité monétaire et l'intégration économique régionale contribueront sans doute à lutter pour l'unité sociale et contre le tribalisme et le développement séparé Ouest-Centre et Nord-Sud.

La convertibilité et la liberté de change des pays membres de la Zone franc envers le reste du monde renforce le développement commercial entre pays africains.

La politique coloniale d'assimilation monétaire est devenue après les indépendances, consensuelle et contractuelle. Les pays de la zone en tirent plus d'avantages que d'inconvénients. L'unité monétaire est solide.

La zone incarne une gestion commune et solidaire des réserves de change. Celle-ci s'appuie également sur des politiques communes :
- convergence économique des pays de la Zone franc, à savoir, la rigueur financière, le maintien des relations avec la communauté financière internationale, le respect des critères de surveillance multilatérale parmi lesquels le solde budgétaire de base, la non-progression des arriérés intérieurs et extérieurs, la maîtrise de l'inflation.....
- la mise en œuvre de l'initiative en faveur des pays pauvres très endettés (IPPTE), initiative lancée en 1996 au sommet du G7 à Lyon dont l'objectif est de ramener la dette des PPTE à un *niveau acceptable* ;
- quatre pays de la zone sont parvenus en l'an 2000, à leur *point de décision* et trois en l'an 2001 (allègement du service de la dette de la part de ses principaux créanciers multilatéraux) ;
- la lutte contre le blanchiment des capitaux : adoption des normes juridiques visant à incriminer le blanchiment dans l'esprit des recommandations du GAFI (Groupe d'Actions Financières contre le

blanchiment des capitaux) et formation d'un Comité de liaison anti-blanchiment de la zone ;
- la poursuite de l'intégration juridique régionale par :
  - l'ouverture à de nouveaux domaines tel que le droit de la concurrence, le droit bancaire et le droit de la propriété intellectuelle,
  - une optimisation du dispositif institutionnel et coopération entre les écoles de formation et entre les juridictions régionales ; et
- la réforme des systèmes et moyens de paiement au service du développement des systèmes financiers : améliorer la rapidité et la sécurité des transactions, promouvoir un système de carte inter-bancaire à l'échelon régional et assurer la comptabilité technique des systèmes de paiement, bref, continuer à conforter la dynamique du marché régional.

Cependant, les économies africaines restent fragiles car constamment menacées par la sécheresse et les caprices des cours des matières premières, histoire de rappeler que les réelles *méga puissances* sur terre demeurent la nature et les marchés.
De surcroît, la persistance des conflits armés dans la région des Grands lacs, puis en Afrique de l'Ouest, notamment en Côte d'Ivoire, depuis le 19 septembre 2002 pénalisent les économies des deux zones CFA. A terme, elle affectera les flux des capitaux.

En dépit des conflits sociaux, des perturbations politiques et du comportement erratique des cours des matières primaires, la Zone franc demeure un espace économique et monétaire stable et cohérent.

CHAPITRE III

LE FRANC COMORIEN

Le premier franc comorien est né des mains du sultan thibé Said Ali Said Omar (voir supra). Il l'a dessiné et fait exécuter par l'hôtel de la Monnaie de Paris en 1891. Le franc *thibé* n'a circulé qu'en Grande-Comore et ce, pendant 2 à 3 années.

La seconde naissance du FC eût lieu paradoxalement avant l'indépendance. En effet en 1962, Madagascar, Etat souverain créa son institut d'émission malgache et émit sa propre monnaie appelée franc malgache (FMG).

L'agence de Moroni de la Banque de Madagascar et des Comores, sans changer de dénomination reçut le privilège exclusif d'émettre les billets de banque et les pièces métalliques ayant cours légal sur le territoire des Comores (Grande-Comore, Anjouan, Mayotte et Mohéli).

Cette monnaie fut désignée franc CFA (franc des Colonies françaises d'Afrique[1]).

En 1973, Madagascar sort de la Zone franc.

Un décret de Jacques Chirac, alors Premier ministre, en date du 31 décembre 1974[2] crée un établissement public qui prend le nom d'Institut d'émission des Comores et approuve ses statuts. «Toutes les opérations de l'Institut se rapportent au territoire des Comores». La Banque de Madagascar et des Comores cessa d'émettre des FCFA des

---

1 - La traduction de FCFA n'a jamais figuré sur un document officiel franco-comorien. Mais le territoire des Comores est encore sous souveraineté française

2 - Décret n° 74-1176 du 31 décembre 1974, *JORF* du 3/01/75, pp. 169-171

Comores le 1er Janvier 1975[1], date du transfert du service de l'émission au bénéfice du nouvel établissement monétaire public.

La monnaie de l'Institut d'émission des Comores s'appellera encore FCFA au lieu de franc des Comores ou franc comorien.
Après la proclamation unilatérale d'indépendance en juillet 1975, les journaux officiels comoriens (JOC) et de la République française (JORF) continuent de publier mensuellement et annuellement la situation de l'Institut d'émission des Comores en l'exprimant en FCFA.

Cette dénomination est impropre. L'Archipel des Comores n'est plus une Colonie française d'Afrique.

La traduction du FCFA d'après les indépendances relève de l'homonymie de la monnaie des deux zones africaines :

- FCFA franc de la Communauté Financière Africaine, transcris, XOF émis par la Banque Centrale des Etats de l'Afrique de l'Ouest. (BCEAO).

- et FCFA franc de la Coopération Financière en Afrique Centrale, transcris XAF, émis par la Banque des Etats de l'Afrique Centrale.

Les deux zones sont liées à la France par des conventions et traités monétaires.

Les Comores constituent une troisième zone au sein de la Zone franc. Personne n'ose l'avouer, ni singulariser sa monnaie par une dénomination insulaire.

On s'obstine à appeler FCFA (sans signification réelle) des francs comoriens (peut être parce qu'ayant une parité égale au FCFA vis-à-vis du franc français), jusqu'à 1980, date d'apparition des premiers billets portant la mention FC[2].

En effet, la loi cadre fédérale N°80-08 du 26 Juin 1980, relative à la monnaie et au rôle de la Banque Centrale des Comores dans le contrôle des banques, des établissements financiers du crédit et des

1 - Décret n° 74-1177 du 31 décembre 1974, *JORF* du 3/01/75, p. 171
2 - La transcription abrégée du FCFA des Comores et du FC est KMF, celle du franc français de la France métropolitaine, de Monaco, des DOM et de Mayotte est FRF

changes, créa officiellement le franc comorien. L'article 2 l'indique en ces termes : «l'unité monétaire de la République Fédérale Islamique des Comores ci-après dénommée la République est le franc comorien (FC) dont la valeur est fixée par les accords auxquels la République est partie».

Les consommateurs autochtones, et épiciers *palpaient* de vrais francs comoriens, mais sur les documents officiels, on lisait tantôt FC tantôt FCFA.
Cette confusion dura encore 20 ans (1975-1995). Elle tomba le 12 janvier 1994 lorsque le monde entier apprit la nouvelle parité du franc comorien (75 FC pour 1 franc français) vis-à-vis du franc français.

Reconnaissance bien tardive, dans le malheur pour une monnaie qui s'est singularisée du franc malgache en 1960 (date de l'indépendance de la Grand île) puis du FCFA en 1975.
Le FC comme toute monnaie est la traduction monétaire de l'état économique et de la politique monétaire.

Toutefois depuis 1976, il ne circule que sur les trois îles représentant la République Fédérale Islamique des Comores, devenue Union des Comores le 22 décembre 2001.

Section avant première
Le franc de Mayotte

Mayotte : Généralités

- **Superficie** : 374 km^2

- **Chef de l'administration locale** : commissaire de la République (pour la France), président du Conseil général (pour Mayotte)

- **Capitale** : Mamoudzou

- **Principales villes** (1985) : Mamoudzou 7325 habitants ; Dzaoudzi 5425 habitants ; Pamandzi 5425 habitants ; Sada 3718 habitants ; Chiconi 3152 habitants.

- **Population** (estim. 1994) : 112.000 hab

- **Densité (1994)** : 299,4 hab/km^2

- **Temps de doublement de la population** : 19

- **Taux d'accroissement naturel**
(estim 1991 = 37,7°/00)(moyenne mondiale 17,2° /00)

- **Espérance de vie à la naissance (1987)**
hommes 54 ans ; femmes 58 ans

- **Niveau d'éducation (1985)** proportion de la population âgée de 20 ans et plus

* sans instruction scolaire	77, 3%
* ayant une éducation primaire	13, 3%
* ayant une éducation secondaire (premier cycle)	5, 7%
* ayant une éducation secondaire (2ème cycle)	2, 7%
* ayant une éducation supérieure	1, 3%

- **Santé**
1 médecin pour 7427 hab ; 1 lit pour 514 hab ;
Taux de mortalité infantile (1991) 38%

L'île comorienne de Mayotte est une collectivité territoriale de la République française. Les autorités politiques et monétaires tirant les conséquences de l'autodétermination des quatre îles et notamment celle de Mayotte, en 1975, procèdent au remplacement du FCFA des Comores par le franc métropolitain. Un décret chiraquien[1] du 19 février 1976 suspend à compter du 23 février 1976, le service de l'émission monétaire à Mayotte, autrefois assuré par l'Institut d'émission des Comores.

Un autre décret paru le même jour[2] modifie l'article 41 des statuts de l'Institut d'émission d'outre-mer et les complète en l'autorisant à intervenir à Mayotte pour assurer le service de l'émission. L'Institut d'émission d'outre-mer assure la mise en circulation des billets en tant que correspondant de la Banque de France dans les conditions fixées par une convention entre les deux établissements. Le Trésor public français garantit à son tour la mise en circulation des monnaies métalliques. Toujours à partir du 23 février 1976, ont seuls cours légal et pouvoir libératoire à Mayotte les signes monétaires français ayant cours légal et pouvoir libératoire dans la métropole.

Toutes ces dispositions sont confirmées par une loi du 7 juin 1977 (article 12. paragraphe 2)[3].

Il en résulte une expression d'identité monétaire mahoraise et métropolitaine.

Cependant les Maorais continuent par ailleurs d'utiliser leur unité de compte local.

En fait, on se retrouve avec deux unités de compte.
La première administrative et *universelle* incarnée par le franc français.

La deuxième, autochtone et datant de la fin du Moyen Age (voir supra-) représentée par le riali.

Les 2 unités monétaires fonctionnent parallèlement. L'une n'arrive pas à absorber l'autre parce qu'aucune n'exprime entièrement la particularité

---

1 - Premier ministre et ministre de l'Economie et des Finances par intérim. D. n° 76.175 du 19/02/75, *JORF* du 20/02/76, p. 1190

2 - D. n° 76.176 du 19/02/1976, *JORF* du 20/02/1976, p. 1191

3 - Loi n° 77-574 du 7 juin 1977 *JORF* du 08/06/77, p. 3152 art. 12 §2

mahoraise. Toutes deux traduisent sans doute l'aspect culturel mahorais. Le système monétaire mahorais est donc dual.

Universaliste et local, français et mahorais. Cette dualité montre les limites de l'assimilation monétaire et la résistance d'une expression identitaire.

Identité malheureusement mal défendue sur le plan économique, bien que bénéficiaire d'un système monétaire et financier bien maîtrisé.

§ 1 Mayotte, une identité économique en voie de disparition

Mayotte, une île d'outre-mer de petite taille, renaît au XIXe siècle d'une structure économique duale : un secteur économique traditionnel essentiellement agricole axé sur les cultures vivrières, insensible à l'évolution des techniques et modes de production. Ce secteur bien qu'encore prépondérant aujourd'hui, car regroupant 65% des actifs[1], est marginalisé et non monétarisé.

Le deuxième secteur est révolutionnaire, productif, artisanal, industriel, administratif, commercial et monétarisé.

L'économie mahoraise, duale et insulaire s'était branchée très tôt avec l'extérieur.

Il en résulte une dynamique de développement au XIXe siècle qui s'est effondrée au lendemain de la 2ème guerre mondiale.

A) Une histoire économique dopante

En 1841 après la vente de l'île à la France, des colons très entreprenants développent l'agriculture tropicale mahoraise. Ils sont à l'origine de l'ère de la canne à sucre. Il créèrent quatorze sucreries dans l'île de Mayotte de 1844 à 1875. «En 1849, une seule société accuse

---

1 - Jean Yves ROCHOUX *L'Economie mahoraise : une tentative de schématisation du développement.* Actes du colloque universitaire à Mamoudzou les 23 et 24 avril 1991 à l'occasion du cent cinquantième anniversaire du rattachement de Mayotte à la France; Université de la Réunion. 1992. Voir également le tableau économique de l'INSEE La Réunion. Edition 1989, p. 7

dans ses bilans un investissement d'un million de francs[1] » (soit 200 fois le prix vénal de l'ancienne île propriété d'Adrianan Souly).

La production sucrière monte en flèche. Elle passe de 2000 tonnes en 1863 à plus de 3000 en 1867 et culmine en 1880 à 4235 tonnes de sucre. L'île génère d'autres produits. Un document colonial daté du 1er octobre 1873[2] dévoile le tableau statistique suivant pour l'année 1872 : sucre 3.274.000 kilos ; rhum 83.000 litres ; café 46.000 kil ; riz 634.000 kil ; huile de coco 9.000 litres ; tabac 5.000 kil ; légumes secs 25.000 kil.

Par ailleurs, l'île exporte vers la France pour une valeur de 1.400.675 F et importe pour une valeur de 587.895 F. Il s'en dégage un excédent commercial de 812.780 F (soit 138.52% des importations).

Les exportations représentent 119.180 F contre 231.560 à l'importation, soit un déficit commercial étranger de 112.380F.

Mayotte achète surtout du vin, des tissus de coton, des ouvrages en peau ou en cuir, de la bonneterie de soie, de la poterie, des machines et autres articles, et vend comme matières premières : des peaux brutes, des *résineux exotiques,* du bois d'ébénisterie et de teinture, des arachides et noix de *Touloucouna,* des lichens tinctoriaux, des cochenilles, et des cornes de bétail brutes.

Balance commerciale de 1872 en F :

Importation	819.455
France	587.895
Autres	231.560
Exportation	1.519.855
France	1.400.675
Autres	119.180
Balance commerciale	+ 700.400
France	+ 812.780
Autres	- 112.380

1 - *Encyclopédie coloniale et maritime.* 1974 ; Mayotte par Jean Manicacci administrateur des colonies

2 - A. d'Avrainville «Résumé de la statistique de Mayotte et dépendance en 1872-1873-1876. In *Revue maritime et coloniale* 4e série tome 48, janvier 1876 ; pp. 54-58 ; ANSOM Aix-En-Provence

Ainsi, la canne à sucre comme matière première, des colons entreprenants flanqués de leurs capitaux, et une main d'œuvre indigène abondante créent une forme très développée d'industrialisation.

La vanille planifolia, introduite vers 1873-1874 aux Comores et cultivée par les Comoriens, «à titre de curiosité et d'ornementation»[1] devient une culture de rente et supplante progressivement la canne à sucre. L'ère du sucre prit fin et celle de la vanille commença. La première exportation de vanille comorienne eut lieu en 1877.

Vers 1904, fut introduite la citronnelle[2] *lemon-grass* dans le sud de Mayotte.

On obtint un *lemon-grass* d'une teneur de 80 à 82% en citral. En 1906 M. de Bellemare essaya l'ylang ylang à Mayotte. On parvient à récolter jusqu'à 8 kg de fleurs par arbre qui donnent 80 à 100 grammes d'essence à parfum de 0,950 de densité.

Le sisal introduit pour la première fois à Anjouan vers 1900, est développé vers 1911 à grande échelle à Mayotte.

D'autres essences sont produites dans la vieille île : cannelle, basilic, violet, palma rosa, girofle néroli...

A l'ombre de la *grande industrie de plantation* émergent l'artisanat de pagnes, de bonnets, de nattes, de vanneries et des activités de menuiserie, maçonnerie, bijouterie ...essentiellement contrôlées par les autochtones.

L'essor agricole rentier développe la grande industrie, anime la petite et moyenne industrie, ainsi que le commerce (contrôlé par les Indiens dès la fin du XIXe siècle).

La *folie* économique résiste aux cyclones, à la sécheresse et aux feux de brousse. M. Touchais indique que «lorsque la fortune s'abattait sur Mayotte avant la guerre de 1939-1945, les cultivateurs autochtones ne

---

1 - Jean Manicacci. op. cit.

2 - M. Maurice Touchais attribue à son oncle l'arrivée de la citronnelle aux Comores en ces termes «un mien oncle de mon parrain Léon Touchais, ingénieur agronome introduisit vers 1904 la citronnelle ou lemon-grass». Mayotte, dernier paradis sur terre. Conférence faite le 5 décembre 1980 à Salon de Provence par Maurice Touchais. Document CERSOI Aix-en-Provence

savaient plus que faire de leur argent et l'on citait des Mahorais qui n'avait pas trouvé mieux que de tapisser avec des billets de banque, les cloisons de leurs cases en bambous»[1].

Cette embellie économique dura un siècle (1850...1950).

Au lendemain de la 2ème guerre mondiale l'économie de Mayotte et des Comores dépérit pour plusieurs raisons :

- les cours des produits de rente (sucre, ylang, vanille, girofle, citronnelle...) chutent vertigineusement et les marchés mondiaux deviennent capricieux ;
- les capitaux privés européens migrent vers le vieux continent pour financer la reconstruction, trouver une rentabilité intéressante et fuir les pays d'émancipation et d'autodétermination et ;
- l'accroissement démographique.

La vaillante économie insulaire fragilisée par ces diverses causes agonise à chaque calamité naturelle (cyclone, sécheresse, feu de bois, et/ou calamité conjoncturelle (variation des cours des produits de rente........).

La grande industrie de plantation meurt faute de capitaux et d'entrepreneurs pour moderniser l'outil de production. La petite industrie végète à la limite de l'artisanat. L'industrie indigène située en aval de l'industrie de plantation dégénère à son tour.

A partir des années 50, des fonds publics accompagnés de fonctionnaires «missionnaires» vont se substituer aux capitaux, entrepreneurs et initiatives privés. C'est le commencement de l'ère de l'assistanat. L'île de Mayotte comme ses trois sœurs des Comores ne produit pas assez de vivres pour nourrir ses enfants, alors elle en importe de Madagascar et de France. Elle est devenue fille de l'Assistance publique... française (ses trois sœurs après l'indépendance sont devenues pupilles de l'*Assistance publique internationale*). Territoire d'outre-mer comme Grande-Comore, Anjouan et Mohéli, jusqu'à 1975-76, puis collectivité territoriale de la République française depuis 20 ans, Mayotte n'a jamais pu retrouver son allant d'antan ni vivre de son patrimoine naturel. Les ressorts cassés de la dynamique privée des

---

1 - Maurice Touchais. op. cit.

années d'avant guerre ne sont pas encore réparés. Les fonds publics engloutis depuis, sous formes de fonds FIDES[1] ou de financement de divers plans quadriennaux ou équipements de développement n'ont pas réussi à ranimer une économie mourante.

B) Une actualité économique déprimante[2]

L'économie mahoraise est en construction depuis 50 ans. Le changement de statut politique, à savoir la transformation de Territoire d'outre-mer en collectivité territoriale intervenue en 1976 n'a pas provoqué de bouleversements économiques. Mayotte est caractérisée par une économie duale dans laquelle coexistent un secteur primaire hypertrophique (car représentant 65% de l'activité économique) peu développé, à faible productivité et un secteur tertiaire moderne, orienté vers les échanges extérieurs.

Les faiblesses et les handicaps de l'agriculture, activité principale, ébranlent toutes les structures économiques :

- exode rural/emploi ;
- déséquilibre permanent de la balance commerciale (importation-exportation) ;
- nécessité d'un branchement des dépenses de l'Etat[3] français sur l'économie locale et institutionnalisation du concours financier public et gratuit ;
- enclavement géographique et politique.

1) Dégradation continue de la situation de l'emploi

La contraction de l'activité économique observée depuis plusieurs années s'est amplifiée en 1993 et 1994. Elle provoqua une détérioration de la situation de l'emploi : féminisation du travail, démographie mal maîtrisée, exode rural, solde migratoire défavorable, inadéquation entre les besoins de travail et les exigences des entreprises.

Des dispositions légales sont prises pour favoriser les axes de développement économique et renforcer les structures de lutte contre le chômage (contrat de plan 1989-1993 sur l'emploi, la formation et les infra-

1 - Fonds d'Investissement et de Développement Economique et Social (FIDES)

2 - Voir dans nos ouvrages et articles, les finances publiques et l'économie de Mayotte jusqu'à 1995. Ouvrage : *Le contrôle des finances publiques aux Comores*. 1992, l'Harmattan ; article : la dette des îles, journal comorien *Al Watwan*

3 - Jean Yves Rochoux, op. cit.

structures). Mais les diverses primes d'équipement à l'emploi, l'aide aux créateurs d'entreprises et demandeurs d'emploi, les incitations fiscales... ont juste réussi à ralentir la progression du chômage des jeunes.

La dégradation de la situation de l'emploi affecte les ressorts locaux de développement. Du coup, l'économie mahoraise à défaut d'un soutien endogène, se tourne vers l'extérieur. Il en résulte un profond déséquilibre extérieur qui se traduit par une forte dépendance vis-à-vis de la métropole et de l'environnement extérieur et une balance commerciale chroniquement déficitaire.

2) Le déséquilibre extérieur

On se contentera de mettre en évidence l'envers de la dépense française, le concours extérieur non métropolitain et le déséquilibre commercial.

a) L'envers de la dépense française

Mayotte est un espace insulaire français. Le concours financier métropolitain détermine l'activité et l'emploi local. Il s'exprime sous forme d'aide gratuite et publique. Cet élan de générosité financière[1] stimule l'emploi, les revenus, les dépenses de biens et services (la demande en général), en somme le secteur public (équipement, infrastructure, fonctionnement) et le secteur privé (bâtiments et travaux publics, entreprises de constructions, commerce et autres services marchands).

L'impact de la dépense métropolitaine est considérable et sans doute déstabilisateur.

Certains experts français[2] estiment que l'apport massif d'argent public et désintéressé, loin de provoquer une accumulation du capital productif favorise à Mayotte une situation d'assistance, dans laquelle «les acteurs sociaux et économiques sont peu incités à faire preuve d'initiatives ».

1 - Les dépenses de l'Etat français payées dans la collectivité représentent 702,425 millions de FF en 1993, contre 596.404 millions en 1992 ; soit par habitant 702.425FF : 90.000 habitants = 7804,72 FRF. Institut d'émission d'outre-mer. *Rapport annuel 1993*, p. 279

2 - Dont le professeur J.Y Rochoux, *L'Economie mahoraise*, op. cit. p. 279

b) Le concours extérieur non métropolitain

Le concours financier extérieur non métropolitain provient essentiellement de la CEE. La collectivité territoriale de Mayotte perçoit théoriquement une double enveloppe financière, tous les cinq ans : une plus importante du Fonds Européen de Développement (FED) et une autre, plus modeste de la Banque Européenne d'Investissement (BEI). (La dotation de la BEI est constituée de prêts). L'ensemble est dénommé «FED » en raison de l'importance de l'enveloppe FED. Mayotte a bénéficié ces dernières années des FED suivants :

- 1, 78 millions d'ECU pour le IVème *FED* (1976-1980)
- 1, 78 millions d'ECU pour le Vème *FED* (1980-1986)
- 1, 20 millions d'ECU pour le VIème *FED* (1986-1991)
- 6, 70 millions d'ECU pour le VIIème *FED* (1991-1996)
- 9, 85 millions d'ECU pour le VIIIème *FED* (1996-2000)

Toutes ces ressources sont consacrées à l'amélioration des structures d'alimentation en eau, exceptées celles du VIème *FED* affectées à l'électrification du territoire.

Toutes les aides communautaires visent à renforcer la coopération technique économique et financière, entre une île française de l'Océan indien et la CEE : branchement un peu lointain[1].

c) Le déséquilibre commercial

Les échanges commerciaux mahorais sont déséquilibrés. La balance commerciale est chroniquement déficitaire.

c-1 Les importations

Le volume des importations évolue en dents de scie. Le tonnage des produits importés est instable. Les écarts annuels sont très importants (32% ;12% ;12% ; 17%). On peut se demander comment les commerçants arrivent à établir un programme de commande des produits importés.

---

1 - Quid de l'intégration régionale ?

Importations par produits

	1993	1994	1995	1996	1997	1998	Variation 1997-1998
Quantités (tonnes)							
Produits alimentaires	22.407	27.996	31.685	34.716	40.008	44.102	10 %
Produits minéraux	37.308	40.445	44.205	51.178	55.356	58.890	6 %
Produits chimiques	2.331	3.115	3.148	4.026	5.449	5.198	- 5 %
Plastiques, caoutchouc	659	689	926	1.284	1.437	1.931	34 %
Bois et ouvrage en bois	4.838	5.898	4.927	7.352	6.494	7.922	22 %
Textiles et vêtements	1.018	909	965	1.471	1.643	1.425	- 13 %
Métaux et ouvrage en métaux	7.120	6.770	9.590	10.435	12.136	12.268	1 %
Machines et appareils	1.594	1.538	2.144	3.250	7.487	4.930	- 34 %
Matériels de transport	2.689	2.529	2.200	2.447	2.848	2.566	- 10 %
Divers	2.144	2.254	3.493	5.043	5.354	6.385	19 %
Total	**82.108**	**92.143**	**103.293**	**121.202**	**138.212**	**145.617**	**5 %**
Variations annuelles	32 %	12 %	12 %	17%	14%	5%	

Valeurs (milliers de francs)							
Produits alimentaires	106.335	135.920	148.566	175.169	195.971	227.944	16 %
Produits minéraux	25.949	28.078	28.416	33.960	41.776	42.962	3 %
Produits chimiques	39.197	43.138	50.696	54.963	63.115	69.194	10 %
Plastiques, caoutchouc	15.313	16.650	20.809	26.045	29.833	31.475	6 %
Bois et ouvrage en bois	34.860	42.083	22.830	26.593	25.490	30.842	21 %
Textiles et vêtements	20.076	18.071	20815	26.647	32.786	32.703	-0 %
Métaux et ouvrage en métaux	51.291	48.615	71.592	77.558	87.141	95.836	10 %
Machines et appareils	91.889	82.910	143.870	160.986	189.876	215.392	13 %
Matériels de transport	100.864	82.674	87.751	98.160	101.691	99.178	-2 %
Divers	41.282	41.248	52.807	57.988	57.111	69.185	21 %
Total	**527.056**	**539.387**	**648.152**	**738.069**	**824.790**	**914.709**	**11 %**
Variations annuelles	10 %	2 %	20 %	14 %	12 %	11 %	

Source : Institut d'émission outre-mer (IEOM). *Rapport annuel 1996,* p. 45

Importations en valeur par pays de provenance
En milliers de F

	1998	%
France	583.162	64 %
Afrique du Sud	63.942	7 %
Thaïlande	36.110	4 %
Maurice	17.606	2 %
Japon	17.310	2 %
Kenya	16.948	2 %
Italie	16.386	2 %
Belgique et Luxembourg	13.980	2 %
Espagne	13.796	2 %
Allemagne	10.364	1 %
Autres origines	125.106	14 %
Dont la Réunion	8.945	1 %
Total	**914.709**	**100 %**

Source : Institut d'émission outre-mer. *Rapport annuel 1998*, p. 54

Exemple, le tonnage des vêtements et textiles chuta de 1.018 à 909 en 1994 pour remonter légèrement à 965 en 1995 et culminer à 1271 en 1996.

Le rythme des importations est irrégulier. Il traduit une consommation erratique des ménages et des entreprises.

Les variations annuelles des valeurs révèlent une instabilité très profonde (10 % ; 2 % ; 20 % ; et 14 %).
Les pays fournisseurs de Mayotte sont la France (70 %), la Réunion (6 %) ; l'Afrique du Sud (6 %) et autres (8 %).

Exportations par produits

	1993	1994	1995	1996	1997	1998	Variations 1997-1998
Quantité (tonnes)							
Essence d'ylang ylang	20	23	15	14	14	11	- 21 %
Vanille	6	7	3	2	4	3	- 25 %
Cannelle et canneliers	57	103	84	46	28	39	39 %
Noix de coco	64	44	4	10	2	2	0 %
Son de riz	274	78	303	525	225	-	-
Sous-Total	**423**	**255**	**411**	**597**	**273**	**55**	**80 %**
Variations annuelles	- 40 %	- 40 %	61 %	45%	54%	80%	
Divers produits réexportés	227	442	529	1.386	1.065	1.254	18 %
Total général	650	697	1.003	1.983	1.338	1.309	-2 %
Valeur (milliers de francs)							
Essence d'ylang ylang	9.266	10.121	6.962	5.338	5.599	4.053	- 23 %
Vanille	1.995	2.139	961	846	763	845	- 12 %
Cannelle et canneliers	450	889	700	369	201	272	-47 %

Noix de coco	66	58	10	21	2	2	110 %
Son de riz	118	35	141	207	114	-	47 %
Sous Total	**11.916**	**13.245**	**8.789**	**6.781**	**6.679**	**5.172**	**23 %**
Variations annuelles	-24 %	11 %	- 34 %	- 23 %	- 2 %	- 23 %	
Divers produits réexportés	3.189	8.141	9.338	35.091	13.405	14.067	276 %
Total	**15.105**	**21.386**	**18.127**	**41.872**	**20.084**	**19.293**	**- 4 %**

Source : IEOM. *Rapport annuel 1996,* p. 46

c-2 Les exportations

Les tonnages des produits exportés chutent vertigineusement pendant les deux dernières années 1997 et 1998 (273 et 55 tonnes).

La valeur globale des exportations est instable. Elle progresse en 1996 pour s'effondrer les deux années suivantes (1997 et 1998).

Les cours des produits locaux sont bas et erratiques. La valeur est insuffisante. Il s'en dégage une balance commerciale chroniquement déficitaire (voir tableau balance commerciale). La voie de recours consisterait à réduire les besoins d'importation et accroître les capacités d'exportation. Un pari que les Mahorais sont capables de relever :

- en maîtrisant les contraintes structurelles (étroitesse de marché, pression démographique ....) ;
- en rompant l'isolement géographique de Mayotte dû à la faiblesse des infrastructures routières, portuaires et aéroportuaires ;
- en développant le potentiel touristique, les télécommunications (réseaux numériques et câbles à l'intérieur, relais hertziens vers l'extérieur) ;

- en rationalisant l'agriculture et notamment les produits de rente ;

- enfin en se *taillant* une place dans la division internationale du travail.

Exportations en valeur par pays destinataires
En milliers de F

	1998	%
France	11.716	61
Comores	2.615	14
Djibouti	1.875	10
Madagascar	1.460	8
Réunion	570	3
Nouvelle Calédonie	220	1
Afrique du Sud	194	1
Martinique	187	1
Autres destinations	403	2
TOTAL	**19.239**	**100**

Source : Service des Douanes

Balance commerciale

	1996	1997	1998	Variation 1997-1998
Importations	738.069	824.790	914.709	11 %
Exportations	33.636	20.084	19.239	-4 %
Solde des échanges	-704.433	-804.706	-895.470	11 %
Taux de couverture	4,56 %	2,44 %		

Source : IEOM. *Rapport annuel 1998,* p. 56

3. Finances publiques

Les finances budgétaires de la Collectivité territoriale de Mayotte comprennent le budget principal et trois budgets annexes : les budgets de l'Electricité de Mayotte (EDM)[1], celui du service des hydrocarbures, et celui du service des transports maritimes. Ces trois services jouissent d'une autonomie financière.

Ils tirent leurs ressources des recettes d'activités d'exploitation.

Le budget général de Mayotte est caractérisé par des recettes locales essentiellement fiscales et des ressources extérieures principalement métropolitaines.

a) Les ressources internes et fiscales

Produits directs et indirects

Deux textes constituent la base du code des impôts mahorais entrés en application le 1er janvier 1983 : la convention franco-comorienne du 27 mars et du 8 juin 1970, relative à la double imposition France-

1 - L'EDM, créée en 1976 et administrée en régie, change de statut en 1997 pour devenir une société d'économie mixte. Les fonds publics sont donc justiciables auprès de la Cour des comptes

Comores et l'ordonnance n° 81-296 du 1er avril 1981 autorisant le Conseil général de Mayotte sur proposition du représentant du gouvernement à aménager l'assiette et fixer les taux et les conditions de recouvrement de l'ensemble des impôts.

La fiscalité directe est moins importante que la fiscalité indirecte.

a-1 Les produits directs

La direction des services fiscaux en plus de sa charge d'assurer l'application, le contrôle et l'actualisation du code des impôts, recouvre les produits directs. Ces derniers comprennent l'impôt sur le revenu, l'impôt sur les sociétés, la patente et les contributions foncières (l'impôt foncier et l'enregistrement) qui constituent la contribution directe la plus importante (50%).

L'impôt sur le revenu mahorais est assis sur le revenu global du foyer fiscal. Le contribuable est assujetti à l'obligation déclarative. Toutefois les revenus à caractère salarial et les pensions font l'objet d'une retenue à la source pratiquée par l'employeur. Ensuite on procède à une régularisation en plus ou en moins des montants acquittés par voie de retenue à la source, par rapport aux montants déclarés à payer.

L'impôt sur les sociétés est fixé à 50% des bénéfices des sociétés mais ce taux s'applique à une assiette réduite d'un tiers. Les 50% deviennent donc :

0.5 (50%) x 0,6666(2/3) = 0,3333
Soit 33,33% taux réel d'imposition.
Les entreprises passibles de l'impôt sur les sociétés sont en plus assujetties à une imposition forfaitaire annuelle.

Quant à la patente, elle est de deux types :

- un premier type concernant les petits commerçants et les marchés ambulants qui règlent leur patente spontanément auprès de la recette de l'enregistrement ;
- un deuxième type de patente acquittée par les autres entreprises après établissement d'un rôle. Ce groupe est assujetti à la double patente. L'une d'importateur et l'autre d'activité.
Les autres impôts directs sont symboliques.

Structure de la fiscalité de la collectivité territoriale

En milliers de F

	1994 Montant	Part	1995 Montant	Part	1996 Montant	Part
Impôt direct	58.062	26,7%	64.002	25,4%	70.645	25,1 %
Impôt indirect	159.190	73,3%	187.550	74,6%	210.770	74,9 %
Total	217.252	100%	251.552	100%	281.415	100,0 %

Source : *Rapport IEOM 1996,* p. 78

Recettes fiscales directes

	1994 Montant	Part	**1995** Montant	Part	**1996** Montant	Part
Impôt sur le revenu	26.896	41%	32.256	40%	38.511	41 %
Impôt sur les sociétés	10.212	15%	13.637	17%	16.512	18 %
Patente	12.792	19%	14.313	18%	15.468	17 %
Foncier	1.167	2,%	1.071	1%	1	-
Enregistrement	15.896	24%	19.067	24%	22.587	24 %
Total	66.963	100%	80.344	100%	93.079	100 %

Source : *Rapport IEOM 1996,* p. 78

a-2 Les produits indirects

Les produits indirects se composent des droits d'enregistrement, des taxes de publicité foncière, des droits des timbres et de la taxe de fonds routier.

Les droits de douanes, classés souvent dans la catégorie des impôts indirects, constituent les principales ressources de la collectivité, en moyenne 84% des recettes fiscales. Ils proviennent des droits de douanes, de la taxe de consommation, de la taxe extérieure, (droit perçu sur les produits arrivant dans le territoire) de la taxe sur licence, de la taxe d'entrepôt et de magasinage et des amendes pour contraventions (voir tableau).

Droits de douanes et taxes assimilées

En milliers de F

	1993	1994	1995	1996	**Variations 1997-1996**
Droits de douanes	8.375	10.629	12.749	15.544	22 %
Taxes de consommation	90.398	98.140	114.608	137.565	20 %
Taxe d'entrepôt	266	298	24+	283	15 %
Taxe sur les licences	56	51	64	74	16 %
Amendes pour contraventions	409	491	1.037	2.274	119 %
Taxe intérieure	1.117	1.249	1.339	2.505	87%
Taxe de magasinage[1]	747	251	-	-	
Droits annuel de francisation[2]	-	-	-	-	
Total	**101.368**	**111.109**	**130.110**	**101.368**	**- 22 %**

La contribution budgétaire métropolitaine

En milliers de F

Désignation/ années	1991	1992	1993	1994	1995
Subv. Budget fonctionnement	107.107	165.531	183.333	223.683	250.378
Subv. Budget équipement	45.175	3.420	45.071	47.180	60.520
Emprunts (SOCREDOM)	19.415	44.780	68.180	71.650	80.000
Total	**171.697**	**244.331**	**296.584**	**342.513**	**390.898**
Budget primitif	47%	58,6%	53,9%	57,9%	53,8%

Source : *Rapport de L'IEOM 1993-1995*

1 - Cette taxe est perçue depuis le 1er janvier 1995, par la Chambre professionnelle
2 - Ce droit a été introduit le 1er janvier 1995

L'ensemble des droits de douanes ajoutés aux autres produits directs et indirects ne suffit pas à couvrir l'ensemble des dépenses du territoire. La contribution métropolitaine est nécessaire pour équilibrer le budget de Mayotte...

b) La contribution budgétaire métropolitaine

La contribution budgétaire métropolitaine en moyenne annuelle représente 54% des ressources budgétaires. La part subventionnelle demeure la plus importante.

Les emprunts (SOCREDOM) constituent une ressource d'appoint.

La contribution métropolitaine est plus qu'une contribution d'équilibre. Elle est principale. La faiblesse des ressources internes menace la sécurité budgétaire.

c) Les dépenses budgétaires

Elles sont classées comme les recettes en dépenses de fonctionnement et d'équipement.

Les dépenses de fonctionnement des services et d'investissement constituent les emplois les plus importants (72%). Dans les dépenses ordinaires, on remarque la progression fulgurante des services de la dette : 5,429 millions ; 8,975 millions ; 14,335 millions ; 15,921 millions ; 23,268 millions de FF.

Enfin, le comportement général de dépense est déterminé par les actions d'investissement.

On retiendra des finances publiques de Mayotte, leur précarité (car couvertes uniquement à 40 % par des produits internes et locaux) et leur trop grande dépendance (subventions, emprunts). En revanche, les dépenses (notamment de fonctionnement et d'investissement) traduisent un effort d'assurer les charges récurrentes et une volonté continue d'investissement et d'équipement de la collectivité.

Budget de Mayotte en milliers de F

Recettes ordinaires	**1991**	**1992**	**1993**	**1994**	**1995**
Section de fonctionnement Impôts directs	24.230	24.800	27.700	29.230	43.600
Impôts indirects	64.200	79.125	128.770	153.880	172.850
Recettes domaniales et divers	58.421	27.854	40.605	31.351	84.598
Subventions	107.710	165.531	183.333	223.683	250.378
Total des recettes ordinaires	**253.958**	**279.310**	**380.408**	**438.234**	**551.426**
Sections d'investissement recettes extraordinaires					
Subventions	45.175	34.020	45.071	47.180	60.520
Emprunts (SOCREDOM)	19.415	44.780	68.180	71.650	80.000
Auto-financement	46.723	56.071	56.071	33.953	34.652
Total : Recettes extraordinaires	**111.313**	**119.038**	**169.322**	**152.783**	**175.172**
Total général des recettes	365271	416348	549730	591016	726598
Variations annuelles	-	13,98%	32,03%	7,51%	22%

Source : *Rapport Institut d'émission d'outre-mer 1993,1994,1995*, p. 83 et 100

En millions de F

	1995	1996	1997	1998	Evolution 1997-1998
Recettes réelles de fonctionnement	514,6	653,8	709,0	768,6	8,4 %
- Dépenses réelles de fonctionnement (hors intérêts de la dette)	470,4	543,6	586,9	637,6	8,6 %
= Capacité de financement	44,2	110,2	122,1	130,9	7,2 %
- Intérêts de la dette	13,3	20,0	26,5	29,5	11,3 %
- Amortissement de la dette	15,0	18,5	22,6	29,0	28,3 %
= Epargne nette	15,9	71,7	73,0	72,4	-0,8 %
+ Recettes d'investissement	119,9	185,1	198,1	133,8	-32,5 %
Dont emprunts	69,4	97,4	144,9	52,5	-63,8 %
- Dépenses d'investissement	143,5	226,8	265,2	207,4	-21,8 %
= Résultats de l'exercice	-7,7	30,0	5,9	- 1,2	-120,3 %
Encours de la dette	284,2	363,0	512,2	535,8	4,6 %

Source : comptes administratifs de la Collectivité territoriale de Mayotte

Rapport IEOM 1998, p. 90

4) Avec un système monétaire et financier irréprochable

Il offre des conditions bancaires très avantageuses et un produit d'échange fiable.

a) Des conditions bancaires très avantageuses

Mayotte propose une politique de crédit très attractif. Elle dispose de concours bancaires généreux et de garanties bancaires rassurantes.

La Banque Française Commerciale Océan Indien (BFCOI) rémunère les comptes sur livret au taux nominal de 4,5 % en 1994, comme en 1993 et les comptes à terme en fonction des taux pratiqués sur le marché monétaire, du montant et de la durée du placement consenti.

S'agissant des conditions débitrices accordées aux particuliers, elles sont fixées à 15 % pour les découverts en compte et 13 % pour les prêts d'équipement (en 1993).

En 1998, en moyenne, les taux des autorisations de découvert tournent autour de 11,72 % contre 10,9 % en 1997.

En revanche les taux liés à des achats /ventes à tempérament se sont contractés de 7,97 % en 1998 contre 10,94 en 1997. Les autres crédits à terme et les crédits à moyen et long termes sont respectivement affichés à 10,15 % et 7,59 %.

Le volume des engagements valides décroît pendant ces 3 dernières années (1998, 1997 et 1996) respectivement 145, 174 et 198 après les records de 451 en 1991, 410 en 1992 et ceux de 251, 187 et 198 pour respectivement 1994,1995 et 1996.

Coût des crédits aux entreprises

	1993		1994	
Crédit refinançables auprès de l'IEOM	**minim**	**maxim**	**minim**	**maxim**
- Crédit à court terme	-			
* Bénéficiaire des accords de réescompte	-	7,5 %		6,5 %
* Bénéficiaire des accords de classement	11 %	15 %		13 %
- Crédit à moyen terme				
* Bénéficiaire des accords de réescompte	-	7,5 %		6,50 %
* Bénéficiaire des accords de classement	11 %	13 %		11 %
Crédits non refinançables auprès de l'IEOM				
- Crédits à la consommation (moyen terme)	-	16,5 %		16,50 %
- Prêts personnels (moyen terme)	13 %	16,5 %		16,50 %
- Crédits à court terme				
Crédits refinançables auprès de la SOCREDOM (crédit à long terme)				
Crédit au secteur productif	-	8,50%		8,50%
- Crédit au secteur social	12,20%	14,45%		-
- Crédit immobilier	12,20%	14,45%		12,20%
* Habitat convention	-	8,30%		-
* Habitat social				

Source : *Rapport IEOM 1993,* p. 63 et 1994, p. 68

Evolution des taux du crédit aux entreprises en 1997-1998

Fourchettes des taux pratiqués	Janvier 1997	Juillet 1997	Avril 1998	Octobre 1998
Total court terme	9 à 15	9 à 13,12	12,65	10,55 à 12,56
Moyen et long terme	9 à 12,5	9 à 11,40	9,31	5,22 à 8,40
Global	-	-	-	-

Rapport IEOM 1998, p. 65

b) Des garanties interbancaires rassurantes

On recense : 18 nouveaux engagements en 1994 ; 13 en 1995 ; 37 en 1996 ; 41 en 1997 et 23 en 1998.

En milliers de F

Nouveaux engagements	1994		1995		1996	
	Nombre	Montant	Nombre	Montant	Nombre	Montant
Agriculture/ Elevage	1	400	-	-	3	149
Pêche	2	55	-	-	3	174
Artisanat	11	766	5	627	11	78.
PMI	4	958	3	218	316	3.676
Hôtellerie	-	-	-	-	-	418
Habitat social	-	-	-	-	1	-
Divers	-	-	5	226	-	150

Rapport IEOM 1998, p. 58

Le montant des engagements valides en 1998 se chiffre à 12,169 millions de francs alors que le potentiel d'engagement s'élève à 48,8 millions de francs contre 41,563 millions de F en 1996 (voir tableau).

	1996		1997		1998	
	Nombre	Montant	Nombre	Montant	Nombre	Montant
Nouveaux engagements	37	5.350	41	4.718	23	3.107
Engagements valides	198	12.278	147	9.657	145	12.169

Rapport annuel IEOM 1998, p. 72

En milliers de F

Engagements valides	**1994**		**1995**		**1996**		**Variations %**	
	Nbre	Montant	Nbre	Montant	Nbre	Montant	95/94	96/95
Agriculture/ Elevage	137	5.767	106	4.811	88	2.200	-16,6	-54,3
Pêche	60	1.108	37	876	38	998	-20,9	13,9
Artisanat	36	3.158	21	2.773	31	3.519	-12,2	26,9
PMI	13	612	14	703	30	4.342	14,9	517,6
Hôtellerie	2	428	2	416	5	834	-2,8	100,5
Habitat social	2	114	2	114	0	0	0,0	-100,0
Divers	1	13	5	235	6	385	*NS*	- 63,8
Total	251	11.200	187	9.928	198	12.278	-11,4	23,7

POTENTIEL D'ENGAGEMENT FGI Mayotte
au 31 décembre 1996[1]

En milliers de F

* Réserves	15.746
* Produits de l'émission perçus dans l'exercice	1.000
* Résultats de l'exercice	1.008
Ressources brutes	17.754
Garanties compromises nettes	**510**
* Garanties compromises brutes	2.109
* Provisions constituées	1.599
Ressources nettes	17.244
Coefficient	3
Potentiel d'engagement	51.732
Garanties valides non compromises	10.169
Potentiel d'engagement disponible	41.563

1 - Chiffres provisoires
Source : *Rapport IEOM 1996*, p. 59

Il subsiste donc une marge confortable de garanties interbancaires.

c) Les concours de caractère bancaire

Les concours de caractère bancaire accordés par les établissements de crédit situés dans la zone d'émission s'élèvent à 348,552 millions de francs en 1994 contre 92,301millions de francs en 1993. Les principaux bénéficiaires sont les administrations publiques et les sociétés non financières (voir tableau concours de caractère bancaire). En revanche en 1995 et 1996 les principaux heureux bénéficiaires se révèlent être les particuliers et les sociétés non financières (voir tableau).

Les concours distribués par les établissements de crédits situés hors de la zone d'émission s'élèvent à 783 millions de francs. Les crédits aux autres agents et à la clientèle constituent la composante la plus importante.

L'ensemble des concours distribués par les établissements situés hors et à l'intérieur de la zone d'émission du franc se chiffre à 1047 millions de francs.

On remarquera la part léonine taillée par les sociétés non financières. Celles-ci concernent principalement les administrations publiques et notamment les collectivités locales.

Concours de caractère bancaire octroyé par les établissements de crédit

En milliers de F

	1993 Zone d'émission			***1994 Zone d'émission***		
Intitulés	**Clientèle non fin.**	**Clientèle div**	**TOTAL**	**Clientèle non fin.**	**Clientèle div**	**TOTAL**
SNF	65.553	0	65.553	95.382	0	95.382
P	23.857	0	23.857	4.902	0	4.902
Ad. publique	0	0	0	248.268	0	248.268
Ad. privée	1.040		1.040	0	0	0
Autres	-	1.835	1.835	0	0	0
Total	**90.466**	**1.835**	**92.301**	**348.552**	**0**	**348.552**

SNF : Sociétés non financières
P : Particuliers
Ad. publique : Administrations publiques
Ad. privée : Administrations privées
Clientèle div : Clientèle diverse

Concours de caractère bancaire par agent économique

Etablissements de crédit situés dans la zone d'émission

En milliers de F

Intitulés/ Années	Sociétés non fin.	Particuliers	E. indi.	Autres agents et cl. diverses	TOTAL
1995	47.000	99.000	Non signalé	Non signalé	146.000
1996	134.000	102.000	22.000	6.000	264.000

Concours de caractère bancaire par agent économique

Etablissements situés hors de la zone d'émission

En milliers de F

Intitulés/ Années	Sociétés non fin.	Particuliers	E. Indi.	Autres agents et cl. diverses	TOTAL
1995	298	Non signalé	Non signalé	Non signalé	-
1996	304.000	6.000	Non signalé	473	783

Source : *Rapport annuel IEOM 1996,* p. 72

Le système bancaire mahorais dispose des conditions bancaires sans doute les plus compétitives de la région.

§ 2 La monnaie mahoraise

La monnaie mahoraise est moins abondante qu'au temps où elle tapissait les murs de cases faits de feuilles de cocotiers tressées (allusion à l'histoire économique dopante). La contrepartie est versée à l'extérieur.

A) Une masse tranquille

La masse monétaire mahoraise s'élève à 1837 millions de francs au 31décembre 1998 contre 1.661 millions de francs en 1997 ; soit un accroissement de 10,59 % contre 09,20 % l'année précédente (voir tableau).

COMPOSANTE DE LA MASSE MONETAIRE DE MAYOTTE

	Montant (en millions de F)			Variations				Parts		
M1	Décembre			Montants		%		%		
	1996 (1)	1997 (2)	1998 (3)	(2)-(1)	(3)-(2)	(2)/(1)	(3)/(2)	1996	1997	1998
Circulation fiduciaire	**685**	**789**	**909**	**134**	**119**	**20,4**	**15,1**	**43,1**	**47,5**	**49,5**
* Billets	649	783	901	133	119	20,5	15,2	42,7	47,1	49,1
* Pièces	6	7	7	1	1	12,6	8,7	0,4	0,4	0,4
Dépôts à vue	**280**	**266**	**261**	**-14**	**-5**	**-5,0**	**-2,0**	**18,4**	**16,0**	**14,2**
* Banque	244	231	223	-13	-8	-5,5	-3,4	16,1	13,9	12,1
* La poste	0	0	0	-	-	-	-	-	-	-
* Trésor public	36	35	38	NS	2	-1,4	6,8	2,3	2,1	2,0
TOTAL M1	**935**	**1.055**	**1.169**	**120**	**114**	**12,8**	**10,8**	**61,5**	**63,5**	**63,7**
M2-M1	**66**	**80**	**99**	**14**	**18**	**21,1**	**23,0**	**4,4**	**4,8**	**5,4**
Compte sur livrets	66	80	98	14	18	20,7	22,9	4,4	4,8	5,3
Comptes d'épargne-logement	0	NS	NS	NS	NS	NS	56,7	-	NS	NS
TOTAL M2	**1.001**	**1.135**	**1.268**	**134**	**132**	**13,4**	**11,7**	**65,9**	**68,4**	**69,0**
M3-M2	**519**	**526**	**569**	**6**	**43**	**1,2**	**8,3**	**34,1**	**31,6**	**31,0**
Dépôts à terme	**357**	**251**	**342**	**-106**	**91**	**-29,6**	**36,0**	**23,5**	**15,1**	**18,6**
* Banque	103	93	157	-10	64	-10,1	68,7	6,8	5,6	8,5
* Trésor public	254	158	185	-95	27	-37,5	16,9	16,7	9,5	10,1
Bons	58	74	88	16	13	27,8	17,9	3,8	4,5	4,8
Certificats de dépôts	104	200	139	96	-61	92,2	-30,3	6,8	12,0	7,6
TOTAL M3	**1.521**	**1.661**	**1.837**	**140**	**176**	**9,2**	**10,6**	**100,0**	**100,0**	**100,0**
P1	**0**	**5**	**8**	**5**	**3**	**NS**	**49,9**			
Epargne contractuelle										
Plan d'épargne-logement	0	5	8	5	3	NS	49,9			

Rapport annuel IEOM 1998 p. 84

L'agrégat M1 qui représente 63,6 % de la masse monétaire s'accroît de 10 points par rapport à 1997 (voir tableau).

Il comprend :

- les billets et les pièces (monnaies fiduciaires) mis en circulation ;

- et les dépôts à vue des banques, de la Poste et du Trésor public.
L'agrégat M2 de Mayotte regroupe les disponibilités monétaires (M1) et quasi monétaires (les comptes sur livrets). Les comptes sur livrets de 1998 s'élèvent à 98 millions de francs contre 80 millions de francs pour 1997, soit un accroissement de 2,25 %, ils représentent 5,3 % de la masse monétaire.

L'agrégat M3 comprend : les disponibilités monétaires et quasi monétaires, plus les dépôts à terme (des banques et du Trésor public), les bons et les certificats de dépôt.

Les éléments constitutifs de l'agrégat M4 n'existent plus à Mayotte. Il s'agit de titres du marché monétaire détenus par des agents non financiers, des bons de trésor en comptes courants et des billets de trésorerie. La masse monétaire mahoraise est donc constituée des agrégats M2 et M3 ; c'est à dire des disponibilités monétaires et des disponibilités quasi monétaires. On préfère donc les actifs liquides aux actifs financiers (actions, obligations, autres titres...), sans doute pour simplifier les échanges.

On remarque par ailleurs (voir tableau) que les composantes de la masse monétaire en circulation (monnaie fiduciaire : billets, pièces) représentent 51 % de l'ensemble de la masse monétaire, contre des moyennes de 52 % en Nouvelle Calédonie, 32 % en Polynésie française, 30% en France, 20 % dans les DOM et 7 % seulement dans les TOM[1].

Pourquoi l'économie mahoraise exige-elle autant de liquidité, alors que 40 % seulement de l'économie de l'île est monétarisée ?

Le nombre des comptes ouverts dans les banques et le Trésor public s'accroît régulièrement[2].

---

1 - Quid de l'intégration régionale ?
2 - *Rapport IEOM 1998*, p. 77

La coexistence liquidité/démonétarisation demeure énigmatique.

En conséquence, la monnaie mahoraise n'est pas une monnaie de crédit. La contre-partie principale est formée par le compte d'opérations.

B) Une contre-partie singulière

La structure de la contre-partie de la masse monétaire de Mayotte est singulière par rapport à celle des autres pays d'outre-mer. Les avoirs hors zone d'émission et les créances sur le Trésor représentent 87,8 % de la contre-partie monétaire. Les 12,8 % restant demeurent relatifs aux concours sur ressources monétaires.

A Mayotte, les crédits ne financent pas l'économie. C'est sans doute une cause du faible développement du secteur privé. Du coup la création monétaire devient l'œuvre essentielle de l'IEOM et du Trésor public. Elle se résume à l'émission de billets en échange des devises et créances déposées dans les coffres des deux institutions citées ci-avant (voir tableaux).

1) Contrepartie extérieure

Les billets et les pièces en circulation, les dépôts à vue et à terme détenus sous forme liquide ou d'écriture existent à Mayotte en contrepartie des avoirs de l'institut d'émission et des établissements de crédit locaux, des créances sur le Trésor public et des concours sur ressources monétaires.

Les avoirs de l'IEOM sont détenus en comptes d'opérations et ceux des établissements de crédit locaux représentent les disponibilités extérieures, exprimées par la position nette extérieure du système bancaire local (à savoir transferts émis, transferts reçus) (voir tableaux) en somme les devises et les créances sur l'étranger.

2) Les créances sur le Trésor public

Elles représentent les dépôts à vue et à terme constitués par le Trésor public et la contrepartie des pièces en circulation.

Elles décroissent régulièrement. Elles représentent le 2ème poste après les avoirs hors zone d'émission de la contrepartie de la masse monétaire.

Avoirs hors zone d'émission de l'Institut d'émission et des établissements de crédit locaux.

	1996	1997	1998
AVOIRS HORS ZONE D'EMISSION			
Solde en début de période	621	894	846
Solde en fin de période	894	1005	1.119
Variations annuelles	*273*	*111*	*109*

Evolution des avoirs hors zone d'émission de l'Institut d'émission et des établissements de crédit locaux

	1996	1997	1998
INSTITUT D'EMISSION			
Solde en début de période	440	650	778
Transferts publics reçus	1213	1260	1262
Transferts publics émis	-306	-260	-328
Transferts bancaires reçus[1]	210	239	222
Transferts bancaires émis[2]	-935	-932	-1012
Autres opérations (net)[3]	-10	-178	10
Solde en fin de période	**650**	**778**	**922**

1 - Les transferts en provenance de l'extérieur correspondent aux chiffres qui ne sont précédés d'aucun signe, les transferts à destination de l'extérieur sont précédés du signe négatif

2 - Les transferts bancaires comprennent les transferts de l'AFD ex CFD

3 - Les autres opérations représentent les opérations propres à l'Institut d'émission et incluent la correction de l'avance de la Banque de France

ETABLISSEMENTS DE CREDITS LOCAUX[1]	1996	1997	1998
Solde en début de période	**181**	**245**	**227**
Transferts reçus de l'extérieur ayant transité par le compte d'opérations[2]	-58	-87	-133
Transferts émis à destination de l'extérieur ayant transité par le compte d'opérations[3]	866	839	912
Opérations avec l'extérieur n'ayant pas transité par le compte d'opérations	-744	-770	-814
Solde en fin de période	**245**	**227**	**192**

Source : *Rapport IEOM 1996*, p. 77

1 - Les établissements de crédit locaux ne comprennent que les établissements dont l'institut d'émission reçoit les situations comptables territoriales. Les établissement de crédit locaux n'incluent donc pas la CFD qui ne publie pas en effet de situation comptable territoriale

2 - Ces transferts sont affectés du signe négatif car ils ont diminué les avoirs des établissements de crédits locaux chez leurs correspondants extérieurs

3 - Ces transferts ne sont affectés d'aucun signe, car ils ont augmenté les avoirs des établissements de crédit locaux chez leurs correspondants extérieurs

CONTREPARTIE DE LA MASSE MONETAIRE DE MAYOTTE

	Montant (en millions de F)			Variations				Parts		
	Décembre			Montants		%		%		
	1996 (1)	1997 (2)	1998 (3)	(2)-(1)	(3)-(2)	(2)/(1)	(3)/(2)	1996	1997	1998
Avoir hors zone d'émission	**894**	**1.005**	**1.114**	**111**	**109**	**12,4**	**10,8**	**58,8**	**60,5**	**60,6**
* Institut d'émission	650	778	922	128	144	19,7	18,5	42,7	46,8	50,2
* Etablissements crédits locaux*	245	227	192	-17	-35	-7,1	-15,5	16,1	13,7	10,5
Créance sur le Trésor public	**397**	**388**	**364**	**-9**	**-24**	**-2,2**	**-6,1**	**26,1**	**23,4**	**19,8**
Concours sur ressources monétaires	229	268	359	39	91	-16,8	33,9	15,1	16,1	19,5
* Concours de caractère bancaire des EC locaux	265	286	412	21	126	7,8	44,2			
* Ressources non monétaires des EC locaux (à déduire)	36	18	53	-18	35	-49,9	198,6			
- Excédent des capitaux propres sur les valeurs immobilisées	-14	-14	-17	NS	-2	1,8	16,8			
- Provisions sur créances douteuses	4	7	10	3	3	63,7	41,2			
- Engagement hors zone d'émission*	45	18	25	-27	7	-59,6	38,2			
- Epargne contractuelle	0	5	8	5	3	NS	49,9			
Divers	NS	1	27	1	25	244,3	NS			
TOTAL M3	**1.521**	**1.661**	**1.837**	**140**	**176**	**9,2**	**10,6**	**100,0**	**100,0**	**100,0**

Rapport IEOM 1998, p. 85

(*) Position extérieure nette du système bancaire : 200 209 167
La position extérieure nette du système bancaire local résulte de la différence entre les avoirs hors zone d'émission des établissements de crédits et les engagements hors zone d'émission de ces mêmes établissements.

3) Les concours sur ressources monétaires

Il s'agit en fait des créances sur l'économie. Elles sont faibles. Elles représentent 15,05 % en 1996 puis 16,13 % en 1997 et enfin 19,54 % en 1998.

Cela est inquiétant pour l'avenir économique de l'île. La faiblesse de cet indicateur prouve que l'économie mahoraise est soutenue exclusivement par une masse monétaire institutionnelle (IEOM et Trésor public). La dynamique privée est pour l'instant en retrait.

Conclusion de la section avant première

Le franc mahorais est un franc mahorais et comorien, républicain et universel, local et culturel. Il dépend essentiellement de l'économie publique. L'espace privé mahorais est peu monétarisé et sous-développé.

Les échanges extérieurs traduisent toujours un énorme déséquilibre structurel entre les importations et les exportations. Le réseau industriel est réduit, peu productif et moins compétitif. Mayotte est isolée et confinée dans des marchés étroits. Les flux financiers en provenance de la métropole accentuent le déséquilibre extérieur. Les actions de transformations sont insuffisantes.

La masse monétaire insulaire s'accroît régulièrement (9 %). Mais elle ne finance plus l'économie. Sa contrepartie représente une *réserve institutionnelle* de créances et de devises.

Cependant d'énormes potentialités locales demeurent, notamment dans l'agriculture, l'artisanat et le tourisme.

Le système financier mahorais qui est déjà très perfectionné saura accompagner leur développement.

Section 1
Une économie trouble

Après l'indépendance de 1975, émerge, des décombres des grandes exploitations coloniales et comptoirs commerciaux, une frénétique économie étatique : nationalisation de la terre et institution des premières sociétés d'Etat ; la Société comorienne de viande : SOCOVIA (1976) ; la Société nationale maritime des Comores (SNMC 1977) qui donnera la Société comorienne des Ports et Transports maritimes, (SOCOPOTRAM), la Société Air Comores (1977)...

Le retrait de l'aide française ainsi que le bâillon porté sur l'initiative privée finissent par affecter la balance de paiement et détériorer l'économie d'exportation.

Le développement d'une économie endogène axée notamment sur la production vivrière,les entreprises artisanales et de petites unités produit une croissance économique de l'ordre de 3,5%. Celle-ci est vite absorbée par une croissance démographique de 3,1% et une inflation de 1,5%.

En 1978, survient un deuxième coup d'Etat (après le premier réalisé le 3 août 1975 par le président Ali Soilihi). Le régime de 1978 institue la République Fédérale Islamique des Comores. Cette dernière impose un dirigisme politique marqué par les interférences de mercenaires étrangers dans l'action des gouvernements (1978-1990). La démocratie pluraliste et libérale de façade du président Ahmed Abdallah Abderemane entretient en fait une économie en coupe réglée par trois grandes familles (Abdallah, Kalfane et Mohamed Ahmed) (importation, exportation, banques commerciales...).

La richesse nationale, ainsi accaparée, augmente tout de même en moyenne de 1,5% par an pendant cette période de dictature politique et économique (1978-1990)(voir tableau à partir de 1990).

Mais la nouvelle baisse de l'aide extérieure, la chute des cours des produits d'exportation, la charge de la dette (voir tableau) provoquent un déséquilibre macro-économique sans précédent : déficit budgétaire important, déficit de la balance des paiements, aggravé par la dévaluation de 1994, endettement extérieur monstrueux (30% du PIB). Alors débute une période agitée de réformes macro-économiques (trois programmes de réformes), de démocratisation, de libéralisation et d'Ajustement structurel (1990-1999).

§ 1 L'économie avant les programmes d'Ajustement structurel (PAS) (jusqu'à 1989-1990)

Pendant les dix premières années qui ont suivi l'indépendance, l'économie comorienne se développe selon deux vitesses différentes et successives de croissance.

La première phase de croissance, la plus forte, s'étend de 1978-79 à 1985. Elle est stimulée par un vaste programme d'investissement public (notamment dans les domaines des infrastructures routières et portuaires) financé principalement par les emprunts extérieurs.

Le produit intérieur brut (PIB) augmente de 7,5% par an en termes réels de 1979. Cette augmentation, comparée à une croissance démographique de 3,3% par an, à un relèvement de revenu par habitant de l'ordre de 4,2% par an est acceptable[1].

Entre 1986 et 1989, survient la deuxième phase de croissance.

L'achèvement des grands travaux publics et l'avènement du remboursement de la dette extérieure, contribuent à une baisse du régime économique. Celui-ci ne croît que de 1,2% par an, chiffre inférieur au taux de croissance démographique annuel. Le revenu moyen par habitant, en termes réels, (voir tableaux) est tombé à 2% par an, en raison principalement de la réduction d'activité dans le secteur de la construction, et de la faiblesse de la croissance du secteur agricole et industriel. Les prix des produits d'exportation se sont dépréciés continuellement pendant qu'une demande assez forte de produits importés persistait. Les finances publiques souffrent d'une base fiscale étroite, d'un faible taux de recouvrement des impôts. L'augmentation rapide des dépenses, le cumul des déficits publics assèchent la liquidité du Trésor et provoquent de gigantesques arriérés de paiement.

Le marasme économique atteint tous les secteurs.

L'état de dégradation de la situation économique conduit l'Etat à entreprendre des programmes d'Ajustement structurel.

---

1 - Voir tableaux *Comores - PNUD*, éditions Frison-Roche 1997

§ 2 L'échec de tous les PAS

On recense trois programmes d'Ajustement structurel (PAS) reconnus comme tels.
Le *shadow programme* d'Ajustement structurel est mis en place en juillet 1989. Celui-ci édicte un ensemble de mesures destinées à assurer une reprise rapide de l'investissement et de la croissance.

Le deuxième programme de redressement économique et financier, identifié comme programme d'Ajustement structurel (PAS) à part entière, intervient en 1991. Il prévoit deux phases, la première d'une durée de trois ans (1991-1993) vise à l'arrêt de la dégradation des indicateurs macro-économiques et à un assainissement financier.

La seconde phase (1994-1998) est une phase de relance économique grâce à l'adoption et à l'exécution des politiques d'investissement dans les sections productives et dans la modernisation des structures de soutien à l'activité économique.
Le troisième et dernier programme d'Ajustement, appelé *programme de surveillance* du gouvernement d'Ahmed Abdou (2ème Premier ministre du président Mohamed Taki Abdoulkarim mars 1996-novembre 1998). Ce programme prévisionnel de 6 mois négocié en février 1997 reçoit l'appui de la Coopération française, de la Banque Mondiale et du FMI.

Il met en œuvre un train de mesures destinées à maîtriser l'instrument budgétaire (suivi de la trésorerie, apurement des arriérés (hors masse salariale), contrôle de la dépense publique, amélioration des recettes des directions générales de la douane et des impôts...).

Les principaux objectifs de ces trois programmes sont les suivants :
- créer les bases permettant à terme d'accroître le revenu réel par tête et d'améliorer les conditions de vie de la population dans un contexte de stabilité financière ;
- diversifier la base productive notamment en direction de l'industrie, de l'artisanat et du tourisme ;
- réduire sensiblement les déséquilibres internes et externes et rétablir des relations normales avec tous les bailleurs ;
- restructurer et organiser les institutions de soutien au développement, notamment la promotion du secteur privé ;
- contenir le taux d'inflation, de manière à améliorer, à terme, la compétitivité de l'économie comorienne ;

- développer l'économie concurrentielle et la libéralisation de l'ensemble des activités socio-économiques du pays ; et
- alléger à long terme, la pression démographique.

Cependant, la réalisation de tous ces objectifs s'avère aléatoire. Tous les programmes d'Ajustement structurel mis en œuvre aux Comores ont échoué, pour les raisons suivantes :
le shadow programme d'Ajustement structurel initié en juillet 1989, sombre en décembre, avec l'assassinat du président Abdallah par ses mercenaires - la discipline budgétaire est relâchée - les recettes fiscales baissent de 10% - les dépenses de fonctionnement continuent de croître. Le déficit courant consolidé du secteur public atteint près de 4% du PIB.
Constatant l'échec du *shadow programme,* le gouvernement d'avril 1990 reprend les négociations avec les institutions de Bretton Woods. Ils conviennent d'un programme d'Ajustement structurel en 1991.
Le programme de redressement économique et financier de 1991, nourrit de grands espoirs puis est soutenu à coups de *facilités d'Ajustement structurel renforcé* (FASR) par le FMI, de fonds d'ajustement structurel (FAS), et du MERCAP (macro economic reform and capacity building Adjustment program...) de la Banque Mondiale. Il a montré ses limites. On relève en 1996 :

- un faible accroissement du PIB réel de 0,4% ;
- une accumulation des arriérés intérieurs et extérieurs ; estimés respectivement à 13 et 14 milliards de FC (1995) (voir tableaux) ;
- une aggravation du déficit courant de la balance de paiement ;
- un accroissement du ratio du service de la dette ;
- une faiblesse du niveau d'investissement public et privé.

En 1995, les partenaires des Comores réalisant l'échec du PAS de 1991 multiplient les consultations et sonnent l'alarme du naufrage économique. Une mission tripartite FMI - BM - Coopération française de fin 1995 conclut à la nécessité d'un programme de surveillance de six mois.

A peine les consultants du FMI et de la Banque Mondiale (BM) ont-ils tourné le dos pour regagner Washington que le programme de surveillance est jeté au placard.

Aucune des mesures retenues sur le suivi de la trésorerie, l'apurement des arriérés hors masse salariale, le contrôle de la dépense publique, l'arrêt/annulation de recrutements irréguliers, des rappels et des promotions injustifiées, n'est prise en compte. Les trois inspecteurs français de la douane (M. Petigenet P.), des impôts (Thierry Pierrot), et du trésor (J.M. Varnier) dépêchés par Paris pour l'assistance technique du programme de surveillance constatent l'absence de volonté et de courage politiques dans l'application de mesures d'assainissement. Ils remettent un rapport d'échec du programme et rejoignent leurs administrations parisiennes en décembre 1997.

Le décès du président Taki, élu démocratiquement en mars 1996, survenu le vendredi 5 novembre 1998 vient s'ajouter à une succession d'échecs dans l'effort de reconstruction.
Ce n'est qu'à partir du 26 août 2000, qu'une lueur d'espoir se profile à l'horizon.

Les autorités d'Anjouan signent avec la République Fédérale Islamique des Comores, ce jour, la déclaration de Fomboni (Mohéli). Cette dernière définit le nouvel ensemble comorien (NEC) seul sujet de droit international. Une commission tripartite (composée de délégués des trois îles) est chargée de rédiger le projet constitutionnel des Comores. Moroni lève alors unilatéralement l'embargo imposé par l'OUA et rétablit les relations et échanges entre les îles.

En outre, prenant en compte les résolutions antérieures relatives au règlement de la crise comorienne, les forces politiques de l'opposition, de la Société civile des îles, sous les auspices de l'Organisation de l'Unité Africaine (OUA), appuyée par l'Organisation Internationale de la Francophonie et l'Union Européenne (UE), en présence de la Ligue des Etats arabes et de l'Organisation des Nations Unies (ONU), se rejoignent de Moroni et Mutsamudu pour signer le samedi 17 février à Fomboni (Mohéli) l'accord cadre pour la réconciliation aux Comores.

Cet accord pour la concorde et la paix civile et militaire réconcilie les entités et populations insulaires.

Les institutions financières internationales (BM, FMI, AFD, Union Européenne...) qui ont repris leurs consultations avec Moroni depuis janvier 2000, se rendent également à Anjouan.

Une mission conjointe FMI/BM en visite aux Comores le 22 décembre 2000 réitère la nécessité de la poursuite du dialogue inter-îles, de l'effort d'assainissement et de règlement des salaires des

EVOLUTION DU DÉFICIT BUDGÉTAIRE
(En millions FC courants)

Année	Déficit Primaire (1)	Déficit Primaire (2)	Déficit budgétaire (3)=(1)+(2)	PIB Courant (4)	% déficit budgétaire (3)/(4)	%Déficit capital (2)/(4)
1970	- 203	-205	-408	8 043	5,07	2,55
1971	-216	-218	-434	9 432	4,60	2,31
1972	-296	-250	-546	10 016	5,45	2,50
1973	-350	-466	-816	11 082	7,36	4,21
1974	-377	-806	-1 183	16 781	7,05	4,80
1975	-759	-507	-1 266	15 011	8,43	3,38
1976	-1 402	-1 650	-3 052	12 839	23,77	12,85
1977	-990	-2 021	-3 011	14 249	21,13	14,18
1978				16 972		
1979	-1647	-2 990	-5 734	21 386	26,81	13,98
1980				24 704		
1981						
1982	-713	-9 297	-10 010			
1983	-851	-13 431	-14 282	42 496	33,61	31,60
1984	-828	-17 334	-18 162	46 968	38,67	36,90
1985	-2 710	-17 501	-20 211	51 437	39,29	34,02
1986	-1 760	-15 454	-17 214	56 270	30,59	27,46
1987						
1988	-1 777	-9 430	-11 207	61 796	18,14	15,26
1989	-2 359	-10 204	-12 563	63 397	19,82	16,10
1990	-462	- 14 538	-15 000	68 074	22,03	21,36
1991	-3 511	-9 591	-13 102	69 620	18,74	13,78
1992	-1 190	-11 899	-13 089	69 858	18,70	17,03
1993	-1 453	-7 314	-8 767	74 633	11,75	9,80
1994	-2 860	-15 860	-18 720	80 368	23,29	19,73
1995	-4 204	-8 866	-13 070	80 131	15,54	10,54

Comores - PNUD, éditions Frison-Roche 1997, p. 56

Evolution de la balance commerciale
(En millions FC courants)

Année	Importation (c.a.f (1)	Exportation (f.o.b) (2)	Déficit commercial (3)=(1)+(2)	Ratio Expo/Imp Courant (2)/(4)	PIB courant (4)	Ratio Exp/PIB (2)/(4)
1968	1763	1008	- 755	57,18	6605	15,26
1969	2092	1289	- 803	61,62	7183	17,95
1970	2373	1278	- 1095	53,86	8043	15,89
1971	2834	1572	- 1262	55,47	9432	16,67
1972	2932	1511	- 1421	51,53	10016	15,09
1973	3369	1106	- 2263	32,83	11082	9,98
1974	6202	2138	- 4064	34,47	16781	12,74
1975	4976	2036	- 2940	40,92	15011	13,56
1976	3119	2224	- 895	71,30	12839	17,32
1977	4053	2203	-1850	50,88	14249	15,46
1978	4330	2103	-2227	48,57	16972	12,39
1979	6506	3745	-2761	57,56	21386	17,51
1980	9015	2282	-6733	25,31	24704	9,24
1981						
1982	10725	6435	-4290	60,00		
1983	14267	7419	-6848	52,00	42496	17,46
1984	18544	3079	-15465	16,60	46968	6,55
1985	17369	7048	-10321	40,58	51437	13,70
1986	12926	6911	-6015	53,47	56270	12,28
1987						
1988	12854	6398	-6456	49,77	61796	10,35
1989	11373	5758	-5615	50,63	63397	9,08
1990	12314	4796	-7518	38,95	68074	7,04
1991	13872	6871	-7001	49,53	69620	9,87
1992	15414	5673	-9741	36,80	69858	8,12
1993	14027	6189	-7838	44,12	74633	8,29
1994	21463	4688	-16775	21,84	80368	5,83
1995	23411	4236	-19175	18,09	84131	5,04

Comores - PNUD, éditions Frison-Roche 1997, p. 57

fonctionnaires (12 mois sur 12 mois l'an), et la consolidation du budget d'Anjouan avec celui de Moroni.

Elle conclut à une proposition de *shadow programme* en mars 2001[1].

§ 3 L'économie de la séparation

Anjouan autoproclame sa séparation de la République Fédérale Islamique des Comores en août 1997. Toutes les tentatives de réconciliation organisées sous l'égide de la communauté internationale échouent. Le 8 mars 1999, l'OUA (Organisation de l'Unité Africaine) décrète un embargo maritime, aérien, et le gel des comptes bancaires des autorités politiques séparatistes. La Banque pour l'Industrie et le Commerce aux Comores et la Banque centrale ferment leurs succursales de Mutsamudu (capitale de l'île d'Anjouan) et rapatrient le personnel à Moroni.

La rupture politique de Moroni avec Mutsamudu provoque un démembrement des services de l'administration. Les Postes et Télécommunications, les Hydrocarbures, l'Office National pour l'Importation et la Commercialisation du Riz (ONICOR), les directions régionales des ministères résidents à Anjouan ne répondent plus aux injonctions de l'administration centrale. La République s'est résolue à stopper la comptabilisation des produits et des charges d'Anjouan, excepté le service de la dette.

Par ailleurs, tout débiteur résidant à Anjouan échappe à toute poursuite en recouvrement public ou privé.

La séparation politique, puis économique d'Anjouan de ses îles sœurs, aggrave donc la précarité de la vie, affecte l'économie de Mohéli, (comptoir anjouanais) et trouble les transactions maritimes et commerciales avec la Grande-Comore et Mayotte.

Depuis la crise séparatiste de 1997, les statistiques économiques n'appréhendent que les opérations et transactions de la Grande-Comore et de Mohéli.

---

1 - Voir en annexe les tableaux d'opérations de *shadow programme* 2001 du FMI

La persistance de cette crise maintient un climat d'instabilité qui éloigne les éventuels investisseurs et décourage les bailleurs de fonds partenaires des Comores.
Après la déclaration de Fomboni du 26 août 2000, et la levée de l'embargo anti-anjouanais par Moroni, les employés des agences de la BIC et de la Banque centrale reprennent leur travail à Mutsamudu. Les projets de la Banque Mondiale redémarrent.

Mais l'activité économique demeure atone. Les finances publiques anjouanaises ne sont pas encore organisées. Les fonctionnaires d'Anjouan ont perçu 2 mois de solde en 1999 (janvier et février) et 2 autres mois en l'an 2000 (janvier et février). La comptabilité des autres dépenses est aléatoire.
L'activité privée est affectée par la faiblesse de la dynamique bancaire, le climat d'instabilité politique et la destruction d'une partie des infrastructures routières et immobilières (écoles, bureaux administratifs, entrepôts, magasins, habitations privées) résultant des affrontements militaires de 1997 et 1998.

L'espoir économique anjouanais réside dans le retour à la stabilité institutionnelle (adoption de la constitution de l'ensemble comorien et de l'île) et à l'intégration politique et économique régionale.

Conclusion de la section 1

L'économie des Comores est soumise aux convulsions de la vie politique et sociale.

On relève que la période de forte croissance (1980-1989) économique correspond à la période de stabilité institutionnelle.

Celle-ci est obtenue au prix d'un bâillonnement des médias, d'une sévère répression politique (emprisonnements arbitraires, élimination par noyade d'opposants politiques...) et d'un dirigisme mercenarial (Bob Denard et ses mercenaires protégeaient et conseillaient le Président Ahmed Abdallah Abderemane).

Les trois programmes d'Ajustement structurel institués aux Comores ont échoué pour cause de mauvaise foi des autorités politiques et d'absence d'adhésion de l'opinion publique.

La fin chaotique du mandat du Président Djohar, l'exercice court et désastreux du président Mohamed Taki Abdoulkarim, l'intérim tâtonnant du président Tadjidine Ben Saïd Massonde, les volontés séparatistes d'Anjouan et de Mohéli ont achevé une économie agonisante depuis 1990.

Les efforts de redressement entrepris depuis 1999/2000, notamment en matière de finances publiques et de mise en ordre de l'économie, avec le concours de la BM, du FMI, de l'AFD, de l'UE, de la BAD, du BID, du FIDA..., à terme, provoqueront les croissances honorables des années 80 (5 à 7%).

DONNEES SUR L'EVOLUTION DU PRODUIT INTERIEUR BRUT

Période	Agrégation	Année t1	Année t2	Taux de croissance annuel moyen
1968-1975		1968	1975	
	PIB courant	6605 MFC	15011 MFC	12,4%
	Population	257547 hab	284684 hab	1,5%
	PIB/tête courant	25464 FC	52729 FC	10,9%
	Indice des prix	54,7	100,0	9,2%
	PIB constant	12076 MFC	15011 MFC	3,2%
	PIB tête constant	46889 MFC	52729 FC	1,7%
	Taux de change	246,9 CFA	214,3 CFA	
1976-1980		1976	1980	
	PIB courant	12839 MFC	24704 MFC	17,7%
	Population	294127 hab	335150 hab	2,7%
	Indice des prix	70,5	110,8	12,6%
	PIB constant	18219 FC	22305 MFC	5,1%
	PIB tête constant	61943 FC	66552 FC	1,8%
	Taux de change	238,98 FC	211,30 FC	
1983-1986		1983	1986	
	PIB courant	42496 MFC	56270 MFC	9,7%
	Population	362493 hab	392062 hab	2,7%
	PIB/tête courant	117232 FC	143523 FC	7,0%
	Indice des prix	88,4	107,1	6,6%
	PIB constant	48083 MFC	52536 MFC	3,1%
	PIB tête constant	132645 FC	133999 FC	0,4%
	Taux de change	382 FC	346 FC	
1988-1995		1988	1995	
	PIB courant	61796 MFC	84131 MFC	4,5%
	Population	413113 hab	496057 hab	2,7%
	PIB/tête courant	149591 FC	169585 FC	1,8%
	Indice des prix	92,4	122,3	4,1%
	PIB constant	66904 MFC	68765 MFC	0,4%
	PIB tête constant	161951 FC	138623 FC	-2,3%
	Taux de change	280 FC	375 FC	

Comores - PNUD, éditions Frison-Roche, Paris, 1997, p. 9

PIB PAR TETE A PRIX CONSTANT DE 1975

Année	Population	PIB courant millions FC	Déflateur base 1975	PIB constant millions FC	PIB/Tête FC constant
	(1)	(2)	(3)	(4)=(2) (3=)	(4) (1)
1968	257 547	6 605	54,7	12076	46888
1969	269 770	7 183	58,2	12348	47772
1970	281 993	8043	58,2	13766	48817
1971	291 537	9432	62,3	15148	51959
1972	301 356	10016	64,0	15638	51892
1973	311 491	11082	70,3	15773	50637
1974	321 992	16781	97,5	17204	53430
1975	284 684	15011	100,0	15011	52729
1976	294 127	12839	109,0	16715	56829
1977	303 833	14249	116,3	17379	57199
1978	313 966	17972	134,4	17907	57035
1979	324 374	21704	154,6	19620	60486
1980	335 150	24704	171,3	20463	61056
1981	344 027	187,2			
1982	353 140	201,8			
1983	362 493	42496	214,5	22416	61838
1984	372 095	46968	226,6	23358	62774
1985	381 950	51437	242,6	23980	62783
1986	392 062	56270	259,7	24492	62470
1987	402 453	276,6			
1988	413 113	1796	294,6	22710	54973
1989	424 055	63397	311,6	21988	51852
1990	435 287	68074	318,8	23107	53085
1991	446 817	69620	344,7	21857	48917
1992	458 648	69858	321,1	23536	50923
1993	470 793	74633	330,5	24438	51908
1994	483 260	80368	357,1	23884	49423
1995	496 057	84131	390,1	23342	47055

Comores - PNUD, éditions Frison-Roche, Paris, 1997, p. 54

Section 2
Une économie ajustée et remorquée

§ 1 Le système bancaire

Le système bancaire comorien est structuré en trois catégories d'établissements :

- les banques du réseau formel appelées *grandes banques,* au nombre de trois, la Banque Centrale des Comores (BCC), la Banque pour l'Industrie et le Commerce-Comores (BIC) et la Banque de Développement des Comores (BDC),
- les réseaux mutualistes des caisses d'épargne décentralisées, les caisses SANDUKS et les Mutuelles d'Epargne et de Crédits ya Komor (MECK) ;
- la Caisse Nationale d'Epargne (CNE) gérée par la Société Nationale des Postes et Télécommunications (SNPT).

A) La Banque Centrale des Comores

«La Banque centrale a le privilège exclusif d'émettre les signes monétaires, billets et monnaies métalliques, ayant cours légal et pouvoir libératoire sur le territoire de la République» (article 3)[1].
Elle est «chargée de veiller à l'application de la réglementation de la profession bancaire. Elle peut proposer au ministre des Finances les modifications et compléments qu'elle estime devoir lui être apportée» (article 6 alinéa 2)[2].
Dans le cadre de cette mission, elle dispose de 3 pouvoirs :
- un pouvoir réglementaire : elle fixe par circulaire les modèles des situations comptables et des états divers périodiques, les règles de gestion notamment en ce qui concerne la liquidité, la division des risques des établissements financiers ;
- un pouvoir administratif : il exerce un contrôle sur pièces des activités et des résultats des banques ou/et un contrôle sur place par l'intermédiaire de ses inspecteurs ;
- un pouvoir disciplinaire (si un contrôle révèle une infraction aux règles fixées par la législation ou la réglementation bancaire, la Banque

1 - Loi fédérale n° 80-08 du 26/06/80
2 - Loi fédérale n° 80-08- op. cit.

centrale prend sans préjudice des sanctions pénales applicables, des sanctions disciplinaires : avertissement, blâme, interdictions de certaines opérations dans l'exercice de la profession, suspension des dirigeants responsables, radiation de la liste des banques...).

La Banque centrale est également «l'organe chargé de la mise en œuvre de la coopération monétaire»[1].

Elle «a pour mission générale de formuler la politique monétaire et du crédit»[2].

1) Organisation et activité

La Banque centrale est dirigée par un Conseil d'administration composé au 31 décembre 1999[3] de :

- MM. Salim Ahmed Abdallah, président
  Ahamadi Abdoul'Bastoi
  Bernard Enfrun
  Jean Michel Bebrat
  Olivier Paquier
  Michel Reveyrand
  Said Mohamed Mkandzilé
  Youssouf Moustakim

Le collège des censeurs est constitué de :
- MM. Moindjié Saandi
  Pierre Uhel

Le gouvernement est assuré par :
- MM. Said Ahmed Said Ali, gouverneur[4]
  Bruno Faure, vice-gouverneur

1 - Article 3 de l'Accord de coopération monétaire du 23 novembre 1979 signé entre la France et les Comores

2 - Article 4 des statuts de la Banque Centrale des Comores annexés à l'Accord de coopération et modifiés par un Avenant du 29 avril 1987

3 - XXVe *Rapport annuel* Zone franc 1999

4 - Les gouverneurs de la Banque Centrale des Comores sont par ordre chronologique : Said Mohamed Mschangama (1978-1980), Mohamed Halifa (1980-1997), Said Ahmed Said Ali (1997-2002), Ibrahim Ben Ali

La Banque centrale emploie 38 personnes réparties comme suit :

- quatre (4) directeurs,
- quatre (4) cadres supérieurs,
- six (6) cadres moyens,
- quatorze (14) employés,
- dix (10) agents de service.

Ces dernières gèrent la monnaie fiduciaire et effectuent les opérations de change.

La monnaie fiduciaire de billets de banque actuellement en circulation aux Comores est composée de cinq coupures de :
- 10.000, 5.000, 2.500, 1.000 et 500, entrées en usage à des périodes différentes, 1976 pour les billets de 500 et de 1000 FC, 1980 pour la vignette de 5000, 1996 pour la coupure de 2.500 et 1997 pour le gros billet de 10.000 FC.

La propension du public à détenir le billet de 5 000 FC à l'effigie du président Said Mohamed Cheikh demeure élevée malgré le développement rapide des coupures de 1.000 et de 500 FC (voir tableaux).

Le billet de 10.000, dernier-né, lancé en 1997 est le moins demandé par le public.

Les pièces progressent régulièrement. En 1999 l'accroissement est de 3,9% en nombre et 7,9% en valeur (voir tableau).

Cependant, on est arrivé à constater le refus d'usage du public des pièces de 10 FC et de 5 FC. La plus petite valeur utilisée actuellement aux Comores est la pièce de 25 FC.

L'activité aux guichets de la Banque centrale a fortement progressé en 1999. Les entrées et les sorties de billets se sont accrues de 45%, celles de pièces de 27%. Cette progression est due «à la hausse des recouvrements des recettes de l'Etat, à l'importance des rentrées de devises et au paiement des salaires de la Fonction publique devenus plus réguliers»[1].

---

1 - XXe *Rapport annuel, Comores 1999*, p. 52

EVOLUTION ANNUELLE DES BILLETS EN CIRCULATION

Coupure	Nombre de billets (en milliers)				Valeur (en millions)			
	1996	1997	1998	1999	1996	1997	1998	1999
10.000	0	157	108	152	0	1.570	1.084	1.517
5.000	824	601	430	455	4.120	3.005	2.150	2.273
2.500	60	64	43	80	150	160	107	200
1.000	590	461	541	691	590	461	541	691
500	698	628	742	1.049	349	314	371	525
Total	**2.172**	**1.911**	**1.864**	**2.427**	**5.209**	**5.510**	**4.253**	**5.206**

Source : Banque Centrale des Comores, *XXVe Rapport annuel Comores, 1999, p. 50*

Part des coupures dans le montant des billets en circulation
(En pourcentage)

Coupures	1996	1997	1998	1999
10.000	0,0	28,5	25,5	29,1
5.000	79,1	54,5	50,6	43,7
2.500	2,9	3	2,5	3,8
1.000	11,3	8,3	12,7	13,3
500	6,7	5,7	8,7	10,1
Total	**100,0**	**100,0**	**100,0**	**100,0**

Source : Banque Centrale des Comores, *XXVe Rapport annuel, Comores 1999, p. 51*

En revanche, le nombre de paquets triés a dégringolé de plus de 40% par rapport à 1998. La fermeture du dépôt de Mutsamudu pendant le 1er trimestre 1999 explique en partie cela.

Les taux de récupération de l'ensemble des billets baissent régulièrement, excepté pour les coupures de 10.000 FC et de 500 FC.

Enfin le public semble détenir plus longtemps la coupure de 2.500 FC.

EVOLUTION ANNUELLE DES PIÈCES EN CIRCULATION

Valeur faciale	Nombre de pièces (en milliers)				Valeur (en millions)			
	1996	**1997**	**1998**	**1999**	**1996**	**1997**	**1998**	**1999**
100	1.225	1.315	1.360	1.537	122,5	131,5	136,0	153,7
50	1.631	1.747	1.750	1.821	81,5	87,3	87,5	91,1
25	1.509	1598	1.603	1.672	38,0	40,0	39,6	41,8
20	490	489	498	488	9,8	9,8	9,8	9,8
10	716	754	778	406	7,1	7,5	7,8	8,0
5	2.455	2.493	2.508	2.530	12,2	12,4	12,9	12,6
2	488	502	509	513	1	1	1	1
1	512	512	512	512	0,5	0,5	0,5	0,5
Total	**9.026**	**9.410**	**9.509**	**9.879**	**272,6**	**290**	**295,1**	**318 ,5**

Source : Banque Centrale des Comores, *XXVe Rapport annuel, Comores 1999, p. 51*

2) La politique monétaire

La «Banque centrale est l'organe chargé de la mise en œuvre de la coopération monétaire», précise l'article 3 de l'Accord de coopération monétaire du 23 novembre 1979 signé entre la France et les Comores. Le taux de couverture des engagements à vue de la Banque centrale par ses réserves de change doit être supérieur à 20%. Il est de 155,5% fin 1998 et 149% fin 1999. Cette couverture confortable est essentiellement due à la bonne circulation de la monnaie fiduciaire et à l'augmentation des dépôts des banques et du Trésor auprès de la BCC.

La première banque utilise comme instruments de politique monétaire, les plafonds de refinancement et les taux d'intérêt.

Les possibilités de refinancement de l'Etat auprès de la Banque centrale sont plafonnées par les articles 16 et 17 des statuts qui limitent les avances au Trésor à 20% de la moyenne des recettes budgétaires *ordinaires* effectivement recouvrées au cours des trois années précédentes. Le Conseil d'administration du 4 mai 1999 a porté l'avance statutaire de 2.226 à 2.234 millions FC (+ 8 millions FC). Le Trésor dispose systématiquement

MOUVEMENTS DES BILLETS

Agence	Prélèvement			Versement			Total			Variat° 99/98 (en%)
	1997	1998	1999	1997	1998	1999	1997	1998	1999	
Moroni	3.120	2.944	4.750	3.171	2.860	4.099	6.800	5.804	8.849	+ 52,5
Mutsamudu	343	423	446	916	54	532	1.350	977	978	+ 0,1
Total billets	**3.554**	**3.367**	**5.196**	**4.087**	**3.414**	**4.631**	**8.150**	**6.781**	**9.827**	**+ 44,9**
Moroni	541	269	406	184	178	196	724	447	602	+ 34,7
Mutsamudu	139	97	187	97	89	15	237	186	202	+ 8,6
Total pièces	**680**	**366**	**593**	**281**	**267**	**211**	**961**	**633**	**804**	**+ 27,0**

Source : Banque Centrale des Comores, *XXVe Rapport annuel, Comores 1999, p. 52*

EVOLUTION DES BILLETS

(En paquets de 1.000 billets)

Agence	1996	1997	1998	1999	Variation (en %)
Moroni	2.490	1.489	3.871	2.231	- 42,3
Mutsamudu	941	853	707	454	- 35,8
Total	**3.431**	**2.342**	**4.578**	**2.685**	**- 41,3**

Source : Banque Centrale des Comores, *XXVe Rapport annuel, Comores 1999, p. 50*

EVOLUTION DES TAUX DE RÉCUPÉRATION DES BILLETS

Coupure	1995	1996	1997	1998	1999
10.000	-	-	100	100	100
5.000	95,6	93	92	79,3	73,2
2.500	-	100	98,9	88,4	79,3
1.000	61,2	53	54,1	46,2	34,3
500	41,9	36,4	36,6	31,1	33,8

Source : Banque Centrale des Comores, *XXVe Rapport annuel, Comores 1999, p. 53*

de l'intégralité de cette facilité. En ce qui concerne le système bancaire, comme les années antérieures, aucune opération de refinancement n'est pratiquée vis-à-vis de la BIC (en raison principalement de sa situation de surliquidité structurelle), ni vis-à-vis de la Banque de Développement (BDC) en 1999.

Mais, tirant les conséquences de cette situation chronique de surliquidité structurelle du système financier des Comores, la BCC, le 20 juin 1999, décide d'utiliser l'article 27 de ses statuts. Celui-ci l'autorise, en pareil cas, à instaurer un système de réserves obligatoires sur les dépôts et les crédits. Ce dernier présente les caractéristiques suivantes :

- l'assiette des dépôts est constituée du montant total des dépôts de la clientèle (compte de dépôts, comptes courants, comptes sur livrets, comptes à terme) ;
- un taux uniforme de 30% s'applique à toutes les exigibilités comprises dans l'assiette ;
- ces réserves sont constituées sur un compte à la Banque centrale et sont rémunérées au taux moyen de l'EONIA (Euro Over Night Indexed Average) (taux moyen interbancaire sur l'euro au jour le jour), constaté durant le mois précédent, diminué de 1/8e, alors que les réserves libres des banques sont rémunérées au taux moyen de l'EONIA augmenté de 1/8e.

La BIC, en 1999, seule banque de dépôts, maintient ses réserves au-dessus du seuil requis. L'excédent a représenté au maximum 15% des réserves obligatoires.

Les taux d'intérêts bancaires sont en raison de l'absence de concurrence, administrés par le ministère des Finances, sur proposition de la Banque centrale. Des taux débiteurs maxima et des taux créditeurs minima sont fixés. L'évolution de ces taux tient compte de la situation des taux d'intérêt pratiqués en France et dans la zone euro.

La réglementation des taux instituée en juillet 1999 ramène les taux débiteurs de la fourchette 11% - 18% à celle de 10% - 15%. Leur plafonnement selon leur nature est le suivant :

- crédit de campagne, crédit à l'exportation et crédit à l'importation de riz par l'ONICOR : 9% l'an maximum ;

Taux d'intérêt

(En pourcentage)

	Taux en déc. 1996	Taux au 01/07/97	Taux au 01/06/99	Taux au 01/01/2000
Taux d'escompte	8,5	7,0	5,9	EONIA + 1,5%
Taux des avances au Trésor	5,5	4,8	3,7	EONIA + 1,5%
Taux de rémunération des dépôts du Trésor	5,5	4,5	EONIA	EONIA
Taux de rémunération des dépôts des banques à la BCC - Représentatif des réserves obligatoires - Libre			EONIA 1/8 EONIA +1/8	EONIA - 1/8è EONIA + 1/8
Taux plafonds sur les crédits : Crédits à moyen terme et long terme de campagne Crédits de campagne Crédits à l'exportation Crédits à l'importation de riz	11	11	11	9
Autres crédits immobiliers	15	15	15	12
Crédits aux particuliers (maximum)	18	18	18	15
Taux planchers sur les dépôts	5 à 5,5	3 à 4	3 à 4	3

Source : La Zone franc, *rapport annuel 1999,* Banque de France, p. 147.

- crédit à long et à moyen terme pour les investissements dans les secteurs de l'agriculture, de la pêche, de l'élevage, de l'artisanat, de l'industrie, du tourisme et des services, à l'exclusion du commerce et des crédits à l'immobilier à caractère social (1ère habitation principale d'un national et d'un coût ne dépassant pas 12 millions FC : 9% l'an maximum) ;
- autres crédits immobiliers : 12% l'an maximum ;
- crédits aux particuliers sans caractère agricole, industriel ou commercial : 15% l'an maximum.

Solde mensuel moyen du compte d'opérations (1995-1999)
(En millions de FC)

Rubriques	**1995**	**1996**	**1997**	**1998**	**1999**
1er trimestre	20.184	16.386	18.139	15.945	14.740
2ème trimestre	19.086	16.847	17.796	17.117	14.660
3ème trimestre	20.578	18.928	17.984	16.082	16.227
4ème trimestre	20.347	19.555	17.591	15.688	16.710
Moyenne annuelle	**20.048**	**17.929**	**17.877**	**16.208**	**15.584**

Source : Banque Centrale des Comores BCC, *XXVe Rapport annuel 1999*, p. 54

Pour le plancher, celui des taux d'intérêt créditeurs, celui de rémunération des comptes sur livrets et des dépôts à terme est fixé à 3% l'an maximum. Dès juillet 1999, les taux de rémunération des dépôts du trésor et des dépôts des banques et des établissements financiers auprès de la Banque centrale sont indexés sur le taux moyen mensuel de l'EONIA.

Le taux d'escompte est ramené de 7% à 5,9% et celui des avances à l'Etat de 4,8% à 3,7% (voir tableau).

On remarquera que la politique monétaire des Comores dès janvier 1999, en harmonie avec *l'euro système* s'est considérablement *éonisée.*

Enfin, pour le compte d'opérations, le niveau mensuel des avoirs déposés (15,5 milliards FC) a décru de 3,8% en 1999 par rapport à 1998 (16,2 milliards FC) (soit un différentiel de 26 millions de FC).

EVOLUTION DE LA MASSE MONÉTAIRE
(En millions FC)

Masse Monétaire	Déc. 1996	Déc. 1997	Déc. 1998	Déc. 1999	Variat° en % 99/98
Monnaie	12 191	11 147	10 556	11 662	+ 10,5
Circulation fiduciaire	5 639	5 434	5 395	6 310	+ 16,9
Dépôts à vue	6 552	5 713	5 161	5 352	+ 3,7
Banque centrale	1 523	653	348	966	+ 177,6
Au Trésor	542	542	400	400	-
Banque commerciale	4 487	4 518	4 413	3 986	- 9,7
Quasi-monnaie	6 167	7 771	7 399	8 015	+ 8,3
Comptes sur livret	4 993	5 602	5 997	6 699	+ 11,7
Plans d'épargne	538	376	118	-	-
Compte d'épargne logement	-	-	284	275	- 3,2
Comptes bloqués et à terme	636	1 793	1 000	1 041	+ 4,2
Total de la masse monétaire	**18 358**	**18 918**	**17 955**	**19 677**	**+ 9,6**

Source : Banque Centrale des Comores, *XXVe Rapport annuel 1999,* p. 41

Depuis le 1er janvier 1999, avec l'intégration de la Zone franc dans la zone euro, la responsabilité de la politique monétaire de la Banque de France (Paris) est transférée à la Banque Centrale Européenne (Francfort). La rémunération de notre compte d'opération est indexée sur le taux de facilité de prêt marginal au jour le jour de la BCE. En 1999, la moyenne s'est située à 3,9%, taux inférieur à ceux de 1997 et 1998 (4,6%).

3) Les agrégats monétaires

La masse monétaire a progressé de 9,6% par rapport à 1998. Elle s'élève à 19 677 millions FC contre 17 955 millions FC en 1998. Cette évolution s'explique par l'amélioration de la position extérieure de la Banque centrale (+12,1%) et de la BIC (+18,2%), c'est à dire une augmentation des transferts de l'étranger vers les Comores.

L'accroissement de la masse monétaire en 1999 concerne essentiellement la circulation fiduciaire (+16,9%) et la quasi monnaie (+8,3%).

L'envol de la circulation fiduciaire est dopé par la reprise de l'activité touristique, les apports de fonds des Comoriens de l'étranger (achats de devises) et le rétablissement du paiement régulier des salaires des agents de l'Etat.

Les dépôts à vue ont progressé seulement de 3%. Cette situation s'explique d'une part, par la reconstitution progressive de la trésorerie de la Banque de Développement et de la Caisse Nationale d'Epargne, et d'autre part, par le recul des dépôts de la BIC à la BCC, désormais soumis à réserves.

Les disponibilités monétaires (circulation fiduciaire et dépôts à vue) alimentées essentiellement par les achats de devises, augmentent de 10,5% se situant à 11 662 millions FC en 1999 contre 10 556 millions FC en décembre 1998.

EVOLUTION DES CONTREPARTIES DE LA MASSE MONÉTAIRE

(En millions FC)

Contrepartie	Déc. 1996	Déc. 1997	Déc. 1998	Déc. 1999	Variat° en % 99/98
Avoirs extérieurs (nets)	**19 034**	**18 768**	**17 737**	**19 890**	**+ 12,1**
Banque centrale	18 194	16 838	15 397	17 123	+ 11,2
Banque commerciale	840	1 927	2 340	2 766	+ 18,2
Crédit intérieur	**9 382**	**11 286**	**12 534**	**12 344**	**- 1,5**
Créances sur l'Etat (adm. cent)	**2 592**	**2 828**	**3 631**	**3 611**	**- 0,5**
Créances brutes	4 526	4 284	4 307	4 368	+ 1,4
Dépôts de l'Etat	1 934	1 454	676	757	+ 11,9
Crédits à l'économie	**6.790**	**8 458**	**8 903**	**8 733**	**- 1,9**
Secteur public	107	426	165	369	+ 123,6
Secteur privé	6 683	8 032	8 738	8 364	- 4,3
Autres postes nets	**-10 058**	**-11 133**	**-12 316**	**-12 556**	**+ 1,9**
Total des contreparties	**18 358**	**18 918**	**17 955**	**19 677**	**+ 9,6**

Source : Banque Centrale des Comores, *XXVe Rapport annuel 1999*, p. 43

Quant à la quasi-monnaie, composée des comptes sur livrets, des plans d'épargne, des comptes d'épargne logement, des comptes bloqués à terme, elle croit de 8,3% en 1999, passant de 7.399 à 8.015 millions FC. Cet accroissement est du à l'intérêt grandissant porté par le public aux comptes sur livrets. Cet attrait est motivé par sa rémunération à 3%.

En revanche, les plans d'épargne logement et les plans d'épargne études, après plusieurs années de fonctionnement sont clôturés à la fin du 3ème trimestre 1999.

Les contreparties de la masse monétaire comprennent essentiellement les avoirs extérieurs nets et le crédit intérieur.

Les premiers sont passés de 17.737 millions FC en décembre 1998 à 19.890 millions FC en 1999, en raison de l'augmentation exceptionnelle des achats de devises par les banques résidentes, de la progression des recettes d'exportation, du recul des engagements extérieurs et de l'accroissement des transferts de l'étranger facilités par la mise en place d'un nouveau service d'envoi d'argent à la SNPT (Société Nationale des Postes et Télécommunications) en collaboration avec une compagnie américaine, Western Union.

Le second s'est légèrement contracté (-1,5%) revenant de 12.534 millions FC à 12.344 millions FC de décembre 1998 à décembre 1999.

Cette contraction concerne aussi bien l'endettement net de l'Etat (- 0,5%) que les crédits à l'économie (- 1,9%).

Les créances brutes de l'Etat vis-à-vis du système bancaire ont progressé de 1,4% en raison principalement de l'accroissement des dépôts auprès de la Banque centrale, de l'amélioration du recouvrement des créances et de la progression des recettes.

Les crédits à l'économie ont reculé de 1,9% en 1999 par rapport au niveau atteint en décembre 1998, pour s'établir à 8.733 millions FC (voir tableau). Ce recul concerne le secteur privé (- 4,3%) notamment les crédits aux particuliers (- 29%), et les crédits à l'importation du riz et du ciment (- 35%).

La baisse du loyer de l'argent n'a pas eu d'impact sur la demande de crédit.

Par contre, les crédits accordés au secteur public ont augmenté de plus de 200 millions FC en 1999.

B) La BIC

Depuis fin 1990, l'actionnaire majoritaire, la BIAO (Banque Internationale pour l'Afrique de l'Ouest) est remplacé par la BNPI (Banque Nationale de Paris Internationale) qui fait partie du Groupe BNP.

A l'occasion de ce changement, la *nouvelle* BIC exprime sa volonté d'intervenir dans l'ensemble des secteurs de l'économie, d'entreprendre une politique active de mobilisation de l'épargne et de renforcer les fonds propres. Pendant 10 ans, pour améliorer son ratio *Fonds propres/Engagements,* une part importante de ses bénéfices est régulièrement mise en réserve.

Elle exerce un monopole sans précédent dans l'activité bancaire. Elle mobilise 80% de l'épargne et distribue 70% des crédits comoriens à l'économie.

Les principaux secteurs bénéficiaires de ses concours sont :
- l'industrie et le transport ;
- l'immobilier ;
- l'hôtellerie et le tourisme ;
- l'agriculture.

La BIC se développe régulièrement de 2,3% par an en moyenne depuis 10 ans. Ses dépôts actuels couvrent largement ses encours de crédits. Il en résulte une trésorerie surabondante. Ses avoirs liquides sont placés à la Banque centrale et à l'étranger. Les créances douteuses et les impayés représentent en 1998 5,2% des crédits bruts. Les ratios de liquidité, de solvabilité et de fonds propres sont rassurants.

Cependant, suite à l'insécurité qui règne dans l'île séparatiste d'Anjouan et en raison des mesures d'embargo décrétées par les autorités comoriennes et l'OUA, la BIC ferme son agence de Mutsamudu, officiellement le 5 décembre 1998 mais en fait en mars 2000 pour la rouvrir en novembre suite à la signature de la Déclaration de Fomboni (Mohéli) du 26 Août 2000. L'interruption de fonctionnement n'affectera que l'exercice 2000.

Les passages à l'euro en 1999 et en l'an 2000 se sont effectués dans d'excellentes conditions.

L'activité de la BIC en terme de bilan a progressé en 1999. Le total du bilan a cru en moyenne annuelle de plus de 6%, après 2,3% l'année précédente. L'établissement conserve une énorme liquidité représentant plus de 46% du total du bilan en décembre 1999 contre 39,3% en décembre 1998. L'encours de crédit rapporté au total du bilan représente 50,3% en décembre 1999, contre 58,4% en décembre 1998, cela indique encore une fois l'échec de la campagne démagogique de la baisse des taux débiteurs pour pouvoir distribuer plus d'argent à moindre coût aux opérateurs comoriens. En ma qualité de conseiller financier du chef de l'Etat, j'ai suggéré aux autorités politiques (chef de l'Etat, Premier ministre, ministre des Finances) de rapporter *sine die* le projet de baisse générale des taux d'intérêt en 1999. Mais sous la pression de la Banque centrale, le ministre des Finances signa l'arrêté relatif aux baisses des taux d'intérêt en 1999. En désespoir de cause, j'ai expliqué l'inutilité de cette mesure dans le plus grand journal comorien *Al Watwan*. L'échec de la baisse des taux est dû au nombre réduit de projets bancables, à l'étroitesse du marché comorien et au rôle monopoliste de la BIC (opérateur financier unique).

Les ressources collectées[1] auprès de la clientèle BIC s'élèvent à 11,8 milliards FC en 1999 contre 11,3 milliards FC en 1998. Les dépôts à vue représentent 35,2% contre 37,6% en 1998 et les ressources d'épargne s'élèvent à 64,4% contre 62,2% en 1998.

L'augmentation des crédits à l'exportation ainsi que la politique de distribution de crédit aux particuliers sont satisfaisantes.

Le rapport financier 99 de la BIC confirme dans l'ensemble, la poursuite de la rentabilité de 1998.

Le résultat net après impôt s'établit à 310 millions contre 396,455 millions de FC (en recul de 21,72%). Les fonds propres de la BIC passent de 2.078 millions en 1998 à 2.233 millions FC en 1999 (soit une augmentation de 7,46%).

La BIC est un établissement financier qui présente un bon niveau de solvabilité, une situation de large liquidité et une bonne rentabilité.

---

1 - Banque Centrale des Comores, *XXVe Rapport annuel 1999*, p. 45

Evolution des parts de marché des organismes financiers dans la collecte des liquidités et la distribution des crédits à l'économie (en %)

Dénominations	Déc. 1996	Déc. 1997	Déc. 1998	Déc. 1999
Collecte des liquidités				
Banques commerciales	80	84	80	79
BDC (tirages sur emprunts extérieurs)	14	9	11	9
Caisse d'Epargne et Mutualiste	6	7	9	12
Crédit à l'économie				
Banques commerciales	74	72	70	74
Banque de Développement	24	25	22	19
Caisse d'Epargne et Mutualiste	2	3	8	7

Banque Centrale des Comores, *XXVe Rapport annuel 1999,* p. 45

BIC 1999

Elle conserve en 1999 sa première place dans la mobilisation de l'épargne et la distribution du crédit (voir tableau : évolution des parts du marché des établissements financiers dans la collecte des liquidités et la distribution des crédits à l'économie)[1].

1 - Banque Centrale des Comores, *Rapport annuel 1999,* p. 45

CHIFFRES CLES

(en millions de francs comoriens)	31.12.1999	31.12.1998	%
Total du bilan	15 705	14 435	+ 8,80
Dépôts de la clientèle	11 673	11 249	+ 3,77
Prêts à la clientèle	7 988	8 404	+ 4,95
Fonds propres*	2 233	2 078	+ 7,46
Don capital	300	300	-
Produit net bancaire	1 856	1 775	
Résultats après amortissement, avant provision, impôts et divers	846	836	+ 1,55
Charge nette des provisions pour créances douteuses	229	56	+ 308,93
Résultats nets	310	396	+ 21,72
Dividendes	155	317	+ 51,10
Effectif	66	66	-
Nombre d'agences	2	2	

Source : *Rapport annuel 1999* p.2 et p.7

** Après répartition des résultats*

CONSEIL D'ADMINISTRATION

PRESIDENT
M. Mahamoud Mradabi

VICE-PRESIDENT
M. Gérard Hayaud

ADMINISTRATEUR DIRECTEUR GENERAL
M. Guy Cazenave

ADMINISTRATEURS
M. Vincent de Roux
M. Mohamed Houmadi
M. Mohamed Abdou Dhakoine
BNP Intercontinentale
(représentée par M. Jean-Louis Staub)

COMMISSAIRES AUX COMPTES
M. Chakira Mohamed Chanfi
M. Choudjaiddine Said Ahmed

C) La BDC

La Banque de Développement des Comores (BDC), créée en 1981, est encore le seul établissement financier de son espèce à octroyer des crédits à moyen et long terme aux secteurs productifs de l'économie et au secteur immobilier.
La Banque de Développement des Comores est une société d'économie mixte au capital de 300.000.000 de francs comoriens répartis en quatre actionnaires. Ses actionnaires qui composent l'Assemblée générale sont:

- l'Etat comorien	150.000.000	50 %
- la Banque Centrale des Comores	50.000.000	16,66 %
- l'Agence Française de Développement	50.000.000	16,66 %
- la Banque Européenne d'Investissement	50.000.000	16,66 %

L'Assemblée générale ordinaire se réunit une fois par an au plus tard le 30 Juin, pour statuer sur les comptes et la gestion de l'exercice précédent.
Le Conseil d'administration est composé de six membres. Son président, qui doit être de nationalité comorienne, est élu parmi ses membres.

Au 31 décembre 1999, le Conseil d'administration était composé comme suit:

M. Mzé Chei Oubedi,	Etat comorien membre
M. Abal Anrabe Abdou Chacourou	Etat comorien membre
M. Ahamada Attoumani,	Etat comorien membre
M. Said Ahmed Said Ali,	Banque Centrale des Comores
M. Paul Henri Gindre,	AFD membre

BEI Représentant (mais participe aux Conseils en donnant des pouvoirs écrits à l'AFD).

Le Conseil d'administration se réunit au moins une fois par trimestre pour statuer sur les demandes de prêt excédant la délégation du directeur général (4 millions FC) et du Comité des prêts (4 à 8 millions de FC). Il examine en plus les programmes d'activité, les budgets et les comptes annuels. Il est tenu informé régulièrement de la situation du recouvrement des impayés et de l'état des négociations avec les bailleurs de fonds, renouvellement des lignes.
La direction de la Banque de Développement des Comores est assurée par un directeur général nommé par le Conseil d'administration à la

majorité des trois quarts. (Cette responsabilité est exercée actuellement par Monsieur Said Abdillah[1]).

L'effectif de la banque est composé de : 3 cadres supérieurs, 12 cadres moyens et 5 employés (services généraux) soit 20 personnes.

S'agissant de contrôle, la Banque Centrale des Comores exerce un contrôle légal et permanent sur toutes les opérations de la BDC. Cette dernière a obligation de lui soumettre un rapport mensuel sur toutes les opérations. Le cabinet d'audit comptable international de Chazal du Mée et Co, représentant d'Anderson World-wide, exerce annuellement un audit comptable et financier sur les comptes, les opérations et la gestion de la BDC.

Le commissaire aux comptes de la BDC Monsieur Nabih Ali Abdallah, dresse chaque année conformément aux statuts un rapport à l'Assemblée générale des actionnaires, sur la sincérité et la véracité des comptes. Les principaux bailleurs de fonds de la BDC, à savoir la Banque Mondiale, la Banque Européenne d'Investissement, l'Agence Française de Développement et l'Union Européenne effectuent périodiquement des missions d'évaluation.

Deux reproches peuvent être faits à cette organisation et à cet arsenal de contrôle.

L'Etat, actionnaire majoritaire, a procédé à la nomination des deux derniers directeurs généraux (M. Said Abdallah Cheikh Soilihi en 1996 et M. Said Abdillah en 1997, nominations précipitées, par décret du président Mohamed Taki Abdoulkarim) sans donner d'explication aux deux actionnaires bailleurs de fonds (la BEI et l'AFD). Ces derniers se sont abstenus. Cette façon d'agir sape la confiance entre actionnaires, détériore les relations avec les bailleurs et affecte la crédibilité de l'institution.

---

1 - Les directeurs généraux de la Banque de Développement des Comores

M. Caabi El-Yachroutu	1981-1991
M. Mohamed Toilibou	1991-1993
Mme Azali Ambari Darouèche	1993-1996
M. Said Abdallah Cheikh Soilih	1996-1997
M. Said Abdillah depuis	1997

En l'an 2000, reconnaissant cette manière peu élégante de procéder, l'Etat actionnaire unit ses voix à celles des deux actionnaires bailleurs de fonds lors de l'Assemblée générale ordinaire de juin, pour instituer un mandat de 5 années du directeur général et son irrévocabilité pendant cette période.

Octroi de crédits

Nbre MFC	1992	1993	1994	1995	1996	1997
Indus-trans	5 144	4 203	9 326	1 340	11 305	9 151
Hôtellerie	1 90	- -	2 59	3 52	- -	1 120
Artisanat	7 34	3 7	3 20	6 49	10 19	24 158
Agriculture	52 54	29 45	12 17	17 24	25 55	42 103
Pêche	- -	- -	2 3	6 11	52 81	67 116
Prof. libérale	- -	1 2	2 50	3 33	3 16	5 36
Sect productif	65 322	37 257	30 474	36 509	101 476	148 684
Habitat	53 97	1 4	42 109	68 195	109 290	202 537
TOTAL	**118** **419**	**38** **261**	**72** **583**	**104** **704**	**210** **766**	**350** **1222**
% Habitat	45% 23%	3% 2%	58% 19%	65% 28%	52% 38%	58% 44%

Source : BDC, 1997

M. Said Abdallah Cheikh Soilihi nommé en novembre 1996 et démis 10 mois plus tard (le 2 septembre 1997), directeur général, reçoit délégation du Conseil d'administration pour statuer sur les demandes de prêt d'un montant inférieur ou égal à 4 millions FC par dossier. Il développe une politique de distribution de crédits tous azimuts sur fonds propres, absorbant en un temps record, (7 mois) toute la surliquidité de la BDC. M. le directeur général oublie que les financements sur fonds propres constituent l'exception alors que les financements sur ressources externes (Banque Mondiale, BEI, AFD...) demeurent la règle. Il met la banque en cessation de paiement. Un rapport d'Inspection générale

Situation résumée de la BDC au 30 Septembre 1997
(En millions de francs comoriens)

		PASSIF	
Trésorerie interbancaire	*147,8*	*Trésorerie interbancaire*	*1495,5*
Dont Banque Centrale	135,4	BEI	1083,5
		ETAT/CFD	101,5
Crédits clientèle	1885,1	Etat/EU	146-
CT	8,1	Etat/IDA	164,5
MLT	2601,3		
Douteux nets	14,-		
(Provisions)	(250,2)		
Impayés	261,7		
Opération pour cpte tiers	310,1	Opérations pour cptes tiers	321,9
Cptes régul. et divers	50,4	Cptes régul. et divers	127,2
Titres de participation	-		
(Provisions)	(8)		
Immobilisations	107,7	Capitaux propres	1396,8
		Capital et réserves	1087,7
		Prov. pour risques généraux	106,-
		Fonds de garantie	86,8
		Prov. affectées et divers	116,8
Charges	87,8	Produits	247,5
TOTAL	3588,9	TOTAL	3588,9
HORS BILAN *			
Engagements reçus d'IF	298,-		
Ouverture de crédits confirmés	561,2		
Crédits octroyés non confirmés	93,-		

* Les informations hors bilan ne figurent pas sur la situation mais sont recensées extra-comptablement. Elles ont été ajoutées par l'inspection pour donner une vision complète de la situation de la banque.

Fonds propres disponibles		Fonds propres disponibles	
Capital	300	Immobilisations nettes	108
Dotations	584	Participations	8
Réserves	106		
Prov. non affectées	204	Créances douteuses	*396
Prov. affectées sur clients douteux	*258		
Fonds propres	1452	Emplois immobilisés	512
FP DISPONIBLES	940		

Source : BDC, 1997.
* Chiffres au 31/12/96.

Equilibre engagements/ressources

Engagement	En cours	A recevoir/à verser	TOTAL
+ Emprunt	1495	298	1793
Crédits financés sur emprunt	1398	117	1515
= Capacité d'engagement sur emprunts	+ 97	+ 181	+ 278
+ FP Disponibles	940		940
- Crédits financés sur FP	* 1737	537	2274
= Capacité d'engagement sur fonds propres	- 797	- 537	- 1334
CAPACITE GLOBALE	**- 700**	**- 356,-**	**- 1056**

Source : *BDC, 1997*

de M. J. Schmidt[1], inspecteur général de la Banque de France indique que «dès mai 1997 les éléments d'une crise de trésorerie étaient réunis».

L'arsenal de contrôle cité plus haut n'a pu prévoir ni percevoir ce naufrage de la BDC en 1997. C'est l'enquête du 14 au 31 octobre 1997 menée par M. Schmidt dans les locaux de la banque qui le révèle.
La BDC mettra 4 années (1997-2001) pour reconstituer son milliard de fonds propres de 1996.

1) Activités

L'activité crédit imprime de très grandes variations au cours des cinq dernières années, précédant le gel net d'octroi de crédit de 1997, en nombre de dossiers traités, en volume des décaissements et enfin en répartition entre les différents secteurs économiques attributaires. On remarquera :

- une progression rapide de la production de 1992 à 1996, stimulée par la reprise du crédit pêche et le développement fulgurant des crédits à l'habitat (voir tableau).

- un doublement de la production en 1997 en nombre de dossiers et en montants. Cette phase accélérée correspond au mandat de Monsieur Said Abdallah Cheikh Soilih comme directeur général. Cette ascension de la

1 - Rapport J. Schmidt enquête du 14 octobre au 31 octobre 1997- *Rapport du 5 novembre 1997*, p. 15

production représente 50 % des dossiers depuis 1994 et dépasse depuis 1996 la limite interne de 30 % des actions de prêts (instauré par le Conseil d'administration[1]). Cette dérive provient de l'octroi de petits prêts aux particuliers, mission qui rentre dans la délégation de 4 millions de francs comoriens du directeur général.

Pour mettre un terme à la politique non maîtrisée de la distribution de crédits sur fonds propres développée par le directeur général Said Abdallah Cheikh, le Conseil d'administration, convoqué en réunion extraordinaire le 5 novembre 1997, décide d'interrompre l'action des prêts jusqu'au recouvrement du milliard de fonds propres.
En outre, une procédure bloquante est conçue pour s'assurer dès l'origine, de la demande de prêt, de l'existence d'une source de refinancement utilisable (visa du directeur financier après détermination de la ressource d'affectation, ligne de crédit externe, fonds propres-identification de la source de financement, accord d'imputation du bailleur, pour les crédits sur fonds propres, existence de ressources disponibles.....).

2) Le crédit BDC

Le Conseil d'administration statue sur les prêts au-delà de 8 millions de francs comoriens. Il délègue ses pouvoirs au Comité des prêts (composé d'un représentant de l'Etat et d'un représentant des bailleurs de fonds) pour les demandes de prêts situées entre 4 et 8 millions de francs comoriens. Enfin, il concède une délégation de 4 millions de francs comoriens par dossier au directeur général.

Les dossiers financés bénéficient de garanties réelles (hypothèques, nantissements de matériel) ou personnelles (cautions). Elles sécurisent le remboursement des prêts.

Le portefeuille de la BDC comprend exclusivement des crédits à moyen et long terme. Les concours à l'industrie en 1997 représentent 40% des encours, les crédits au logement 30%.

Industrie	Tourisme Hôtellerie	Artisanat	Prof. Lib	Agriculture	Pêche	Logement
0,5%	8,5%	7,8%	3,5%	5,2%	5,0%	29,5%

1 - Nous étions membre du Conseil d'administration de la Banque de Développement des Comores de 1997 à 2001

EVALUATION DES IMPAYES DE L'ANNEE 2000

	Déc. 99	Janv. 00	Fev. 00	Mars 00	Avril 00	Mai 00	Juin 00	Juil 00	Aout 00	Sept. 00	Oct. 00	Nov. 00	Déc. 00
IMPAYES													
• Créances normales	42581	44266	45851	58694	66176	73088	95316	101666	110489	127325	119492	95664	36678
• Créances douteuses	367923	383464	399382	413257	430095	438347	458538	470439	485080	499618	511005	504987	441630
• Créances contentieuses	81401	82771	82142	82512	82883	83913	84343	84714	85084	85515	85885	86076	86396
	491905	**509501**	**527375**	**554463**	**579154**	**595348**	**638197**	**656819**	**680653**	**712458**	**716382**	**686757**	**564704**
Echéances appelées depuis l'origine													
• Créances normales	1817347	1698576	1733104	1777803	1816187	1851967	1893848	1929368	1965020	2005064	2037441	2069476	1769592
• Créances douteuses	1365399	1360550	1387385	1414396	1440646	1459646	1484606	1512110	1538098	1563338	1588852	1613444	1825384
• Créances contentieuses	234748	234748	235609	236039	236470	236900	237331	237761	238192	238622	239053	239483	239914
	3417494	**3294304**	**3356098**	**3428238**	**3493303**	**3548513**	**3615785**	**3679239**	**3741310**	**3807024**	**3865346**	**3922403**	**3834890**
% Depuis l'origine													
% Ech.Appel/normal	2,34%	2,61%	2,65%	3,33%	3,64%	3,95%	5,03%	5,27%	5,62%	6,35%	5,86%	4,62%	2,07%
% Ech.Appel/douteuse	26,95%	28,18%	28,79%	29,22%	29,85%	30,03%	30,89%	31,11%	31,54%	31,96%	32,16%	31,30%	24,19%
% Ech.Appel/content	34,68%	34,77%	34,86%	34,96%	35,05%	34,42%	35,54%	35,63%	35,72%	35,84%	35,93%	35,94%	36,01%
	14,39%	**15,47%**	**15,71%**	**16,17%**	**16,58%**	**16,78%**	**17,65%**	**17,85%**	**18,19%**	**18,71%**	**18,53%**	**17,51%**	**14,73%**

Source : BDC

IMPAYES TOTAUX AU 31/12/2000

CATEGORIE	Echéances appelées depuis l'origine	Impayés sur créances normales		Impayés sur créances douteuses		Impayés sur créances contentieuses		Total impayés sur échéances appelées Déc. 00		%	Total impayés sur échéances appelées Nov. 00		%
	Montant	Montant	%	Montant	%	Montant	%	Montant	%		Montant	%	
Industrie et transport	1342623	4188	0,31	161496	12,03	75548	5,6	341232	17,97	42,72	294485	21,41	42,80
Tourisme et hôtellerie	419311	15874	3,79	68081	16,24	0	0,00	83955	20,02	14,87	75397	18,38	10,90
Artisanat	299345	2456	0,82	50372	16,83	0	0,00	52828	17,65	9,35	53682	17,11	7,80
Agriculture	218061	4354	2,00	34642	15,89	0	0,00	38996	17,88	6,91	45109	20,35	6,50
Pêche	230032	835	0,36	49449	21,50	4695	2,04	54974	23,90	9,74	61237	26,43	8,90
Professions libérales	144178	37	0,0	35908	24,91	0	0,0	35945	24,93	6,37	35226	24,86	5,10
SOUS-TOTAL	2653550	27744	1,05	399948	15,07	80243	3,0	507935	19,14	89,95	565136	20,97	82,20
Immobilier	1181340	8933	0,76	41682	3,53	6154	0,52	56769	4,81	10,05	121591	9,90	17,70
TOTAL	3834890	36677	0,96	441630	11,52	86397	2,25	564704	14,73	100	686727	17,51	100
	3851238 -16348	6,49%		78,21%		15,30%		**100,00%**					

Source : BDC

BILANS RESUMES DE 1993 A 1999

	1993	1994	1995	1996	1997	1998	1999
Immobilisations nettes	611,2	105,7	90,9	100,8	88,6	81,4	78,3
Encours des prêts	1179,9	1336,3	1556,2	1869,8	2876,0	2685,4	1997,2
Opérations sur compte de tiers	232,8	230,2	296,5	316,7	306,1	298,9	293,2
Autres débiteurs	1,9	85,0	158,6	244,0	243,3	334,5	315,5
Disponibilités	698,8	1353,8	1252,4	862,5	87,7	328,0	522,0
	2724,6	**3110,0**	**3354,6**	**3393,3**	**3601,7**	**3728,2**	**3206,2**
Fonds propres	850,0	890,5	969,3	1311,3	1414,4	1474,4	1480,8
Provisions	14,5	26,9	39,7	35,6	18,1	15,8	20,3
Emprunts	1549,9	1838,4	1898,6	1537,5	1630,0	1710,5	1444,6
Opération sur le compte de tiers	238,9	230,1	296,5	316,7	306,1	298,9	293,2
Autres créditeurs	48,2	123,9	140,9	141,5	171,7	225,9	282,5
Résultats en instance d'affectation	23,1	1,2	9,6	50,7	61,4	2,4	-315,2
	2724,6	**3110,0**	**3354,6**	**3393,3**	**3601,7**	**3728,2**	**3206,2**

Source : BDC

COMPTE D'EXPLOITATION RESUME DES SEPT DERNIERS EXERCICES DE 1993 A 1999

	1993	1994	1995	1996	1997	1998	1999
Intérêts des prêts	137,9	155,1	173,7	218,4	322,4	295	261
Produits financiers	41,3	50,4	71,4	35,8	8,2	1,4	5,8
Produits divers (Crédicom)	1,8	2,1	0	0	0	0	0
Charges financières	30,9	36,5	28,4	28,4	28,8	47,8	49,9
Produit net bancaire	**150,1**	**171,1**	**225,8**	**225,8**	301,8	**248,6**	**216,9**
Consommations en provenance de tiers	40,6	47,6	42,0	33,5	**36,2**	36,9	37,0
Frais de personnel	54,4	64,1	67,9	71	73	65,5	63,2
Marge brute d'exploitation	**55,1**	**59,4**	**102,8**	**121,3**	192,6	**146,2**	**116,7**
Amortissements	15,5	11,2	11,5	12,9	**17,7**	16,4	17,9
Provisions	62,4	78,9	161,1	176,7	209,9	231,4	445,2
Reprise de provisions	40,4	40,2	82,3	114,6	95,5	106,2	38,9
Résultats courants avant impôt	**17,6**	**9,5**	**12,5**	**46,3**	**60,8**	**4,6**	**-307,5**
Résultats sur exercices antérieurs	-3,1	-18,5	-0,9	-1	0	-2,8	-7,4
Résultat exceptionnel	8,5	10,2	-2,0	5,4	0,6	0,6	-0,3
Résultat net	**23,0**	**1,2**	**9,6**	**50,7**	**61,4**	**2,4**	**-315,2**

Source : BDC

TAUX DE RENDEMENT MOYEN DES PRETS

	1993	1994	1995	1996	1997	1998	1999
Encours	1338	1513	1786	2119	3170	3084	2774
Intérêts des prêts	137,9	155,1	170,0	213,0	320,2	294,6	261,0
Taux de rendement moyen	10,30%	10,25%	9,52%	10,05%	10,10%	9,55%	9,41%

TAUX MOYEN DES EMPRUNTS

	1993	1994	1995	1996	1997	1998	1999
Encours	1511,8	1838,3	1898,6	1537,5	1630,0	1710,7	1444,6
Frais financiers	30,9	36,5	32,4	28,4	28,8	47,8	49,9
Taux moyen	2,04%	1,99%	1,71%	1,85%	1,77%	2,79%	3,45%

MARGE SUR PRETS

	1993	1994	1995	1996	1997	1998	1999
Taux de rendement moyen des prêts	10,3	10,25	9,72	10,05	10,1	9,55	9,41
Taux moyen des emprunts	2,04	1,99	1,71	1,85	1,77	2,79	3,45
Marge nette	8,26%	8,26%	8,01%	8,2%	8,33%	6,76%	5,96%

Source : BDC

RATIOS DE RENTABILITE

	1993	1994	1995	1996	1997	1998	1999
Produit net bancaire (PNB)	150,1	171,1	212,7	225,8	301,8	248,6	216,9
Résultat courant	17,6	9,5	12,5	46,3	60,8	4,6	-307,5
Capitaux propres (CP)	887,6	918,6	1018,6	1397,6	1493,9	1492,9	1185,9
Emprunts	1511,8	1838,3	1898,6	1537,5	1630,0	1710,7	1444,6
Encours des prêts	1179,9	1336,3	1556,2	1869,3	2876	2685,4	1997,2
PNB/(CP+ Emprunts)	6,2%	6,2%	7,3%	7,7%	9,7%	7,8%	8,2%
PNB/Encours	11,5%	12,0%	12,9%	11,6%	11,4%	14,7%	10,8%
Résultat courant/ (CP+Emprunt)	0,7%	0,4%	0,5%	1,9%	2,5%	0,8%	-0,1%

RATIOS DE COUVERTURE DES IMMOBILISATIONS ET DES EMPRUNTS

	1993	1994	1995	1996	1997	1998	1999
Fonds Propres (FP)	872	876	894	1275,3	1386,7	1392,6	1079,5
Emprunts	1549,9	1838,4	1898,6	1537,5	1630,0	1710,5	1444,6
Immo.+créances douteuses nettes	635	190	300	247	387	479	657
Emprunt/FP (<400%)	178%	210%	212%	121%	118%	123%	134%
Immo+créances douteuses **nettes/FP(<1)**	73%	22%	34%	19%	28%	34%	61%

EVOLUTION DE LA CAPACITE D'ENGAGEMENT ET DE TRESORERIE

	1993	1994	1995	1996	1997	1998	1999	2000
Capacité d'engagement sur Fonds Propres	46	376	-162	-157	-1611	-193	89,5	342,4
Capacité d'engagement sur emprunts	460	563	665	748	1129,0	406,6	601,8	475,6
Capacité d'engagement globale	506	939	503	591	-482	113,6	691,3	818
Trésorerie ** Montant au 30 novembre 2000*	699	1354	1282	862	88	328	522	585

BANQUE DE DEVELOPPEMENT DES COMORES

Evolution de la consommation des ressources

N° d'ordre	Sources de refinancement	Montant capital emprunt	Montant capital utilisé	Montant capital engagé	Montant annulé	Reste à engager capital	Montant capital remboursé	Encours au 31-12-2000
1	IDA/ETAT	819000000	819000000	819000000	0	0	819000000	0
2	IDA/ETAT	1002600000	544033272	544033272	0	458566728	0	544033272
3	BEI Ligne 1	697893776	697893776	697893776	0	0	547073044	150820732
4	BEI Ligne 2	798891374	798891374	798891374	0	0	422283749	376607625
5	CFD 1	375000000	375000000	312100000	62900000	0	312100000	0
6	CFD 2	250000000	250000000	250000000	250000000	0	0	0
7	ETAT/CFD	250000000	239005000	239005000	10995000	0	239005000	0
8	UE	252000000	145989000	145989000	0	106011000	0	145989000
9	FADC	17514200	17514200	17514200	0	0	15842528	1671672
	TOTAL	**4462899350**	**3887326622**	**3824426622**	**323895000**	**323895000**	**2355304321**	**1219122301**

FICHIER : F/CFD/AFD, Comores

Cependant, on relève des taux d'impayés inquiétants. Les catégories les plus sinistrées sont : le tourisme, l'hôtellerie et l'agriculture (voir tableaux).

L'évolution des comptes de résultats est irrégulière (produits nets bancaires, résultats nets...) (voir tableaux). En revanche le volume des fonds propres augmente au fil des années et d'une façon satisfaisante. Le Conseil d'administration consulté le 7 décembre 2000 sur la levée des mesures de restriction en matière de crédits sur fonds propres, donne son accord, à condition que le milliard soit atteint. Le Conseil recommande une reprise d'octroi de crédit à compter de janvier 2001.

Pour conclure, la Banque de Développement des Comores jouissait d'une large liquidité, d'une bonne solvabilité et de résultats honorables. Mais le nouveau directeur de 1996, M. Saïd Abdallah Cheikh Soilihi, la plonge dans une grave crise de liquidité en distribuant inconsidérément des crédits sur fonds propres de la banque. L'activité de prêt est interrompue pendant 4 ans pour pouvoir les reconstituer . L'octroi de crédits a repris réellement en mars 2001.

D) Autres institutions du système bancaire

A côté des trois grandes banques citées plus haut (BCC, BIC et BDC) se développent la Caisse Nationale d'Epargne (CNE) de la Poste et des réseaux mutualistes.

La Caisse Nationale d'Epargne collecte l'équivalent de 6% des dépôts de la BIC. Ses placements auprès de la Banque centrale s'améliorent au fil des ans. Sa trésorerie de 1999 dépasse le niveau de liquidité atteint en 1998 de 389 millions de francs comoriens.

En outre, les opérations de transfert de fonds réalisées par la Poste en partenariat avec la société américaine Western Union (WU) qui ont débuté au dernier trimestre 1998 progressent rapidement. Ces transferts enregistrent en 1999 un crédit net de plus de 557 millions de francs comoriens.

En revanche, l'extension des réseaux mutualistes des caisses d'épargne décentralisées, les MECK (Mutuelle d'Epargne et de Crédit ya Komores) et les caisses SANDUKS observent une pause. Toutefois l'activité en 1999 s'est encore renforcée. La situation consolidée donne un total de bilan de 1255 millions francs comoriens à la fin de 1999 contre 757 millions francs comoriens en 1998. Le nombre d'adhérents continue à croître atteignant 15141 en 1999 après 11991 en 1998. Les crédits consentis progressent et l'encours atteint 602 millions de francs comoriens en décembre 1999, soit un progrès de 72% par rapport à l'année précédente.

L'épargne collectée par les SANDUKS augmente régulièrement. L'encours double de décembre 1998 (213 millions de francs comoriens) à décembre 1999 (426 millions de francs comoriens), portant le total des ressources de 488 millions de francs comoriens à 764 millions de francs comoriens.

L'activité de crédit s'est également améliorée. Le montant des octrois dans l'année est passée de 285 millions de francs comoriens en 1997 à 436 millions de francs comoriens en 1999, situant les encours respectivement à 180 millions de francs comoriens, à 277 millions de francs comoriens et à 388 millions de francs comoriens.

Le taux de remboursement des crédits fléchit légèrement durant ces deux dernières années, 1998 et 1999, mais il reste satisfaisant. A la fin 1999, les remboursements à l'échéance atteignent 87,7% et trois mois après l'échéance les crédits sont remboursés à 95%.

Le nombre d'adhérents des Mutuelles d'Epargne et de Crédit ya Komores (MECK) augmente de 67% entre 1998 et 1999 passant de 1.810 à 3.025. Le nombre de MECK reste le même depuis 1997 (4 mutuelles).

Le total du bilan progresse rapidement s'élevant de 269 millions de francs comoriens à 491 millions de francs comoriens. Cette progression s'explique à l'actif par une accélération de l'encours de crédit qui est passé de 73,5 millions de francs comoriens à 214 millions de francs comoriens.

Au passif, les dépôts de la clientèle se chiffrent à 428 millions de francs comoriens en décembre 1999 contre 253 millions de francs comoriens en 1998, soit une augmentation de 69%.

Les deux réseaux gagnent en 1999, en parts de marché dans la collecte de la liquidité et dans la distribution des crédits à l'économie (voir tableau). Mais leur taille demeure modeste ; l'encours des ressources collectées équivaut à peine, fin 1999, à 10% des dépôts à la BIC.

EVOLUTION DES PARTS DE MARCHÉ DES ORGANISMES FINANCIERS DANS LA COLLECTE DES LIQUIDITÉS ET LA DISTRIBUTION DES CRÉDITS À L'ÉCONOMIE (EN%)

	Déc 1996	Dec. 1997	Déc. 1998	Déc. 1999
Collecte des liquidités BIC	80	84	80	79
BDC	14	9	11	9
CNE-Mutuelles Meck et Sanduk	6	7	9	12

Source : *BCC*

LES INSTITUTIONS DE MICRO CRÉDIT AUX COMORES

SANDUK	**1998**	**1999**
· Nombre d'adhérents	10181	12116
· Ressources (en millions de FC)	488	764
MECK		
· Nombre d'adhérents	1810	3025
· Ressources (en millions de FC)	254	429

Source : *BCC*

§ 2 Les problèmes monétaires et bancaires

Le système bancaire comorien est sain mais il rencontre quelques difficultés. Celles des banques du secteur formel et traditionnel sont différentes de celles des réseaux mutuels décentralisés.

La BIC demeure liquide et solvable. Toutefois, on relève les problèmes suivants :

- toute dégradation de la situation économique affecte le volume des crédits et pousse les besoins de provisions à la hausse ;
- la BIC provisionne quelquefois pour couvrir les détournements internes ;
- elle ne respecte pas toujours la règle de la division du risque.

A preuve, une lettre de suite en date du 10 novembre 1997 du gouverneur de la Banque centrale lui recommandant de constituer une provision supplémentaire pour couvrir son débiteur principal, les établissements Abdallah Fils.

Quant à la BDC, elle se découvre en octobre 1997, derechef, en cessation de paiement, du fait d'une politique non maîtrisée d'octroi de crédits sur fonds propres, du non-respect des procédures et des limites d'engagement du règlement intérieur ainsi que de l'insuffisance de l'information financière fournie au Conseil d'administration et à la BCC. On lui recommande un suivi de gestion en matière de recouvrement, un examen de l'évolution des créances douteuses et des provisions, une préoccupation majeure sur le recouvrement des impayés et de procéder à une surveillance stricte des principaux débiteurs en impayés. La BDC doit retrouver une stratégie adaptée à chacun des débiteurs. L'insuffisance des ressources pèse encore sur sa liquidité mais la situation de trésorerie se redresse. L'octroi des crédits a débuté en mars 2001.

La BCC fait montre d'une maîtrise parfaite du système financier comorien. Toutefois on peut lui reprocher de n'avoir pas pu prévenir et stopper à temps le naufrage de la BDC en octobre 1997. L'inspection conduite par M.J. Schmidt, inspecteur de la Banque de France, intervenue à sa demande, découvre trop tard le désastre.

Enfin, les organismes de collecte décentralisée souffrent de la modestie de leur taille.

§ 3 Le franc comorien et l'euro

L'arrivée de l'euro aux Comores provoque un effet mécanique d'extension de la Zone franc à la zone euro. De nouvelles opportunités stratégiques et commerciales se créent.
Pendant la période de transition, du 1er janvier 1999 au 31 décembre 2001, la BCC, la BIC, la BDC, la Caisse Nationale d'Epargne (CNE), les SANDUKS et les MECK utilisaient le système de double affichage euro/FF. Ils modernisent leurs systèmes informatique, procédure, équipements de production et gestion financière.

Dès le 20 août 2001, les comptes bancaires des fournisseurs de l'euroland (Français, Allemands et Belges, les seuls des 12 pays européens de l'Union jusqu'au 31 décembre 2001) sont exprimés en euro. En avril, la Banque Centrale des Comores (BCC) distribue des brochures d'informations et de vulgarisation de l'euro.

L'euro franc comorien procure comme avantage immédiat, la suppression du risque de change pour les échanges commerciaux et les investissements en provenance de l'euroland. L'ylang ylang, les clous de girofles, principaux produits de rente de l'Archipel sont vendus en France.
La vanille, bien que côtée en dollar à New York, est vendue à des sociétés françaises. Enfin, le transfert financier de la communauté comorienne en Europe, notamment en France est estimé à 10 milliards de FC, soit l'équivalent de l'ensemble des recettes fiscales du budget fédéral.

Par conséquent, un euro-franc français stable accompagné de faibles taux d'inflation et d'intérêt, est un accélérateur de la croissance, stimulera la demande des exportations, les investissements, et gonflera les réserves extérieures (le compte d'opérations) du pays.

Les évidents avantages de l'euro FC ne doivent pas masquer les éventuels inconvénients.

L'avènement de l'euro inquiète les commerçants et les particuliers. La campagne d'information sur l'euro de la Banque centrale s'est circonscrite à la place de France, à Moroni. Aucun préfet, ni élu, ni fonctionnaire local (instituteurs, cadres, chefs de cantons, ...) n'est sollicité pour apporter à la campagne ou en dehors de la capitale fédérale, l'heureux événement.

Ces exclus ignorent le communiqué des ministres des Finances de la Zone franc indiquant à N'Djamena le 18 avril 1996 que «lorsque l'euro se substituera au franc français, les parités des francs CFA et comoriens seront fixées mécaniquement par rapport à l'euro».

Les intérêts et préoccupations des autorités en charge de l'euro, à Francfort, peuvent s'avérer diamétralement opposés à ceux des autorités monétaires comoriennes. Par exemple pour prévenir les dérapages inflationnistes et renforcer la valeur de l'euro, la Banque Centrale Européenne (BCE) peut décider de relever les taux d'intérêt sans se soucier des conséquences d'une telle décision sur les petites Comores. Cette surévaluation de l'euro ainsi provoquée retentira sur les exportations causant une perte de compétitivité et bien sûr à terme une nécessité d'ajustement monétaire (dévaluation).

En outre, la Banque Centrale des Comores, depuis mai 1999 a indexé ses taux de rémunération sur EONIA (Europeen Over Night Index Average), taux moyen interbancaire sur l'euro au jour le jour.

Ainsi, les Comores lient le destin de leur politique monétaire à Francfort (siège de la BCE) et Willem Dinsenberg (Neerlandais et président de la BCE). Elles perdent toute l'emprise sur la fixation des taux d'intérêt. Elles ne seront pas toujours consultées pour tout changement de destin de l'euro.
Par ailleurs, fait grave, nous avons constaté ces 5 dernières années que les Comores sont insensibles aux variations des taux d'intérêt, en baisse. A preuve, pour inciter à la relance de l'économie, les autorités comoriennes ont procédé en juillet 1997, à des baisses des taux d'intérêt débiteurs des banques commerciales (de 11,5 à 8,5%), à la réduction du taux d'escompte de 8,5 à 7% et à la baisse générale des autres taux de la Banque centrale.

Une nouvelle baisse des taux d'intérêt est intervenue le 1er juin 1999. Les plafonds des taux d'intérêt sur les crédits et les planchers des taux d'intérêt sur les dépôts sont ramenés à un taux unique de 3% en septembre 1999 par arrêté ministériel.

Cet effort titanesque de baisse de taux d'intérêt, en d'autres termes, du loyer de l'argent n'a eu aucun effet sur le développement du secteur privé (demeuré atome et inanimé), ni sur la croissance (demeurée faible : 1%).

Alors, les Comores sont logées à la mauvaise enseigne de l'euro : elles subissent les diktats des *eurodécideurs* mais ne savent pas jouir des décisions de ces derniers lorsqu'elles sont heureuses (exemple, la baisse fulgurante des taux d'intérêt et le faible taux actuel de l'EONIA, 3%).

Conclusion de la section 2

Le système financier comorien est sain mais la bancarisation de la République se limite à la place de France où sont domiciliées les trois banques du réseau formel (BCC, BIC, BDC, y compris la CNE). Les banques traditionnelles servent les gros commerçants et les grandes institutions privées et publiques. Les campagnards se rendent à Moroni (la capitale) pour déposer leur argent à la Caisse Nationale d'Epargne de la Poste. La mobilisation et la distribution des crédits en zone rurale engendrent des coûts élevés. La demande de crédit bancable est restreinte. Le maillage bancaire est faible. Les agents économiques ne semblent pas faire confiance au système financier.

Les réseaux mutualistes décentralisés ratissent les faibles et irréguliers revenus des paysans mais des tontines et coopératives subsistent. Le monopole de fait de la BIC pour la collecte et l'octroi de crédit, le développement fulgurant des réseaux MECK et SANDUKS, les tontines et les coopératives ne captent qu'une partie limitée de l'épargne nationale. La circulation fiduciaire demeure importante et enfin les incendies dans les villages et bas quartiers des villes dévorent les dernières économies liquides cachées dans les malles et sous les matelas et oreillers.
La modernisation des systèmes de paiement et de règlement ne profitera qu'aux lettrés et à l'élite bancaire.

Nous estimons que la solution se trouverait dans la poursuite du développement des structures de financement décentralisées.

Conclusion générale

L'Archipel des Comores connaît l'économie d'échange depuis l'Antiquité, au temps de Salomon David (970-931 avant Jésus-Christ) et celle de change dès le Moyen Age, au VIIIe siècle (en 750) avec l'usage des dinars omeyades du califat de Damas des comptoirs arabes du canal de Mozambique.

Les dinars fatimides du Caire chassent les dinars omeyades et disparaissent avec le Moyen Age.

Au XVIIe siècle, l'économie domestique comorienne demeure archaïque et de subsistance. Elle contraste avec le commerce extérieur, formé de contacts et d'activités de gens de la mer.

Le rafraîchissement des équipages naviguant sur les bâtiments des compagnies des Indes anglaises et françaises, ont favorisé l'éclosion de comptoirs prospères qui attirent pirates et forbans.

Ces hommes et leurs équipages, déversent également sur les côtes comoriennes toutes les espèces européennes de la route des Indes. Le monnayage espagnol dominant depuis le XVIe siècle (réal, réaux, piastres de Charles IV d'Espagne...) est remplacé par le système monétaire anglais (roupie indienne) puis français (5 F Napoléon III, 5 F Union Latine, 5 F de la IVe République française....).

Chaque monnaie qui pénètre aux Comores consacre la supériorité économique, politique, culturelle et marchande, d'une civilisation (les dinars omoyades, les dinars fatimides...) et d'un pays (Espagne, Angleterre, France,...) (roupie indienne, francs français).

Les Comores, possessions françaises depuis 1892 (après la suppression des gouvernements locaux = Kabars) sont devenues Territoire d'outre-mer, à partir de 1961.

Le régime monétaire de ces périodes est symbolisé par le franc métropolitain et celui des Colonies Françaises d'Afrique (FCFA). Le premier, unité de base depuis 1945, de tous les francs des possessions lointaines, sert d'étalon à la monnaie de Madagascar et des Comores.

Le deuxième constitue la monnaie locale.

Madagascar, en devenant indépendante en 1958, puis en claquant la porte de la Zone franc en 1973, laisse les Comores comme dernier espace de circulation des francs des Colonies Françaises d'Afrique (FCFA).

En 1975, Mayotte, transformée en Collectivité territoriale française, reprend l'usage du franc métropolitain qu'elle a perdu lors de l'avènement des francs CFA, c'est à dire, en 1945.

Les Comores indépendantes, depuis le 6 juillet 1975, sont formées des îles de la Grande Comore, d'Anjouan, et de Moheli. Elles incarnent la République Fédérale Islamique des Comores et en 2002, l'Union des Comores. L'unité monétaire instituée est le franc comorien (FC).

Les Comores quittent la zone CFA qu'elles partageaient seules et en dernier, en 1980. Toutefois, elles demeurent dans la Zone franc, en signant avec la France le 23 novembre 1979, des Accords de coopération monétaire et Convention de compte d'opérations.

Les Comoriens n'ont jamais remis en cause leur appartenance à la Zone franc comme leurs frères d'Afrique de l'Ouest ou Centrale. Les hommes d'affaires politiques (Ahmed Abdallah, Mohamed Ahmed, Ali Bazi Selim...), les nihilistes révolutionnaires rouges (Ali Soilihi, Ali Mbaliya, Abouhar du parti socialiste.), les fonctionnaires gestionnaires (Djohar, Taki, Azali Assoumani), si différents, avec des fortunes diverses, défendent tous un destin monétaire commun du franc comorien : son ancrage à la Zone franc.

La dévaluation de 1994 est imputée à une mauvaise gestion du président Djohar. Celui-ci rate l'Ajustement structurel et reçoit en réplique l'ajustement monétaire.

L'avènement de l'euro n'effraie pas les Comoriens. Ces derniers vont retrouver les computations européennes du XIXe siècle : autrichiennes, allemandes, espagnoles, hollandaises, françaises...

Les institutions de micro-crédits tels les SANDUKS et les MECK poursuivent leur développement.

La BIC se noie dans sa surliquidité et accumule bénéfice après bénéfice, malgré l'obligation imposée depuis le 20 juin 1999 de geler, enfermés à la Banque centrale, 30% du montant total des dépôts de la clientèle.

La Banque de Développement, recouvre en avril 2001, son milliard de fonds propres, perdu en 1997, après cinq années de laborieux recouvrement. L'Etat, actionnaire majoritaire, (50 %) est en train de céder une partie de ses actions au profit d'un partenaire stratégique, pour la branche commerciale. L'appel d'offre est lancé en octobre 2001. Il subsistera tout de même une branche Développement, pour continuer à incarner la vocation première de la BDC. Cette brusque transformation bouleversera quelque peu l'échiquier bancaire. La BIC aura une banque concurrente. Un tabou sera brisé. L'Etat se retire de son dernier bastion financier, de son propre gré. La BDC n'a jamais figuré sur la liste des entreprises publiques à privatiser.

La santé économique et monétaire des Comores s'appuie sur cinq indicateurs qui ne sont pour l'instant et au regard des trois dernières années, pas trop sinistrés (voir tableaux et perspectives) :

- les transferts privés de la diaspora et publics de bailleurs de fonds ;
- les cours de la vanille et de l'ylang-ylang ;
- la maîtrise des finances publiques et ,
- l'évaluation de l'euro.

A notre avis, le FC n'est pas menacé pour les cinq années à venir, à moins d'une brusque surévaluation de l'euro et d'une profonde dégradation continue des autres indicateurs.

ANNEXES

REPUBLIQUE FEDERALE
ISLAMIQUE DES COMORES

Union-Justice-Progrès
PRESIDENCE DE LA REPUBLIQUE

LOI CADRE FEDERALE N° 80-8

relative à la monnaie et au rôle de la Banque Centrale des Comores dans le contrôle des Banques, des Etablissements Financiers, du Crédit et des Changes

L'Assemblée Fédérale de la République Fédérale-Islamique des Comores,

A DELIBERE ET ADOPTE,

ET LE PRESIDENT DE LA REPUBLIQUE PROMULGUE LA LOI DONT LA TENEUR SUIT

TITRE I : DISPOSITIONS GENERALES

Article 1er : - Dans le cadre de la politique économique définie par le Gouvernement la Banque Centrale des Comores (BCC) ci-après dénommée «la Banque Centrale» a pour mission générale de formuler la politique monétaire et du crédit, d'exercer la surveillance et le contrôle des activités bancaires et des établissements financiers et de veiller à l'application de la réglementation des changes.

TITRE II : DE LA MONNAIE

Article 2 : - L'unicité monétaire de la République Fédérale Islamique des Comores, ci-après dénommée, «la République», est le franc comorien (FC) dont la valeur est fixée par les accords auxquels la République est partie.

Article 3 : - La Banque Centrale a le privilège exclusif d'émettre les signes monétaires, billets et monnaies métalliques, ayant cours légal et pouvoir libératoire sur le territoire de la République.

Le pouvoir libératoire des billets émis par la Banque Centrale est illimité.

Le pouvoir libératoire des monnaies métalliques est limité, pour chaque type de pièces à cent fois leur valeur faciale. Toutefois, ces monnaies sont reçues sans limitation par la Banque Centrale.

Article 4 : - Les statuts de la Banque Centrale précisent les modalités de la création, de l'émission, du retrait et de l'annulation des signes monétaires. La Banque Centrale est consultée sur tout projet d'ordre législatif ou réglementaire intéressant la monnaie.

Les caractéristiques des billets et des pièces émis par la Banque Centrale sont publiées au Journal Officiel des Comores.

Article 5 : - Lorsqu'un type de billet ou de pièce cesse d'avoir cours légal, la Banque Centrale est tenue d'en assurer, sans restriction, l'échange à ses guichets contre un ou plusieurs types de billets ou de pièces ayant cours légal. Cette obligation prend fin à l'expiration d'un délai qui ne peut être inférieur à quinze mois, comptés à partir de la date de publication au journal officiel des Comores de la décision privative de cours légal de la pièce ou du billet considérés.

TITRE III : CONTROLE DES BANQUES ET DES ETABLISSEMENTS FINANCIERS

Article 6 : - Dans le cadre de la loi portant réglementation des banques et des établissements financiers, la Banque Centrale est chargée de veiller à l'application de la réglementation de la profession bancaire. Elle peut proposer au ministre des Finances les modifications et compléments qu'elle estime devoir lui être apportés.

Elle dispose pour cette mission d'un pouvoir réglementaire, d'un pouvoir administratif et d'un pouvoir disciplinaire.

a) Pouvoir réglementaire

Article 7 : - Les instructions et les circulaires de la Banque Centrale fixent les modèles des situations comptables et des états divers périodiques qui doivent être établis par les banques et par les établissements financiers.

Elles fixent également les règles de gestion auxquelles doivent se soumettre les banques et les établissements financiers, notamment en ce qui concerne la liquidité, le rapport entre le montant des risques et celui des fonds propres et la division des risques.

b) Pouvoir administratif

Article 8 : - La Banque Centrale exerce un contrôle sur pièces des activités et des résultats des banques et des établissements financiers.
Elle peut également exercer un contrôle sur place par l'intermédiaire de ses inspecteurs.

C) Pouvoir disciplinaire

Article 9 : - Si un contrôle révèle qu'une banque ou un établissement financier de droit privé a enfreint les règles fixées par la législation ou la réglementation bancaire, la Banque Centrale prend, sans préjudice des sanctions pénales applicables, les sanctions disciplinaires qui sont :
- l'avertissement,
- le blâme,
- l'interdiction de certaines opérations dans l'exercice de la profession,
- la suspension des dirigeants responsables avec ou sans nomination d'administrateur provisoire,
- la radiation de la liste des banques et des établissements financiers.

Article 10 : - La Banque Centrale peut en outre prononcer soit à la place, soit en sus d'une des sanctions prévues ci-dessus, une amende de dix mille francs comoriens dont le produit est versé au Trésor public.

TITRE IV : DU CONTROLE DU CREDIT

Article 11 : - Les statuts de la Banque Centrale précisent sa responsabilité dans l'organisation et la distribution du crédit. La Banque Centrale est chargée de veiller à l'application de la réglementation le concernant.

Tout projet d'ordre législatif ou réglementaire relatif à l'organisation de la distribution et du contrôle du crédit est soumis à l'avis de la Banque Centrale.

Article 12 : - La Banque Centrale est notamment chargée d'étudier et de mettre en œuvre, toute mesure ayant pour objet de développer les dépôts dans les banques ou dans les caisses d'épargne, de diminuer la thésaurisation des espèces, de développer l'usage de la monnaie scripturale, plus généralement de collecter dans l'intérêt général toutes les disponibilités du public.

Article 13 : - La Banque Centrale est également chargée de veiller à ce que les opérations de crédit traitées par les banques et les établissements financiers soient conformes à la politique économique déterminée par le Gouvernement.
Elle doit par ailleurs s'assurer que les concours consentis par les banques ne portent pas atteinte à la sécurité des fonds qui leur sont confiés.

TITRE V : DU CONTROLE DES CHANGES

Article 14 : - La Banque Centrale est chargée de veiller à l'application des dispositions législatives et réglementaires relatives aux relations financières de la République avec l'étranger conformément aux accords auxquels la République est partie.

Elle peut déléguer son pouvoir d'autorisation aux banques qu'elle aura habilitées en leur accordant la qualité d'intermédiaire agréé. Elle assure également le contrôle de la position en francs comoriens et en devises des établissements bancaires et financiers vis-à-vis de l'étranger.

TITRE VI : DISPOSITIONS DIVERSES

Article 15 : Le Banque Centrale est chargée de l'établissement de la balance des paiements de la République.

La Banque Centrale assure en outre :
- le service central des risques qui centralise le montant des crédits consentis au-delà d'un certain seuil par chaque établissement bancaire ou financier à chacun de ses clients, ainsi que les créances arriérées de cotisations d'assurances sociales ou familiales,
- le service du fichier central des chèques impayés,
- le service des incidents de paiement relatif aux effets de commerce,
- la centralisation des bilans des entreprises (bilans, comptes d'exploitation et de pertes et profits, en vue de réunir une documentation économique et financière).

Article 16 : - Tout projet d'ordre législatif ou réglementaire relatif à la réglementation de chèques et des effets de commerce est soumis à l'avis de la Banque Centrale.

Article 17 : - Pour les affaires relevant de ses attributions, la Banque Centrale peut donner des avis au Gouvernement (de la République), lequel peut également requérir l'avis de la Banque Centrale pour ces mêmes affaires.

Article 18 : La Banque Centrale est exonérée de tout impôt, prélèvement ou taxes diverses.
Le Gouvernement de la République est garant de la sécurité des établissements de la Banque Centrale ainsi que des fonds et valeurs qu'elle détient.

Article 19 : - Des décrets préciseront en tant que de besoin les modalités d'application de la présente loi.

Article 20 : - La présente loi sera publiée partout où besoin sera et exécutée comme loi de l'Etat.

Fait à Moroni le 26 JUIN 1980

Par le PRESIDENT DE LA REPUBLIQUE,

AHMED ABDALLAH ABDEREMANE

Comores - Principaux indicateurs économiques et financiers, 1990-1996

(Variation en pourcentage)

	1990	1991	1992	1993	1994	1995 Est.	1996 Proj
PIB							
Aux prix courants	4,7	4,9	0,3	6,3	12,5	-4,6	4,5
En prix constants	2,5	-3,0	7,7	3,8	-2,3	-2,3	1,9
Déflateur (1990=100)	2,2	8,1	-6,8	2,4	15,1	7,0	2,5
Finances publiques							
Recettes[1]	30,4	-17,1	10,5	1,5	2,0	0,3	24,1
Dépenses et prêts nets	5,4	0,5	6,3	-19,0	51,8	-10,5	0,0
Dépenses courantes	7,1	-1,7	-12,4	4,3	21,4	3,7	-0,8
Dépenses en capital[2]	-1,5	9,8	79,1	-63,2	180,4	-35,6	8,4
Dons	-1,3	10,4	-6,4	1,8	19,1	-26,2	5,4
Monnaie et crédit							
Crédit intérieur	23,7	-5,9	9,8	-17,3	17,0	2,5	15,9
Etat net	-17,4	31,5	14,6	-40,5	35,0	-15,6	1,1
Secteur privé[3]	46,3	-17,5	7,5	8,2	11,1	9,8	20,5
Monnaie au sens large	4,7	2,5	5,2	3,4	5,3	-4,3	-1,5
Vitesse de circulation		4,4	4,2	4,3	4,6	5,0	5,3

Sources : Données communiquées par les autorités comoriennes, et estimations des services du FMI.

1 - Hors facteurs exceptionnels **2** - Prêts nets compris **3** - Entreprises publiques comprises

2/3

	1990	1991	1992	1993	1994	1995 Est.	1996 Proj
Secteurs extérieurs							
Exportations (volume)	-14,3	53,2	-17,6	20,4	-37,7	4,1	-0,7
Importations (volume)	7,3	8,2	14,4	-8,5	-9,1	7,3	-7,9
Termes de l'échange	-2,7	-10,9	3,3	-10,4	-18,9	-9,4	-8,4
Taux de change effectif nominal (1985=100)	6,7	-0,1	4,8	1,5	----	----	----
Taux de change effectif réel (1985=100)[4]	-6,3	-6,4	2,9	1,1	----	----	----
(En pourcentage du PIB)							
Finances publiques							
Recettes[1]	17,6	13,9	15,3	14,6	13,2	12,7	15,1
Dépenses et prêts nets	34,2	32,7	34,7	26,4	35,7	30,5	29,2
Dépenses courantes	27,8	26,0	22,7	22,3	24,0	23,8	22,6
Dépenses en capital[2]	6,4	6,7	11,9	4,1	10,3	6,3	6,6
Dons	15,4	16,3	15,2	14,5	15,4	10,8	10,9
Solde primaire[1]	-0,7	-5,0	-1,1	-2,0	-3,4	-3,8	0,0
Déficit (base ordonnancements)							
Dons inclus	-1,1	-2,6	-3,5	-2,7	-7,0	-7,0	-2,6
Dons exclus	-16,6	-18,8	-18,7	-11,8	-22,4	-17,8	-13,5

1- Hors facteurs exceptionnels
2- Prêts nets compris
4- Sur la base de l'indice des prix à la consommation, bases 1990 et 1991; estimations des services du FMI.

	1990	1991	1992	1993	1994	1995 Est.	1996 Proj
Comptabilité nationale							
Epargne intérieure	-2,0	-5,5	2,3	2,5	-2,2	-4,8	-2,6
Consommation	105,5	97,1	97,7	97,5	102,2	104,8	102,6
Investissement	17,4	20,3	22,4	17,8	18,7	16,3	17,6
Déficit de ressources	-25,6	-17,4	-20,1	-15,3	-20,9	-21,0	-20,2
Secteur extérieur							
Transactions courantes							
Dons inclus	-3,1	-0,6	-5,5	2,8	-5,3	-8,9	-6,6
Dons exclus	-21,5	-16,9	-20,7	-13,1	-21,2	-21,1	-19,2
Balance globale	-5,0	-5,0	-2,3	1,9	-5,6	-6,3	-5,1
Réserves internationales brutes[5]	16,6	14,8	13,3	21,2	24,8	21,6	18,9
Dette extérieure[4]	76,1	67,0	66,0	61,5	81,6	78,4	74,3
Service de la dette[7]	-25,5	-18,8	-20,6	-18,4	-29,0	-26,3	-20,4
Intérêts exigibles	-9,7	-6,1	-4,7	-4,7	-5,8	-4,8	-4,6
Principal exigible	-15,9	-12,7	-15,9	-13,7	-23,1	-21,5	-15,8
PIB aux prix courants	66.370	69.620	69.858	74.261	83.525	87.350	91.270

4 - Arriérés non compris
5 - En semaines d'importations de biens et de service, non compris les revenus des facteurs, caf.
7 - En pourcentage des exportations de biens et des services, non compris les revenus des facteurs.

1/4

Comores - Etat récapitulatif des opérations consolidées des administrations publiques, 1990-1996

(En pourcentage du PIB)	1990	1991	1992	1993	1994	1995	1996	
							Proj. des Sces	Budget
(En millions de francs comoriens)								
Recettes et dons, total	21.923	20.996	21.740	21.633	23.900	20.568	23.759	23.286
Recettes	11.670	9.676	10.692	10.854	11.067	11.096	13.774	13.301
Recettes fiscales	8.181	7.602	9.208	9.491	9.799	9.677	12.189	11.716
Recettes non fiscales	3.489	2.074	1.483	1.363	1.268	1.420	1.585	1.585
Recettes exceptionnelles[1]	-	-	456	-	-	-	-	-
Dons extérieurs	10.253	11.321	10.592	10.779	12.833	9.472	9.985	9.985
Aide budgétaire	2.340	4.112	1.130	2.610	2.418	793	-	-
Financement de projets et d'assistance technique	7.913	7.209	8.873	7.104	10.215	8.679	9.985	9.985
Autre aide non budgétaire[2]	...	...	590	1.065	200	-	-	-
Dépenses et prêts nets, total	22.670	22.778	24.210	19.621	29.787	26.653	26.665	27.402
Dépenses courantes	18.431	18.124	15.874	16.549	20.083	20.820	20.649	21.386
Budgétaires	12.978	13.952	12.517	12.949	14.783	15.320	15.141	15.878
Traitement et salaires	6.820	7.202	6.525	6.075	6.871	7.728	7.100	7.780
Biens et services	4.421	5.005	4.624	5.207	6.008	5.519	5.767	5.767
Transferts	891	980	733	1.025	1.048	1.178	1.447	1.447
Paiements d'intérêts	846	765	635	643	857	895	827	884
Assistance technique[3]	5.453	4.172	3.358	3.600	5.300	5.500	5.508	5.508

Sources : données communiquées par les autorités comoriennes, et estimations des services du FMI

1 - Les recettes exceptionnelles comprennent le déblocage en 1992 des 456 millions de francs comoriens de dépôts du monopole de commercialisation du riz (ONICOR) et la retrocession de 480 millions de francs comoriens de dettes à l'EEDC dans le cadre du programme pour 1994.

2 - Principalement STABEX et aide alimentaire. **3**- Assistance technique non relative aux projets, aide alimentaire comprise.

2/4

	1990	1991	1992	1993	1994	1995	1996	
							Proj. des Sces	Budget
(En millions de francs comoriens)								
Dépenses en capital	4.179	4.654	8.421	5.342	8.219	5.545	6.009	6.009
Budgétaires	811	606	1.314	1.091	638	475	700	700
Financées sur ressources extérieures[4]	3.368	4.048	7.107	4.252	7.582	5.070	5.309	5.309
Prêts nets[5]	61	-	-86	-2.271	393	-	-	-
Plan d'action Fonction publique[6]	...	...	-	-	1.091	288	7	7
Mesures additionnelles	-	-	-	-	-	-	567	-
Solde global (base ordonnancements)	-747	-1.781	-2.470	2.012	-5.887	-6.085	-2.338	-4.117
Dons exclus	-11.000	-13.102	-13.062	-8.767	-18.720	-15.557	-12.324	-14.102
Variation des arriérés nets	1.038	-2.793	692	-699	612	3.528	1.644	1.822
Intérêts de la dette extérieure	686	-2.636	430	1.484	190	657	494	550
Arriérés intérieurs[7]	352	-157	262	-2.183	896	4.195	1.533	1.654
Dépôts au Trésor[8]	...	...	...	...	-474	-1.324	-382	-382
Solde global (base encaissement et décaissement)	291	-4.574	-1.778	-1.313	-5.275	-2.557	-694	-2.295

Sources : données communiquées par les autorités comoriennes, et estimations des services du FMI.

4 - Y compris l'assistance technique relative aux projets et à leurs coûts de fonctionnement.

5 - En 1993, comprend la rétrocession de 3.083 millions de francs comoriens de dettes à la société nationale des postes et télécommunications (SNPT) et les 777 millions de francs comoriens qui lui ont été alloués.

6 - Y compris le versement de primes de départ (100 millions de francs comoriens) dans les entreprises publiques.

7 - Compte tenu des dépenses non enregistrées ou des données incomplètes sur les arriérés intérieurs ainsi que des effets en cours d'encaissement.

8 - Les dépôts au Trésor qui ont été bloqués, sont traités comme des arriérés à partir de 1994.

3/4

	1990	1991	1992	1993	1994	1995	1996	
							Proj. des Sces	Budget
(En millions de francs comoriens)								
Financement	-291	4.575	1.778	-1313	5.275	2.557	693	573
Extérieur (net)	865	3.672	859	437	3.533	2.175	662	542
Tirages, PIP (identifiés)	907	502	856	748	2.467	1.891	832	832
Tirages, prêts à l'ajustement	...	...	1.322	623	767	1.199	37	37
Amortissement[9]	-1.524	-1.502	-1.815	-1.979	-3.593	-3.583	-2.838	-2.836
Financement exceptionnel[10]	...	9.761	-665	4.720	3.325	-	-	-
Arriérés (principal)	1.482	-5.090	1.161	-3.676	290	2.668	2.631	2.509
Intérieur (net)	-1.156	903	919	-1.750	-1.742	382	31	31
Financement bancaire	-344	851	295	-1850	-1.372	784	31	31
Dont : FMI (FAS)[11]	(...)	(360)	(...)	(-)	(818)	(-)	(-)	(-)
Dépôts au Trésor[8]	-260	52	162	-100	...	...	...	...
Financement non bancaire	-552	-	462	-	370	-402	-	-
Besoin de financement	-	-	-	-	-	-	-	1.722

Sources : données communiquées par les autorités comoriennes, et estimations des services du FMI.

8 - Les dépôts au Trésor qui ont été bloqués, sont traités comme des arriérés à partir de 1994.
9 - Compte tenu de l'incidence du rééchelonnement des arriérés de fin 1993.
10 - En l'absence de paiement comptant, de rééchelonnement ou de remise de dettes, il y aura accumulation d'arriérés extérieurs en 1996.
11 - Contrepartie du tirage FAS prévu.

	1990	1991	1992	1993	1994	1995	1996	
							Proj. des Sces	Budget
(en millions de francs comoriens)								
Pour mémoire								
Recettes et dons, dont : recettes	33,0	30,2	31,1	29,1	28,6	23,5	26,0	25,5
Dépenses et prêts net total	(17,6)	(13,9)	(15,3)	(14,6)	(13,2)	(12,7)	(15,1)	(14,6)
Solde global (base ordonnancements)	34,2	32,7	34,7	26,4	35,7	30,5	29,2	30,0
Dons exclus	-1,1	-2,6	-3,5	2,7	-7,0	-7,0	-2,6	-4,5
Solde global (base encaissements et décaissements)	-16,6	-18,8	-18,7	-11,8	-22,4	-17,8	-13,5	-15,5
Solde primaire[12]	0,4	-6,6	-2,5	1,8	-6,3	-2,9	-0,8	-2,5
(en millions de francs comoriens)								
(en pourcentage du PIB)	-462	-3.511	-1.190	-1.452	-2.860	-3.329	27	-1.751
Dépenses militaires inscrites au budget[13]	-0,7	-5,0	-1,7	-2,0	-3,4	-3,8	-0,0	-1,9
(en millions de francs comoriens)	...	...	1.198	1.282	1.622	...	...	...

Sources : données communiquées par les autorités comoriennes, et estimations des services du FMI.

12 - Recettes intérieures totales moins dépenses budgétaires courantes hors intérêts, à l'exclusion des facteurs exceptionnels.

13 - Y compris les traitements, indemnités et dépenses en biens et services : non compris l'aide militaire extérieure.

Comores - Balance des paiements 1990-96

(en milliers de dollars EU)

	1990	1991	1992	1993	1994	1995 Est.	1996 Proj
(Croissance des exportations)	-0,02	0,383	-0,120	-0,007	-0,499	0,052	0,006
Exportations, fob	17.616	24.357	21.430	21.581	10.818	11.378	11.450
Vanille	9.380	15.888	15.555	16.938	6.665	6.232	5.408
Clou de girofle	1.333	3.870	407	945	1.258	360	536
Ylang Ylang	5.410	3.516	4.306	2.846	2.239	2.296	2.530
Autres	1.494	1.082	1.162	851	655	2.490	2.977
(Croissance des importations)	0	0	0,182	0,146	0,044	0,196	0,019
Importations caf	-57.131	-62.589	-73.994	-63.196	-57.054	-68.258	-69.574
Riz	-8.253	-7.168	-8.151	-5.826	-6.296	-14.108	-9.278
Pétrole	-6.080	-6.229	-7.180	-6.322	-6.132	-7.782	-8.280
Viande	-2.012	-4.463	-4.426	-4.513	-3.004	-4.344	-4.133
Ciment	-3.531	-3.265	-3.306	-3.604	-4.036	-4.438	-4.486
Fer et acier	-1.104	-1.714	-2.396	-2.210	-2.048	-2.383	-2.529
Autres	-36.150	-39.751	-48.535	-35.072	-35.538	-35.205	-40.868
Importations, fob	-45.230	-49.175	-58.232	-49.537	-44.907	-53.794	-54.964
Balance commerciale	-27.614	-24.818	-36.803	-27.956	-34.089	-42.416	-43.514

Sources : données communiquées par les autorités comoriennes et estimations des services du FMI.

	1990	1991	1992	1993	1994	1995 Est.	1996 Proj
Frêt et assurance	-11.900	-13.415	-15.762	-13.660	-12.148	-14.464	-14.611
Autres transports	-3.364	-1.878	-4.678	-3.118	-3.723	-4.982	-5.211
Voyages	-4.150	1.932	4.070	10.028	10.463	14.042	16.737
Revenu des investissements	2.740	2.476	6.130	4.298	2.644	2.702	1.849
Paiements d'intérêts	-3.445	-2.989	-2.262	-2.475	-2.208	-2.194	-2.214
Autres services	-10.215	-6.733	-10.206	-12.029	-10.683	-10.898	-12.082
Solde des services (net)	-30.334	-20.608	-22.708	-16.955	-15.655	-15.794	-15.511
Transferts privés (net)	5.502	3.727	4.965	10.667	7.132	8.758	12.081
Solde des transactions courantes (transferts exclus)	-52.446	-41.698	-54.546	-34.244	-42.612	-49.453	-46.943
Transferts publics sans contrepartie	44.849	40.253	40.111	41.627	31.910	28.651	30.736
Solde des transactions courantes (transferts officiels inclus)	-7.597	-1.445	-14.435	7.383	-10.702	-20.801	-16.208
Investissement direct et de portefeuille	-709	2.505	1.446	191	401	896	3.947
Emprunts à moyen et long terme	848	-3.057	3646	-1.486	-962	968	-1.229
Emprunt brut	6.497	3.223	11.292	5.713	7.787	10.700	6.471
Amortissement	-5.649	-6280	-7.646	-7.199	-8.750	-9.732	-7.700
Crédits liés au commerce international	1.845	24	2.759	865	902	1.328	366
Banques commerciales	-158	-1918	1.133	1.384	1.667	-1.837	654
Avoirs extérieurs	489	-1.826	1.186	1.391	-1.659	-	401
Engagements extérieurs	-646	-92	-53	-7	7	242	253
Capitaux à court terme (y compris erreurs et omissions)	-6.358	-8.486	2.345	-3.260	-2.640	4.647	-
Compte de capital	-4.531	-10.931	8.438	-2.306	-632	6.001	3.738
Solde global	-12.128	-12.376	-5.996	-5.077	-11.333	-14.800	-12.470

3/3

	1990	1991	1992	1993	1994	1995 Est.	1996 Proj
Financement	12.128	12.376	5.996	5.077	11.333	14.800	12.470
Banque centrale	3.372	3.137	8	-14.006	-1.501	3.699	4.110
Avoirs extérieurs	3.320	1.698	302	-13.925	-14.367	3.481	-
Engagements extérieurs	51	1.439	-295	-81	2.262	218	-
Dont : utilisation du crédit du FMI	-	1.276	-	-	1.970	-	-
Variation des arriérés	7.856	-26.299	6.612	-7.741	1.156	7.994	8.360
Financement exceptionnel	-	35.537	-623	16.670	8.676	2.170	-
Rééchelonnement	-	34.602	-2.512	16.670	8.676	2.170	-
Autres financements exceptionnels	-	935	1.889	-	-	-	-
Déficit de financement	-	-	-	-	-	-	-
Pour mémoire :							
Arriérés (fin de période)	44.356	15.274	20.725	26.424	26.874	36.979	44.734
Dette extérieure (fin de période)	197.029	180.197	175.579	175.136	178.903	186.793	173.894
PIB nominal	243.774	246.788	263.924	262.259	201.167	234.636	244.217
Transactions courantes (en % du PIB)							
Transferts exclus	-3,1	-0,6	-5,5	2,8	-5,3	-8,9	-6,6
Transferts inclus	-21,5	-16,9	-20,7	-13,1	-21,2	-21,1	-19,2
Dette extérieure (en % du PIB)	80,82	73,02	62,47	59,11	81,59	79,45	74,31
Taux de change franc comorien/dollar EU (moyenne sur la période)	272,26	282,11	264,69	283,16	415,20	372,28	373,73
Taux de change comorien/DTS (moyenne de la période)	369,46	385,98	372,68	395,29	577,13	514,49	565,45
Avoirs extérieurs bruts de la Banque centrale	31.484	29.324	27.295	38.870	41.963	43.883	39.042
En semaines d'importation, caf	28,7	24,4	19,2	32,0	38,2	33,4	29,2

Comores - Balance des paiements 1990-96

(en milliers de dollars EU)

	1990	1991	1992	1993	1994	1995 Est.	1996 Proj
Balance commerciale	-7.518	-7.001	-9.741	-7.916	-14.154	-15.791	-16.262
Exportations fob	4.796	6.871	5.672	6.111	4.492	4.236	4.279
Vanille	2.554	4.482	4.117	4.796	2.767	2.320	2.021
Clous de girofle	363	1.092	108	268	522	134	200
Ylang-Ylang	1.473	992	1.140	806	930	855	946
Autres	407	305	308	241	272	927	1.112
Importation fob	-12.314	-13.872	-15.414	-14.027	-18.645	-20.026	-20.541
Solde des services (net)	-8.259	-5.813	-6.011	-4.801	-6.500	-5.880	-5.797
Services, non compris les revenus des facteurs (net)	-8.067	-5.669	-7.034	-5.317	-6.681	-6.069	-5.660
Exportations	4.906	7.063	7.039	8.794	11.221	12.648	13.883
Dont : recettes de voyages	(484)	(2.433)	(2.917)	(4.461)	(6.662)	(7.662)	(8.811)
Importations	-12.973	-12.732	-14.073	-14.111	-17.902	-18.717	-
Services, y compris les revenus des facteurs (net)	-192	-145	1.024	516	-181	189	-136
Dont : paiements d'intérêts	(-938)	(-843)	(-599)	(-701)	(-917)	(-817)	(-827)
Transferts privés (net)	1.498	1.052	1.314	3.021	2.961	3.260	4.515
Transferts officiels	7.410	11.356	10.617	11.787	13.249	10.666	11.487
Transactions courantes (transferts officiels exlus)	-14.279	-11.763	-14.438	-9.696	-17.692	-18.410	-17.544
Transactions courantes (transferts officiels inclus)	-6.869	-408	-3.821	2.091	-4.443	-7.744	-6.057

Sources : données communiquées par les autorités comoriennes et estimations des services du FMI.

2/3

	1990	1991	1992	1993	1994	1995 Est.	1996 Proj
Investissement direct	-193	707	-383	54	167	333	1.475
Emprunts à moyen et à long terme	231	-862	965	-421	-400	360	-459
Emprunt brut	1.769	909	2.989	1.618	3.233	3.983	2.418
Amortissement	-1.538	-1.772	-2.024	-2.039	-3.633	-3.623	-2.878
Crédits relatifs au commerce international	502	7	730	245	375	494	137
Banques commerciales	-43	-541	300	392	692	-684	245
Avoirs extérieurs	133	-515	-314	394	689	-774	150
Engagements extérieurs	-176	-26	-14	-2	3	90	95
Capitaux à court terme (y compris erreurs et omissions)	-1.731	-2.394	621	-923	-1.096	1.730	-
Compte de capital	-1.234	-3.084	-2.233	-653	-262	2.234	1.397
Solde global	-8.102	-3.491	-1.587	-1.438	-4.706	-5.510	-4.660
Financement	8.102	3.491	1.587	1.438	4.706	4.702	4.660
Banque centrale	918	885	2	-3.966	-5.026	1.377	1.536
Avoirs extérieurs	904	479	80	-3.943	-5.965	...	...
Engagements extérieurs	14	406	-78	-23	939	...	...
Dont : utilisation des crédits FMI	(-)	(360)	(-)	(-)	(818)	(-)	(-)
Ajustement de valeur	-	-	-	-	5.649	-	-
Variation des arriérés	2.384	-7.419	1.750	-2.192	480	3.325	3.124
Financement exceptionnel	-	10.025	-165	4.720	3.602	-	-
Déficit de financement	-	-	-	-	-	-	-

Sources : données communiquées par les autorités comoriennes et estimations des services du FMI.

	1990	1991	1992	1993	1994	1995 Est.	1996 Proj
Pour mémoire							
Arriérés (fin de période)	11.375	3.956	5.706	7.789	11.158	13.590	16.714
Dette extérieure (fin de période, arriérés compris)	50.528	46.671	51.823	53.485	79.303	82.095	84.539
Transactions courantes, en % du PIB							
Transferts inclus	-10,3	-0,6	-5,5	-2,8	-5,3	-8,9	-6,6
Transferts exclus	-21,5	-16,9	-20,7	-13,1	-21,2	-21,1	-19,2
Exportations de biens et de services non compris les revenus des facteurs	9.702	13.934	12.711	14.904	15.713	16.884	18.162
Importations des biens et de services non compris les revenus des facteurs	22.047	22.820	29.487	28.138	36.547	38.744	40.084
Ratio du service de la dette (en % des exportations de biens et de services non compris les revenus des facteurs)	25,5	18,8	20,6	18,4	29,0	26,3	20,4
Ratio du service de la dette (en % des exportations de biens)	51,6	38,1	46	45	101	105	87
Dette extérieure, arriérés inclus (% du PIB)	76	67	74	72	95	94	93
Taux de change franc comorien/dollar EU (moyenne de la période)	272,26	282,11	265	283	415	372	374
Taux de change franc comorien/DTS (moyenne de la période)	369,46	385,98	373	395	577	514	565
Avoirs extérieurs bruts de la Banque centrale	8.074	7.595	7.515	11.458	17.423	16.127	14.591
En semaines d'importations de biens et de services, non compris les revenus des facteurs caf	27,0	22,4	13	21	25	22	19
PIB nominal	66.370	69.620	69.858	74.261	83.525	87.350	91.270

Comores - Situation monétaire 1990-96[1]

	1990	1991	1992	1993	1994	1995				1996
	(Millions de francs comoriens)					Mars	Juin	Sept.	Déc.	Proj
Avoirs extérieurs nets	8.833	8.489	8.187	11.761	16.095	16.076	15.392	16.014	15.379	13.289
Banque centrale	7.878	6.993	6.991	10.957	15.983	15.428	15.499	15.859	14.583	12.738
Avoirs	8.074	7.595	7.515	11.458	17.423	16.886	16.958	17.817	16.103	...
Engagements	-196	-602	-524	-501	-1.440	-1.458	-1.459	-1.958	-1.520	...
Banques commerciales	955	1.496	1.196	804	112	648	-107	155	796	551
Avoirs	997	1.512	1.198	804	115	672	193	159	889	...
Engagements	-42	-16	-2	-	-3	-24	-300	-4	-93	...
Crédit intérieur	10.110	11.417	12.541	10.375	12.139	12.050	11.704	10.795	12.448	14.432
Crédit net à l'Etat	2.863	3.766	4.316	2.566	3.464	3.177	2.955	3.051	2.924	...
Financement bancaire	984	1.835	1.764	-86	1.286	1.502	1.808	2.197	2.070	...
Créances sur L'Etat	1.736	2.591	2.421	2.578	3.387	3.389	3.500	3.516	3.516	...
Dépôts de l'Etat	-752	-756	-657	-2.664	-2.101	-1.887	-1.319	-1.319	-1.446	...
Dépôts au Trésor[2]	1.879	1.931	2.552	2.652	2.178	1.675	1.147	854	854	...
Créances sur les entreprises publiques	638	363	346	663	1.818	2.028	1.729	1.645	772	...
Créances sur le secteur privé[3]	6.609	7.288	7.879	7.146	6.857	6.845	7.020	6.099	8.752	...
Monnaie au sens large	15.564	15.951	16.776	17.343	18.266	18.453	17.363	17.002	17.482	17.221
Monnaie	10.990	10.122	11.069	11.575	12.356	11.797	11.495	10.872	12.040	11.710
Circulation fiduciaire	4.274	4.046	4.082	4.402	5.100	4.620	4.984	5.144	5.672	...
Dépôts à vue	6.716	6.076	6.987	7.173	7.256	7.177	6.511	5.728	6.368	...
Quasi-monnaie	4.574	5.829	5.707	5.768	5.910	6.656	5.868	6.130	5.442	5.511
Autres postes (net)	3.379	3.955	3.952	4.793	9.968	9.673	9.733	9.807	10.345	10.500

Sources : données communiquées par les autorités comoriennes et estimations des services du FMI.

1 - Les données correspondent à une nouvelle présentation de la situation particuliers) et des entreprises publiques, notamment la BDC

2 - Y compris les dépôts des ménages (fonds

3 - Acceptations bancaires non comprises

	1990	1991	1992	1993	1994	1995				1996
						Mars	Juin	Sept.	Déc.	Proj
Avoirs extérieurs nets	-9,0	-3,9	-3,6	43,7	36,9	-7,1	11,9	5,1	-4,4	-13,6
Crédit intérieur	25,2	12,9	9,8	-17,3	17,0	20,5	-3,2	-11,1	2,5	15,9
Crédit net à l'Etat	-17,4	31,5	14,6	-40,5	35,0	-5,5	-22,5	-29,1	-15,6	...
Crédit aux entreprises publiques	507,6	-43,1	-4,7	91,6	174,2	80,7	49,2	-6,2	-57,5	...
Crédit au secteur privé[3]	46,9	10,3	8,1	-9,3	-4,0	24,2	-1,3	0,2	27,6	...
Monnaie au sens large	4,7	2,5	5,2	3,4	5,3	7,1	8,9	-0,0	-4,3	-1,5
Monnaie	7,2	-7,9	9,4	4,6	6,7	1,9	6,9	-5,0	-2,6	-2,7
Quasi-monnaie	-0,7	27,4	-2,1	1,1	2,5	17,9	13,1	10,3	-7,9	1,3
Autres postes (net)	15,9	17,0	-0,1	21,3	108,0	-4,0	-1,7	-5,4	3,8	1,5
(Contribution à la croissance)										
Avoirs extérieurs nets	-5,9	-2,2	-1,9	21,3	25,0	-7,2	10,3	4,6	-3,9	-12,0
Crédit intérieur	13,7	8,4	7,0	-12,9	10,2	11,9	-2,4	-7,9	1,7	11,3
Crédit net à l'Etat	-4,1	5,8	3,4	-10,4	5,2	-1,1	-5,4	-7,4	-3,0	...
Crédit aux entreprises publiques	3,6	-1,8	-0,1	1,9	6,7	5,3	3,6	-0,6	-5,7	...
Crédit au secteur privé[3]	14,2	4,4	3,7	-4,4	-1,7	7,7	-0,6	0,1	10,4	...
Monnaie au sens large	4,7	2,5	5,2	3,4	5,3	7,1	8,9	-0,0	-4,3	-1,5
Monnaie	4,9	-5,6	5,9	3,0	4,5	1,3	4,7	-3,4	-1,7	-1,9
Quasi-monnaie	-0,2	8,1	-0,8	0,4	0,8	5,9	4,3	3,4	-2,6	0,4
Autres postes (net)	3,1	3,7	-0,0	5,0	29,8	-2,4	-1,0	-3,3	2,1	0,9
Pour mémoire										
Dépôts des banques commerciales à la BCC (en milliers)	1.573	1.167	1.355	3.234	3.082	3.588	3.540	4.450	1.691	...

3 - Acceptations bancaires non comprises

Comores - Encours de la dette, 1993-96

(millions de dollars EU)

	1993	1994	1995 Est.	1996 Proj
Dette bilatérale	48,8	44,0	37,7	33,1
Abou Dhabi	1,0	0,7	0,7	0,7
Arabie Saoudite	24,4	17,0	14,2	11,5
Chine	2,2	1,4	1,6	1,5
Koweit	21,1	24,8	21,3	19,4
Dette multilatérale	126,4	134,9	149,1	140,8
Association internationale de développement (IDA)	45,0	52,8	63,4	61,3
Banque arabe de développement économique en Afrique	7,3	7,0	7,3	6,3
Banque africaine de développement	11,5	12,4	12,9	10,7
Banque islamique de développement	7,8	5,4	5,4	5,2
Fonds africain de développement	37,4	40,4	42,5	41,2
Fonds arabe de développement économique et social	9,8	9,4	9,8	8,9
Fonds international de développement agricole	2,9	3,0	3,1	2,9
Fonds monétaire international	0,0	0,0	0,0	0,0
Organisation des pays exportateurs de pétrole	4,6	4,5	4,8	4,3
Sous-total	175,1	178,9	186,8	173,9
Arriérés extérieurs	26,4	26,9	37,0	44,7
Total	201,6	205,8	223,8	218,6

Sources : données communiquées par les autorités comoriennes, estimations des services du FMI

Comores - Total du service de la dette, 1993-98[1]

(millions de dollars EU)

	1993	1994	1995	1996	1997	1998
			Est.		Proj	
Dette bilatérale	3,3	4,6	5,7	4,0	4,2	4,2
Abou Dhabi	0,1	0,1	0,1	0,0	0,0	0,0
Arabie Saoudite	1,8	3,1	4,0	2,5	2,5	2,4
Chine	0,4	0,3	0,2	0,0	0,1	0,1
Koweit	1,0	1,0	1,4	1,5	1,7	1,8
Dette multilatérale	6,4	6,4	6,3	5,9	6,9	7,0
Association internationale de développement (IDA)	0,6	0,7	0,9	1,0	1,3	1,4
Banque arabe de développement économique en Afrique	1,0	0,9	0,8	0,8	0,9	0,9
Banque africaine de développement	2,2	2,1	2,1	2,1	2,0	1,9
Banque islamique de développement	0,7	1,0	0,6	0,1	0,7	0,8
Fonds africain de développement	0,5	0,6	0,6	0,6	0,7	0,9
Fonds arabe de développement économique et social	0,8	0,7	0,7	0,7	0,8	0,8
Fonds international de développement agricole	0,0	0,1	0,1	0,1	0,2	0,2
Fonds monétaire international	0,0	0,0	0,0	0,0	0,0	0,0
Organisation des pays exportateurs de pétrole	0,6	0,4	0,3	0,3	0,3	0,3
Total	9,7	11,0	11,9	9,9	11,1	11,3

Sources : données communiquées par les autorités comoriennes, estimations des services du FMI.

1 - Non compris le service de la dette se rapportant au rééchelonnement des arriérés.

Comores - Arriérés de paiements extérieurs, 1993-96[1]

(millions de dollars EU)

	1993	1994	1995	1996
Dette bilatérale	7,9	3,5	7,7	11,6
Abou Dhabi	0,0	0,0	0,0	0,0
Arabie Saoudite	3,0	1,3	3,8	6,2
Chine	1,1	1,3	1,6	1,6
Koweit	3,8	0,9	2,3	3,8
Dette multilatérale	18,6	23,4	29,3	33,1
Association internationale de développement (IDA)	0,0	0,2	0,2	0,2
Banque arabe de développement économique en Afrique	6,2	6,8	7,9	8,6
Banque africaine de développement	2,8	5,1	7,4	8,9
Banque islamique de développement	0,1	0,4	0,6	0,6
Fonds africain de développement	0,5	1,1	1,8	2,4
Fonds arabe de développement économique et social	6,2	6,7	7,7	8,3
Fonds international de développement agricole	0,0	0,0	0,1	0,3
Fonds monétaire international	0,0	0,0	0,0	0,0
Organisation des pays exportateurs de pétrole	2,7	3,1	3,5	3,8
Total	26,4	26,9	37,0	44,7

Sources : données communiquées par les autorités comoriennes, estimations des services du FMI.

1- A l'exclusion des arriérés du ministère des postes et télécommunications.

Comores - Scénarios à moyen terme, 1995-2002

(en pourcentage du PIB)

	1995 Est.	1996	1997	1998	1999 Proj	2000	2001	2002
Scénario de base								
(Variations en pourcentage)								
PIB réel	-2,3	1,9	3,5	5,0	5,0	5,0	5,0	5,0
Exportations (fob)								
(en millions de dollars EU)	11,4	11,5	12,6	13,7	15,2	16,6	17,9	19,3
Importations (caf)								
(en millions de dollars EU)	68,3	69,6	72,2	73,1	77,4	82,0	87,0	92,3
Exportation (volume)	4,1	-0,7	3,8	4,1	3,9	3,2	3,1	2,9
Importation (volume)	7,3	-7,9	2,5	-0,2	4,1	4,1	4,1	4,0
Termes de l'échange	-9,4	-8,4	4,3	3,7	4,4	4,0	3,1	2,7
(En pourcentage du PIB)								
Consommation	104,8	102,6	100,3	97,1	95,4	94,1	92,8	90,1
Investissement[1]	16,3	17,6	18,0	18,7	18,9	18,9	18,9	20,3
Public	5,0	5,2	5,0	5,0	4,9	4,7	4,6	4,5
Privé	8,4	11,3	12,0	13,0	13,7	14,2	14,3	15,5
Epargne intérieure	-4,8	-2,6	-0,3	2,9	4,6	5,9	7,2	9,9
Publique	-11,5	-7,5	-5,5	-4,3	-3,3	-2,4	-1,4	-0,6
Privée	6,7	4,9	5,2	7,1	7,9	8,3	8,6	10,5
Déficit de ressources	-21,0	-20,2	-18,3	-15,8	-14,4	-13,0	-11,7	-10,4

Sources : données communiquées par les autorités comoriennes, estimations des services du FMI.

1 - L'investissement total comprend les variations de stocks.

2/3

	1995 Est.	1996	1997	1998	1999 Proj	2000	2001	2002
Finances publiques								
Recettes	12,7	15,1	16,3	17,1	17,1	17,2	17,4	17,5
Dépenses	30,5	29,2	28,1	28,4	27,3	26,3	25,3	24,5
Déficit (base ordonnancements)								
Dons compris	-7,0	-2,6	-1,3	-1,2	-0,5	0,3	-1,1	1,7
Dons non compris	-17,8	-13,5	-11,8	-11,3	-10,2	-9,1	-7,9	-7,0
Transactions courantes								
Dons exclus	-21,1	-19,2	-16,7	-14,4	-12,5	-10,7	-9,3	-8,0
Dons inclus	-8,9	-6,6	-5,8	-3,7	-2,3	-1,0	-0,0	0,9
Aide extérieure (dons et prêts)[2]	10,9	11,0	10,6	10,2	9,8	9,4	9,0	8,7
Déficit de financement (en millions de dollars EU)[3]	-	-	65,7	16,0	12,9	7,8	3,5	0,8
Réserves de change brutes[4]	21,6	18,9	18,0	18,0	18,3	19,2	20,1	21,4
Dette extérieure	78,4	74,3	83,2	74,9	67,3	61,3	56,2	51,9
Service de la dette[5]	26,3	20,4	23,2	28,4	25,0	19,5	15,7	14,5
Valeur actualisée nette de la dette[5]	253	254	223	188	160	138	121	105

2 - Assistance technique comprise.

3 - Le déficit de financement représente en 1997 une réduction du stock d'arriérés de 50,7 millions de dollars EU, dette des postes et télécommunications comprise, et 15 millions de dollars EU de dons extérieurs.

4 - En semaines d'importations de biens et services hors revenus des facteurs.

5 - En pourcentage des exportations de biens et des services hors revenus des facteurs.

	1995 Est.	1996	1997	1998	1999 Proj	2000	2001	2002
Hypothèses de référence avec opérations sur l'encours de la dette								
Déficit de financement (en millions de dollars EU)	-	-	61,7	7,5	4,2	1,2	-1,8	-4,9
Service de la dette[5]	26,3	20,4	15,9	14,5	12,2	10,7	9,5	8,4
Valeur actualisée nette de la dette[5]	253	254	210	190	174	141	130	120
Autre scénario (croissance plus lente des exportations et du tourisme)				*(Variations en pourcentage)*				
PIB réel	-2,3	1,9	2,0	2,0	2,0	2,0	2,0	2,0
Exportations (volume)	4,1	-0,7	2,0	1,6	1,4	2,0	1,6	1,5
Importations (volume)	7,3	-7,9	2,5	-1,5	2,8	2,7	2,6	2,5
				(En pourcentage PIB)				
Consommation	104,8	102,6	101,3	100,0	99,6	99,3	98,6	97,8
Investissement[1]	16,3	17,6	18,0	17,9	17,8	17,6	17,9	18,4
Epargne intérieure	-4,8	-2,6	-1,3	-0,0	0,4	0,7	1,4	-2,2
Transactions courantes								
Dons exclus	-21,1	-19,2	-18,0	-17,1	-16,2	-15,5	-15,3	-15,3
Dons inclus	-8,9	-6,6	-7,0	-5,9	-5,3	-4,8	-4,7	-4,9
Réserves de change brutes[4]	21,6	18,9	16,6	13,9	10,8	7,3	2,8	-

1- L'investissement total comprend les variations de stocks.
4- En semaines d'importations de biens et services hors revenus des facteurs.
5- En pourcentage des exportations de biens et des services hors revenus des facteurs.

Comores - Evolution du déficit budgétaire[1]

(en millions de francs comoriens courants)

Années	Déficit primaire (1)	Déficit en capital (2)	Déficit budgétaire (3)=(1)+(2)	PIB courant (4)	% déficit budgétaire (3)/(4)	% Déficit capital (2)/(4)
1970	203	205	408	8.043	5,07	2,55
1971	216	218	434	9.432	4,60	2,31
1972	296	250	546	10.016	5,45	2,50
1973	350	466	816	11.082	7,36	4,21
1974	377	806	1.183	16.781	7,05	4,80
1975	759	507	1.266	15.011	8,43	3,38
1976	1402	1650	3.052	12.839	23,77	12,85
1977	990	2.021	3.011	14.249	21,13	14,18
1978				16.972		
1979	1.647	2.990	5.734	21.386	26,81	13,98
1980				24.704		
1981						
1982	713	9.297	10.010			
1983	851	13.431	14.282	42.496	33,61	31,60
1984	828	17.334	18.162	46.968	38,67	36,90
1985	2.710	17.501	20.211	51.437	39,29	34,02
1986	1.760	15.454	17.214	56.270	30,59	27,46
1987						
1988	1.777	9.430	11.207	61.796	18,14	15,26
1989	2.359	10.204	12.563	63.397	19,82	16,10
1990	462	14.538	15.000	68.074	22,03	21,36
1991	3.511	9.591	13.102	69.620	18,74	13,78
1992	1.190	11.899	13.089	69.858	18,70	17,03
1993	1.453	7.314	8.767	74.633	11,75	9,80
1994	2.860	15.860	18.720	80.368	23,29	19,73
1995	4.204	8.866	13.070	84.131	15,54	10,54

Source : Comores, ministère des Finances

1 - Le déficit budgétaire comprend le déficit primaire et le montant des dépenses en capital qui sont financées par des dons ou des prêts de l'extérieur. La part du déficit en capital dans le PIB est un bon estimateur de l'investissement public effectué sur financement extérieur (cf. Mises à jour avril 1996, CTP/PAS, Moroni). *Rapport Zone franc 1999*, p. 56

Comores - Tableau - Evolution du déficit de la balance commerciale[1]

(en millions de francs comoriens courants)

Années	Importations (c.a.f) (1)	Exportations (f.o.b) (2)	Déficit commercial (3)=(1)-(2)	Ratio Exp./Imp. (4)/(1)	PIB courant (4)	Ratio Exp./PIB (2)/(4)
1968	1763	1008	-755	57,18	6605	15,26
1969	2092	1289	-803	61,62	7183	17,95
1970	2373	1278	-1095	53,86	8043	15,89
1971	2834	1572	-1262	55,47	9432	16,67
1972	2932	1511	-1421	51,53	10016	15,09
1973	3369	1106	-2263	32,83	11082	9,98
1974	6202	2138	-4064	34,47	16781	12,74
1975	4976	2036	-2940	40,92	15011	13,56
1976	3119	2224	-895	71,30	12839	17,32
1977	4053	2203	-1850	50,88	14249	15,46
1978	4330	2103	-2227	48,57	16972	12,39
1979	6506	3745	-2761	57,56	21386	17,51
1980[1]	*9015*	*2282*	*-6733*	*25,31*	24704	*9,24*
1981						
1982	10725	6435	-4290	60,00		
1983	14267	7419	-6848	52,00	42496	17,46
1984	18544	3079	-15465	16,60	46968	6,55
1985	17369	7048	-10321	40,58	51437	13,70
1986	*12926*	*6911*	*-6015*	*53,47*	56270	12,28
1987						
1988	12854	6398	-6456	49,77	61796	10,35
1989	11373	5758	-5615	50,63	63397	9,08
1990	12314	4796	-7518	38,95	68074	7,04
1991	13872	6871	-7001	49,53	69620	9,87
1992	15414	5673	-9741	36,80	69858	8,12
1993	14027	6189	-9838	44,12	74633	8,29
1994	21463	4688	-16775	21,84	80368	5,83
1995	23411	4236	-19175	18,09	84131	5,04

Source : Comores, ministère des Finances

1 - Les valeurs des années 1980 (The Comores, Current Economic Situation and Prospect, Banque mondiale, Washington, pp. 150 et 152) et 1986 (Les Comores, le sentier ardu de la croissance, le besoin d'ajustement, Banque mondiale, Washington, p.56) sont estimées à partir de données annuelles incomplètes, ce qui peut en expliquer les fluctuations. *Rapport Zone franc 1999,* p. 57

500
SPECIMEN

1000

1000

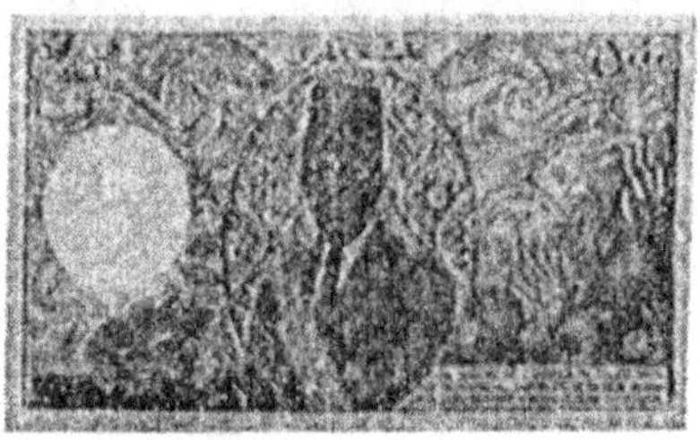

50
50
CINQUANTE
FRANCS

1000
1000

100
100
FRANCS

500
500

500
500
COMORES
CINQ
CENTS
FRANCS

البنك المركزي القمري

MILLE FRANCS

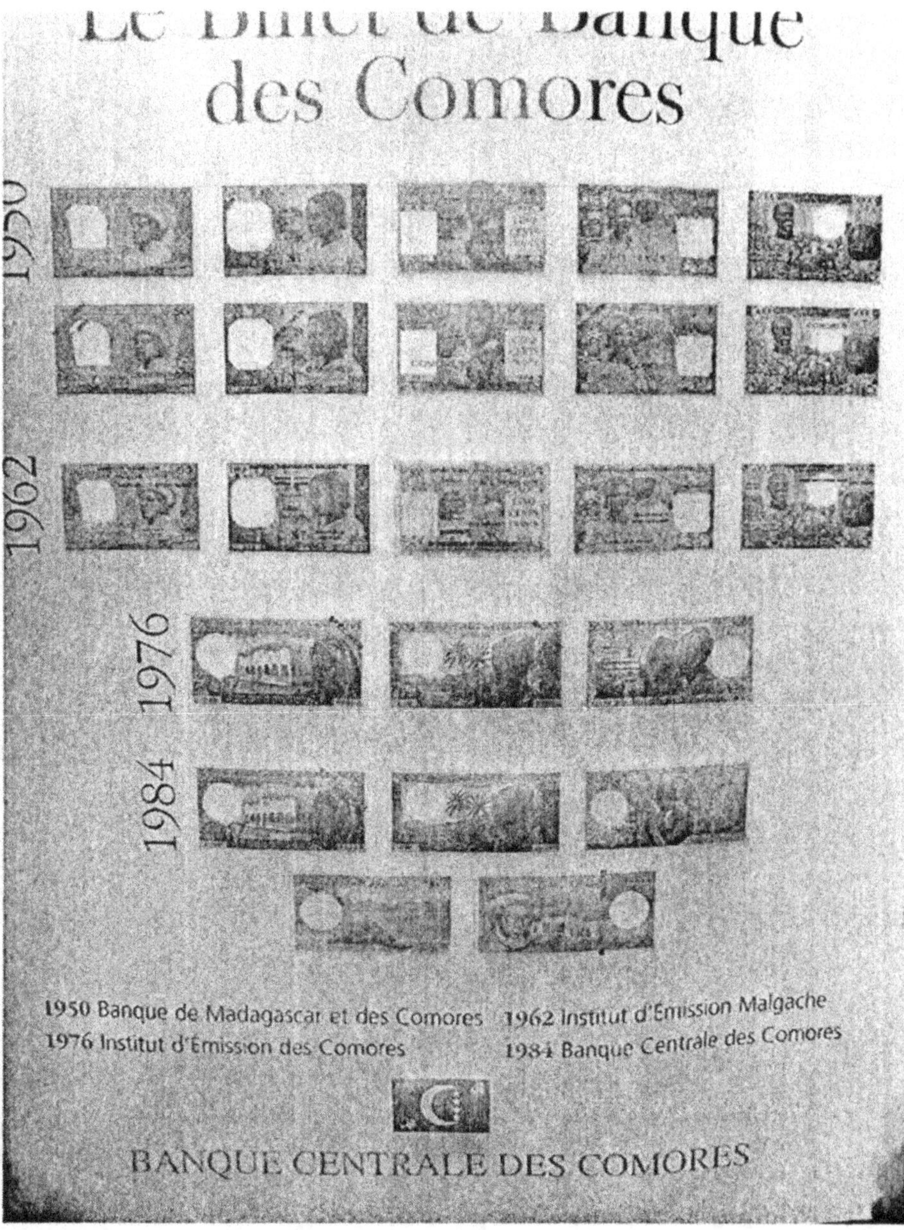
des Comores
1962
1976
1984
1950 Banque de Madagascar et des Comores
1962 Institut d'Émission Malgache
1976 Institut d'Émission des Comores
1984 Banque Centrale des Comores
BANQUE CENTRALE DES COMORES

GRAPHIQUE
Comores : Taux effectifs réels, 1993-95
(Janvier 1993 = 100)

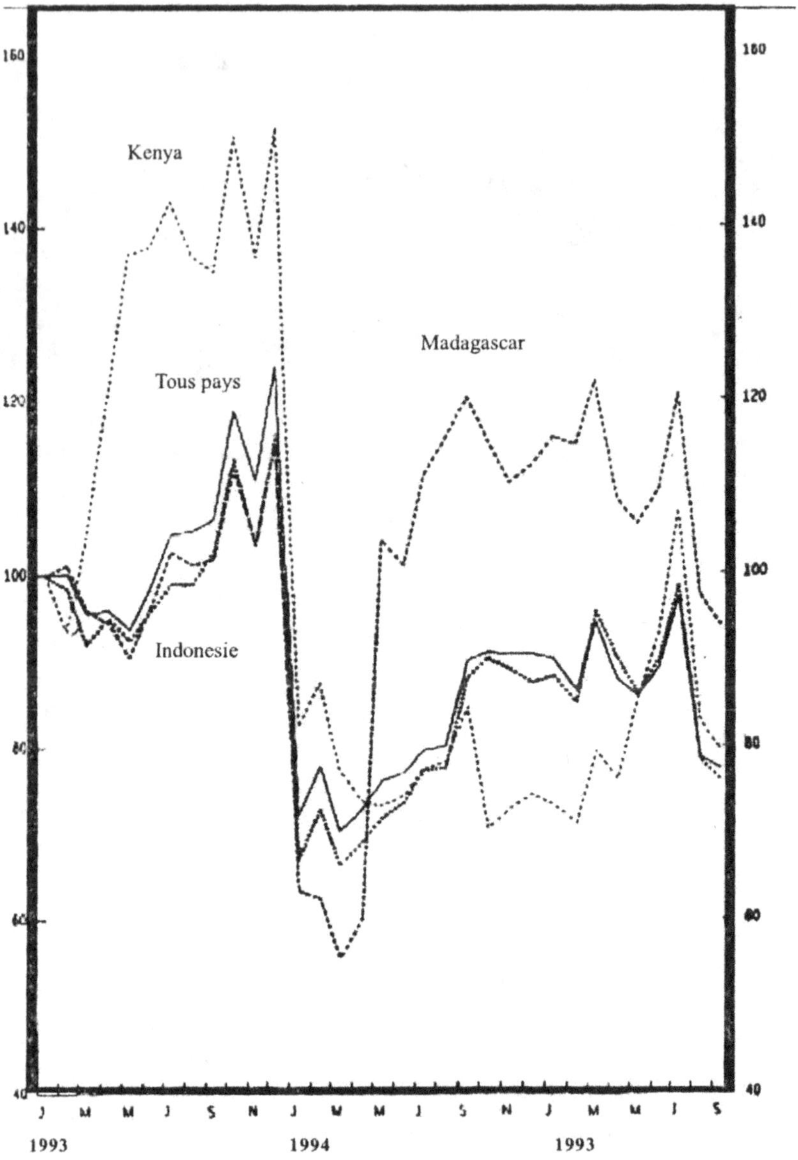

Sources : données communiquées par les autorités et estimations des services du FMI

GRAPHIQUE
Comores : Ratio prix à l'exportation/IPC, 1986-95
(Janvier 1993 = 100)

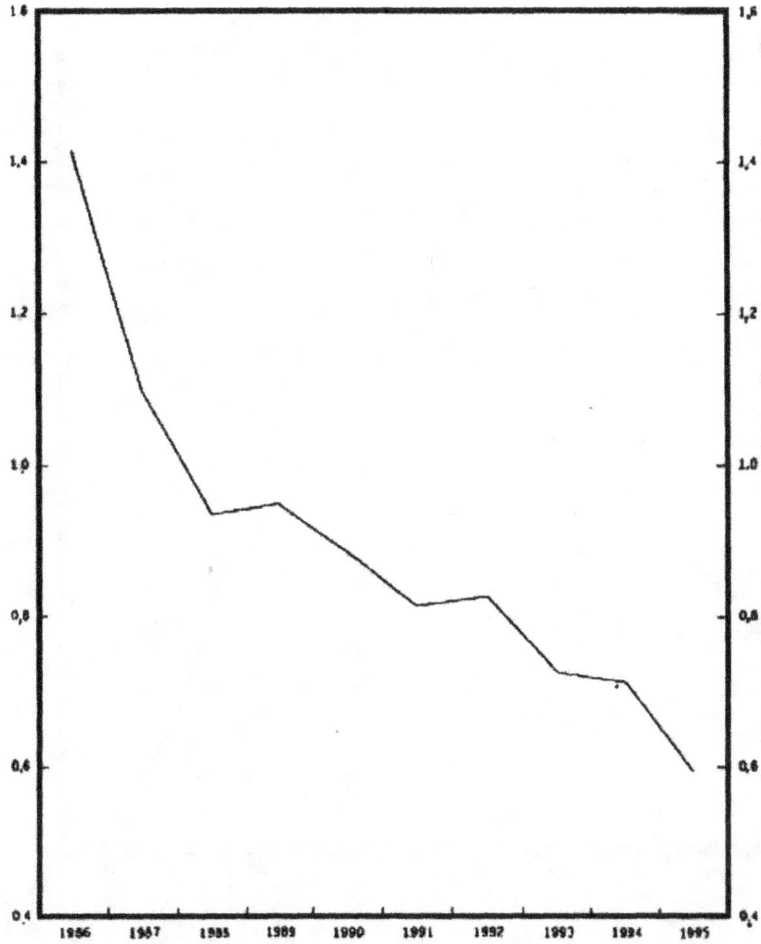

Sources : données communiquées par les autorités et estimations des services du FMI

GRAPHIQUE
Comores : Termes de l'échange, 1987-95
(1990 = 100)

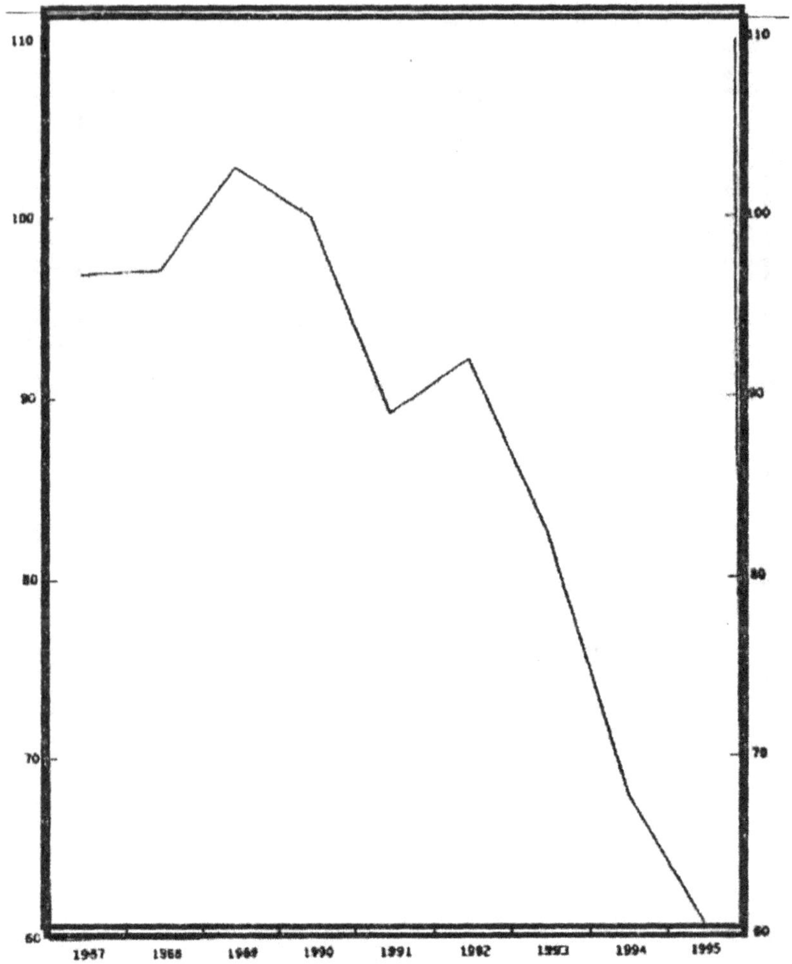

Sources : données communiquées par les autorités et estimations des services du FMI

Exécution du budget de l'Etat									
	1992	1993	1994	1995	1996	1997	1998	1999	2000
Recettes globales (*)	**11.334**	**11.440**	**11.757**	**11.520**	**11.475**	**12.828**	**10.131**	**11.554**	**10.528**
- fonctionnement	11.204	11.410	11.757	11.520	11.475	12.828	10.131	11.554	10.528
- équipement	130	20	-	-	-	-	-	-	-
Dépenses	**11.293**	**10.574**	**13.303**	**13.493**	**13.874**	**13.313**	**12.526**	**11.488**	**11.632**
- fonctionnement	10.642	10.487	12.754	13.211	13.874	13.313	12.526	11.488	11.490
- équipement	651	87	549	282	-	-	-	-	142
Solde	**41**	**856**	**- 1.546**	**- 1.973**	**- 2.399**	**- 485**	**- 2.395**	**66**	**- 1.104**

Source : ministère des Finances, Trésorerie générale

(*) Recettes internes et dons

Evolution mensuelles des cours de quelques devises par rapport au franc comorien en 2000														
Devises	**Moy. 1999**	**Janv**	**Fév.**	**Mars**	**Avril**	**Mai**	**Juin**	**Juil**	**Août**	**Sept.**	**Oct.**	**Nov.**	**Déc.**	**Moy. 2000**
DTS	631,29	665,20	672,84	684,71	696,101	711,72	689,74	692,98	712,02	734,46	740,34	736,96	709,65	703,89
Dollar EU	459,21	485,32	500,26	510,06	520,03	542,93	518,31	523,56	544,18	564,11	574,60	574,47	547,46	533,77
Dollar canadien	310,97	334,98	344,75	349,37	354,26	363,09	350,95	354,26	366,98	380,04	380,46	370,20	358,90	359,02
Franc suisse	307,46	305,52	306,16	306,67	312,55	316,14	315,21	317,30	268,31	321,40	325,08	323,31	325,02	311,89
£. sterling	747,02	795,63	800,39	805,68	823,43	817,89	781,81	789,62	810,36	809,52	834,32	819,41	809,12	808,10
Yen japonais	4,08	4,62	4,57	4,80	4,93	5,02	4,88	4,85	5,03	5,28	5,30	5,28	4,88	4,95
Yuan (Chine)	55,78	60,70	61,17	62,20	65,40	63,89	62,19	64,29	66,73	67,80	70,61	68,42	63,87	64,77
Rial saoudien	123,33	133,98	135,04	137,31	144,39	140,99	137,27	141,91	147,28	149,65	155,83	151,03	141,96	143,05
Dirham (UAE)	125,77	136,87	137,96	140,29	147,51	144,06	140,24	144,99	149,24	152,90	159,16	154,26	143,96	145,95
Rand sud africain	75,43	79,66	79,98	78,65	79,45	75,93	75,84	76,42	79,28	77,61	76,98	74,80	71,71	77,19
Roupie mauric.	18,38	19,69	19,81	20,13	21,13	20,41	19,77	20,37	21,03	21,30	21,53	20,34	19,00	20,38
Shilling tanzanien	0,62	0,63	0,64	0,64	0,68	0,66	0,65	0,66	0,69	0,70	0,74	0,71	0,66	0,67
Shilling kenyan	6,59	6,90	6,90	6,88	7,23	6,89	6,60	7,07	7,17	7,10	7,37	7,18	6,77	7,01
Fr malg (100 fmg)	7,78	7,41	7,40	7,33	7,47	7,61	7,88	7,99	8,22	8,29	8,61	8,66	8,08	7,91

Source : Banque Centrale des Comores, Direction des Etudes et Statiques Monétaires, Banque de France

Evolution mensuelle et trimestrielle des principaux taux bancaires

Année 1998	**Janv**	**Fév.**	**Mars**	**Avril**	**Mai**	**Juin**	**Juil**	**Août**	**Sept.**	**Oct.**	**Nov.**	**Déc.**
Avances à l'Etat	4.80	4.80	4.80	4.80	4.80	4.80	4.80	4.80	4.80	4.80	4.80	4.80
Dépôts du Trésor	4.50	4.50	4.50	4.50	4.50	4.50	4.50	4.50	4.50	4.50	4.50	4.50
Escompte Banque Centrale	7.00	7.00	7.00	7.00	7.00	7.00	7.00	7.00	7.00	7.00	7.00	7.00
Compte sur livret	3.0/4.0	3.0/4.0	3.0/4.0	3.0/4.0	3.0/4.0	3.0/4.0	3.0/4.0	3.0/4.0	3.0/4.0	3.0/4.0	3.0/4.0	3.0/4.0
Dép. à terme inférieurs à 3 mois	3.00	3.00	3.00	3.00	3.00	3.00	3.00	3.00	3.00	3.00	3.00	3.00
Dép. à terme supérieurs à 3 mois	3.00	3.00	3.00	3.00	3.00	3.00	3.00	3.00	3.00	3.00	3.00	3.00
Taux débiteurs	11.0/18.0	11.0/18.0	11.0/18.0	11.0/18.0	11.0/18.0	11.0/18.0	11.0/18.0	11.0/18.0	11.0/18.0	11.0/18.0	11.0/18.0	11.0/18.0
TMM (Taux Moy. Mens. de l'arg. J/J)	**3.3750**	**3.3750**	**3.3750**	**3.3750**	**3.3750**	**3.3771**	**3.3750**	**3.3750**	**3.3750**	**3.3750**	**3.3750**	**3.0927**
TMT (Taux Moy. Trim./Pens. 5 à 10 J)			**4.60**			**4.60**			**4.60**			**4.60**
PIBOR 1 mois	**3.5355**	**3.5191**	**3.5188**	**3.5325**	**3.5322**	**3.5232**	**3.5111**	**3.5008**	**3.4999**	**3.5007**	**3.5115**	**3.3804**

Année 1999	**Janv**	**Fév.**	**Mars**	**Avril**	**Mai**	**Juin**	**Juil**	**Août**	**Sept.**	**Oct.**	**Nov.**	**Déc.**
Avances à l'Etat	4.80	4.80	4.80	4.80	4.80	3.70	3.70	3.70	3.70	3.70	3.70	3.70
Dépôts du Trésor	4.50	4.50	4.50	4.50	4.50	2.5643	2.4923	2.4355	2.4533	2.4858	2.9327	3.0635
Escompte Banque Centrale	7.00	7.00	7.00	7.00	7.00	5.90	5.90	5.90	5.90	5.90	5.90	5.90
Compte sur livret	3.0/4.0	3.0/4.0	3.0/4.0	3.0/4.0	3.0/4.0	3.0/4.0	3.0/4.0	3.0/4.0	3.0/4.0	3.0/4.0	3.0/4.0	3.0/4.0
Dép. à terme inférieurs à 3 mois	3.00	3.00	3.00	3.00	3.00	3.00	3.00	3.00	3.00	3.00	3.00	3.00
Dép. à terme supérieurs à 3 mois	3.00	3.00	3.00	3.00	3.00	3.00	3.00	3.00	3.00	3.00	3.00	3.00
Taux débiteurs	11.0/18.0	11.0/18.0	11.0/18.0	11.0/18.0	11.0/18.0	11.0/18.0	9.0/15.0	9.0/15.0	9.0/15.0	9.0/15.0	9.0/15.0	9.0/15.0
EONIA (Moyenne mensuelle)	**3.1293**	**3.11**	**2.9187**	**2.7367**	**2.5455**	**2.5643**	**2.4923**	**2.4355**	**2.4533**	**2.4858**	**2.9327**	**3.0635**
PM (Moyenne trimestrielle)			**4.2511**			**3.5879**			**3.500**			**3.8097**
EURIBOR 1 mois	**3.164**	**3.126**	**3.053**	**2.697**	**2.566**	**2.606**	**2.635**	**2.614**	**2.584**	**2.754**	**3.053**	**3.507**

Année 2000	Janv	Fév.	Mars	Avril	Mai	Juin	Juil	Août	Sept.	Oct.	Nov.	Déc.
Avances à l'Etat	4,60	4,77	5,00	3,15	5,42	5,80	5,82	5,92	6,07	6,27	6,32	6,40
Dépôts du Trésor et BIF non soumis aux réserves	3,10	3,27	3,50	3,65	3,92	4,30	4,32	4,42	4,57	4,77	4,82	4,90
Dépôt BIF sous aux réserves												
- Réserves libres (EONIA + 1/8)	3,23	3,40	3,63	3,77	4,05	4,42	4,44	4,54	4,69	4,89	4,95	5,02
- Réserves obligatoires (EONIA - 1/8)	2,98	3,15	3,38	3,52	3,80	4,17	4,19	4,29	4,44	4,64	4,70	4,77
Escompte Banque Centrale	4,60	4,77	5,00	5,15	5,42	5,80	5,82	5,92	6,07	6,27	6,32	6,40
Compte sur livret	3,00	3,00	3,00	3,00	3,00	3,00	3,00	3,00	3,00	3,00	3,00	3,00
Dép. à terme inférieurs à 3 mois	3.00	3.00	3.00	3.00	3.00	3.00	3.00	3.00	3.00	3.00	3.00	3.00
Dép. à terme supérieurs à 3 mois	3,00	3,00	3,00	3,00	3,00	3,00	3,00	3,00	3,00	3,00	3,00	3,00
Taux débiteurs	9.0/15	9.0/15	9.0/15	9.0/15	9.0/15	9.0/15	9.0/15	9.0/15	9.0/15	9.0/15	9.0/15	9.0/15
EONIA (Moyenne mensuelle)	3,1013	3,2721	3,5000	3,6490	3,9242	4,2987	4,3187	4,4194	4,5697	4,7681	4,8247	4,8994
PM (Moyenne trimestrielle)			4,192			4,789			5,329			5,734
EURIBOR 1 mois	**3.155**	**3.356**	**3.794**	**3.794**	**4,158**	**4,371**	**4,408**	**4,571**	**4,695**	**4,855**	**4,922**	**4,943**

EONIA : Euro Over Night Indexed Average
PM : Prêt Marginal

Source : Banque Centrale des Comores, DESM, Banque de France

BIBLIOGRAPHIE

Abdo Hassan Et si les Etats africains battaient leur monnaie, *JAE* n° 177, mars 1994, p. 76.

Abdou Chacourou Abal Anrabe *Le contrôle des finances publiques aux Comores*, L'Harmattan, mars 1992.

Allibert Claude, Chamanga Mohamed Ahmed, Boulimier-George *Le manuscrit de Chingoni*, ANSOM Aix-en-Provence, brochure 1976.

Antonioni La stabilité du franc CFA, in *Revue française et parlementaire*, mai 1950.

Atlas Colonial français *Histoire de Madagascar*, p. 173

Baillaud Emile La circulation monétaire en Afrique occidentale, in *Revue coloniale* 1907 n° 48 pp 145-158, ANSOM, Aix-en-Provence.

Cardon, in *Le Monde* du 11 janvier 1995, p. 17.

Chauvicourt J et S Les premières monnaies de Madagascar *Bulletin de Madagascar*, 8ème année n° 261, février 1968.

Comores - PNUD Edition Frison-Roche 1997.

D'Avrainville A. Résumé de la statistique de Mayotte et dépendance en 1872-1876, in *Revue maritime et coloniale*, 4ème série, tome 48, janvier 1876, pp. 54-58, ANSOM Aix-en-Provence.

Delage Alain et Massiera Alain *Le franc CFA, bilan et perspectives*, l'Harmattan, Paris, 1994, p 14.

Dechamps Hubert *Madagascar, Comores, Terres australes* Paris, Berger-Levrault, 1951.

Dostoïevski Fiodor Mikhailovitch, in *La maison des morts* 1862.

Faurec Urbain L'Archipel aux Sultans batailleurs *Promo, Al Camar* n° 8 décembre 1969.

Flobert Thierry *Les Comores, évolution juridique et socio-politique*. Thèse de droit Aix-en-Provence, 1975.

Gevrey Alexis *Essai sur les Comores* 1870, Pondichery A. Saligny, Imprimeur du Gouvernement.

Girault Arthur Les colonies françaises depuis 1915, Régime monétaire de l'Inde française, pp 351-352, *Colonisation et législation coloniale*. Notions économiques. 2ème partie, ANAOM Aix-en-Provence.

Goreux Louis M. *La dévaluation du franc CFA, un premier bilan en décembre 1995*, Rapport 1996. Banque mondiale

Grandidier A. *Collection des ouvrages anciens concernant Madagascar*, tome 1, publié sous la direction de A. Grandidier.

Haribou Ali et Chagnoux Hervé *Les Comores*, Que sais-je ? n° 1829 1ère édition 1980, 2ème édition mise à jour : 1990, mai.

Hué Fernand et Haurigot Georges *Nos petites colonies, Histoire de Mayotte*, pp.144-145, Paris 1884.

Hugon Philippe in *Afrique contemporaine* n° 169, 1er trimestre 1994, p. 21.

Lignac Annet *Les scandales de la Grande-Comore* auto-édition 1908, 17, rue Grande-Batelière, document du CERSOI

Manicacci Jean, *L'Archipel des Comores*, Tananarive, Imprimerie officielle, 1939.

Martin Jean, *Comores, quatre îles entre pirates et planteurs*. L'Harmattan 1983, Paris.

Martineau Alfred *Histoire des Colonies françaises et de l'expansion de la France dans le monde*, Tome VI. Les Comores par Alfred Martineau, Librairie Plon, Paris 1933.

Maximy (René de) *Archipel des Comores, Etudes de géographie économique*, Thèse de lettres. Facultés de lettres et Sciences humaines, Aix en Provence, 1966.

Mbae Sanou Le faux débat de la dévaluation in *JA* n° 1718 du 9 au 15 décembre 1993, p 50.

Molet Louis et Sauvaget Anne Les voyages de Peter Mundy au XVIIe siècle, IIe partie, Les Comores, in *Bulletin de Madagascar* n° 298, mars 1971, pp 227-251.

Moniteur (le) *Universel* n° 193 du 12 juillet 1851, pp. 1983-1985.

Nogaro Bertrand Le régime monétaire des colonies françaises in *Traité de droit colonial*, Par Dareste P., chapitre XVI, 1931, P 581, Paris.

Noyer Christian, Sévérino Jean Michel In *Finances* n° 3, janvier 1994, p. 6.

Pavlosky R. et De Saint Ours J. *Etudes géologiques de l'Archipel des Comores*, 1952, Madagascar.

Plantier (Nicolas du), in *La Revue coloniale* - juillet 1903, juin 1904, pp 387-906

Rapports annuels de la Zone franc, Banque de France, Secrétariat général de la Zone franc.

Rapports annuels, Instituts d'émission d'outre-mer.

Repiquet (Jules) *Le sultanat d'Anjouan* Challamel, Paris 1901.

Robineau Claude : *Société et Economie d'Ajouan*, Océan Indien, ORSTOM, 1966.

Roard de Card *Les traités de protectorat conclus par la France en Afrique* Pedone 1897, p. 165.

Rocheux Jean Yves, *L'économie mahoraise : une tentative de schématisation du développement* Actes du colloque universitaire tenu à Mamoudzou les 23 et 24 avril 1991.

Schmidt J. Rapport d'enquête sur la BDC, du 14 au 31 octobre 1997 *Rapport du 5 novembre 1997*.

Série géographique Madagascar, carton n° 276, document 634, ANSOM Archipel d'Outre-Mer, Aix-en-Provence.

Touchais Maurice *Mayotte, dernier paradis sur terre,* Conférence, 5 décembre 1980 à Salon de Provence, document CERSOI

Toussaint Auguste *Histoire générale de l'Afrique noire, l'océan Indien, les îles,* Troisième partie, chapitre 1er, page 476. Histoire générale de l'Afrique noire

Zay M. *Histoire monétaire des colonies françaises* Paris 1892,

Zyad Liman, Et si l'Afrique lâchait la France, in *JA* n° 1776 du 19 au 25 janvier, 1995, p. 18.

ABRÉVIATIONS
&
SIGLES

AFD : Agence Française de Développement.

ANAOM : Archives Nationales, Archives d'Outre-Mer

ANSOM : Archives Nationales, Section d'Outre-Mer

BCE : Banque Centrale Européenne.

BCEAO : Banque Centrale des Etats d'Afrique de l'Ouest.

BEAC. : Banque des Etats de l'Afrique Centrale.

BM : Banque Mondiale

Chap. : Chapitre

CCCE : Caisse Centrale de Coopération Economique.

CCFOM : Caisse Centrale de la France d'Outre-Mer.

CFD : Caisse Française de Développement.

CERSOI : Centre d'Etudes et de Recherche sur les Sociétés de l'Océan Indien.

CNE : Caisse Nationale d'Epargne.

DIAL : Développement des Investissements sur l'Ajustement à Long terme.

DOM TOM : Département d'Outre Mer, Territoire d'Outre-Mer.

FC : franc comorien.

FCFA : Franc des Colonies Françaises d'Afrique, en 1945.

FCFA (XAF) : Franc de la Coopération Financière en Afrique Centrale (Cameroun, Centrafrique, Congo, Gabon, Guinée Equatoriale, Tchad).

FCFA (XOF) : Franc de la Communauté Financière d'Afrique (Bénin, Burkina, Côte d'Ivoire, Guinée Bisau, Mali, Niger, Sénégal et Togo).

CFP (XPF) : Communauté Financière du Pacifique (Nouvelle Calédonie Polynésie française, Wallis et Futuna)

FMI : Fonds Monétaire International.

FRF/FF : Franc Français.

IEDOM : Institut d'Emission des Départements d'Outre-Mer.

IEOM : Institut d'Emission d'Outre-Mer.

JA : Jeune Afrique

JAE : Jeune Afrique Economie.

JORF : Journal Officiel de la République Française.

KMF : Franc des Comores.

MECK : Mutuelle d'Epargne et de Crédit Ya Komor.

ORSTOM : Office des Recherches Scientifiques des Territoires d'Outre Mer.

TABLE DES MATIÈRES

www.ingramcontent.com/pod-product-compliance
Lightning Source LLC
LaVergne TN
LVHW050634051026
849532LV00002B/386

* 9 7 8 2 7 4 7 5 4 8 4 3 4 *